AF860198

Ecrire l'histoire du droit
Réflexions méthodologiques

site : www.librairieharmattan.com
diffusion.harmattan@wanadoo.fr
e.mail : harmattan1@wanadoo.fr
© L'Harmattan, 2005
ISBN : 2-296-00254-4
EAN : 9782296002548

Ecrire l'histoire du droit
Réflexions méthodologiques

Textes de Robert W. Gordon, William W. Fisher III
et Jack N. Rakove

Traduits et introduits par
Françoise Michaut

L'Harmattan
5-7, rue de l'École-Polytechnique ; 75005 Paris
FRANCE

L'Harmattan Hongrie
Könyvesbolt
Kossuth L. u. 14-16
1053 Budapest

Espace L'Harmattan Kinshasa
Fac..des Sc. Sociales, Pol. et
Adm. ; BP243, KIN XI
Université de Kinshasa – RDC

L'Harmattan Italia
Via Degli Artisti, 15
10124 Torino
ITALIE

L'Harmattan Burkina Faso
1200 logements villa 96
12B2260
Ouagadougou 12

Logiques Juridiques

Collection dirigée par Gérard Marcou

Le droit n'est pas seulement un savoir, il est d'abord un ensemble de rapports et pratiques que l'on rencontre dans presque toutes les formes de sociétés. C'est pourquoi il a toujours donné lieu à la fois à une littérature de juristes professionnels, produisant le savoir juridique, et à une littérature sur le droit, produite par des philosophes, des sociologues ou des économistes notamment.
Parce que le domaine du droit s'étend sans cesse et rend de plus en plus souvent nécessaire le recours au savoir juridique spécialisé, même dans des matières où il n'avait jadis qu'une importance secondaire, les ouvrages juridiques à caractère professionnel ou pédagogique dominent l'édition, et ils tendent à réduire la recherche en droit à sa seule dimension positive. A l'inverse de cette tendance, la collection *Logiques juridiques* des Éditions L'Harmattan est ouverte à toutes les approches du droit. Tout en publiant aussi des ouvrages à vocation professionnelle ou pédagogique, elle se fixe avant tout pour but de contribuer à la publication et à la diffusion des recherches en droit, ainsi qu'au dialogue scientifique sur le droit. Comme son nom l'indique, elle se veut plurielle.

Déjà parus

Y. LUCHAIRE (sous la dir.), *Collectivités territoriales et gouvernance contractuelle*, 2006.
C. MEIMON-NISENBAUM et E. GRONDARD, *Guide de l'indemnisation : juridique-médical-social*, 2006.
Monnier Sophie, *Les conflits d'éthique et de droit* , 2005.
G. LABRECQUE , *Les différends territoriaux en Afrique*, 2005.
ROMANET DE VALICOURT Éliane, *L'erreur judiciaire*, 2005.
S. CAUDAL et F. ROBBE (sous la direction de), *Les relations entre collectivités territoriales*, 2005.
M. LASCOMBE, *Le droit constitutionnel de la Vème République,* 2005.
G. MARCOU et F. MODERNE (sous la direction de), *Droit de la régulation, service public et intégration régionale* (2 tomes), 2005.
André TARBY, *Un nouveau droit de la formation,* 2005.
Cristel COURNIL, *Le statut interne de l'étranger et les normes supranationales,*2005.
Agnès RABAGNY, *L'homme tel qu'en lui-même. Droit et individualité*, 2005.
Guy Jean Clément MEBIAMA, *Le régime politique de la République du Congo après le Constitution du 20 janvier 2002*, 2005.

Livres de l'auteur sur la théorie du droit américaine et le droit américain :

- La recherche d'un nouveau paradigme de la décision judiciaire à travers un siècle de doctrine américaine, Paris, L'Harmattan, 2000 ;
- Le droit dans tous ses états à travers l'œuvre de Robert M. Cover, Paris, L'Harmattan, 2001 ;
- La procédure de destitution sur impeachment aux Etats-Unis, Paris, L'Harmattan, 2002 ;
- Contribution à la réflexion sur les droits, textes de Martha Minow et Robert M. Cover traduits et introduits par Françoise Michaut, Paris, L'Harmattan, 2004.

INTRODUCTION

Les textes rassemblés et traduits dans cet ouvrage : deux de Robert W. Gordon, Professeur de droit à l'Université du Wisconsin, puis à l'Université de Stanford et enfin à l'Université de Yale, comme titulaire de chaire, un de William W. Fisher, III, Professeur de droit à l'Université de Harvard et directeur du Programme sur l'histoire du droit et un de Jack N. Rakove, Professeur d'histoire et d'études américaines à l'Université de Stanford, ont en commun de présenter une réflexion sur la façon d'écrire l'histoire du droit aujourd'hui. S'ils s'inscrivent dans la mouvance critique, américaine, très exactement au sein des *Critical Legal Studies* qu'il faudra tenter de caractériser loin des idées reçues, dans la suite de cette introduction, on aurait tort de les y enfermer : leur propos est de dénoncer certaines manières de rendre compte de la production juridique et d'en suggérer d'autres qui s'inspirent des développements dans d'autres disciplines et en particulier dans le déchiffrage des textes.

Le premier article traduit, le plus ancien, qui date de 1984, est une critique en règles du fonctionnalisme évolutionniste, qu'il soit d'essence libérale ou marxiste et qu'il se manifeste sous la plume d'auteurs extérieurs au courant des *Critical Legal Studies* ou y appartenant. Le droit n'est pas la résultante de forces impersonnelles, il est avant tout l'expression d'une culture non monolithique, qui façonne inéluctablement la manière qu'a un homme de se percevoir, de se représenter lui-même et de percevoir, de se représenter ce qui lui est extérieur, son cadre de vie. Cette culture est son prisme de lecture et elle imprègne tant la société que le droit qui en sont des émanations imbriquées et non distinctes comme le veut le mode de penser le droit en vogue dans le modèle dominant.

L'histoire intellectuelle, l'histoire des idées s'invite à la table de l'historien du droit et l'appelle à découvrir de nouveaux modes d'investigation que lui offrent les nouvelles approches du discours, les nouvelle approches des textes qui se sont développées depuis ce que William W. Fisher, III appelle le « tournant linguistique ». Dans l'article de 1997, traduit ici, il repère ainsi quatre méthodologies récemment apparues, le structuralisme, le contextualisme, la déconstruction ou le post-modernisme et le nouvel historicisme et passe en revue les premiers travaux qu'Ils ont inspirés et scrute leurs potentialités.

Ses propos peuvent être résumés ainsi. Le structuralisme envisage la pensée humaine comme prisonnière du langage et connaissant des discontinuités et des disjonctions. Tout texte est considéré par le structuraliste comme présentant les symptômes des maux dont souffre, à travers son appareil conceptuel, la société d'où il émane. Foucault est cité comme figure emblématique pour ce courant qu'illustre en particulier deux écrits critiques de Duncan Kennedy : « The Rise and Fall of Classical Legal Thought » et « The Structure of Blackstone's Commentaries ». Le structuralisme peut inciter à des comparaisons et à des prises de conscience mais son déterminisme est propre à avoir un effet démobilisateur contraire au but éventuellement visé.

Le contextualisme invite à rechercher la signification d'un document en interrogeant le contexte de pensée dans lequel il a été écrit, les discours qui y avaient cours, les croyances et les façons de s'exprimer qui y étaient présentes et en en faisant émerger les présupposés. Ce modèle a déjà été utilisé de façon remarquable par Herbert Hovencamp étudiant les rapports entre l'entreprise et le droit à une époque aux Etats-Unis et par Nathaniel Berman penché sur la façon dont le droit international s'est développé entre la Première et la Seconde guerre mondiale. Il peut permettre de comprendre des comportements, ce qu'a illustré William E. Forbath dans son étude sur la manière selon laquelle a été forgé le droit du travail aux Etats-Unis. Cette démarche peut aider à tenter de faire revivre le passé pour préciser la signification exacte qui était donnée à un texte juridique encore applicable aujourd'hui et pour confronter ce contexte au contexte actuel afin de dégager la portée (nouvelle) à lui donner (à donner à ses prescriptions) mais on frôle alors la contradiction avec le postulat de cette approche qui veut que l'on se trouve enfermé dans son propre contexte.

Le textualisme ou approche postmoderne insiste sur la pluralité de sens que peut recevoir un texte, sur les ambiguïtés quasi inévitables de celui-ci et sur l'impossibilité radicale pour l'auteur d'avoir la maîtrise véritable de ce qu'il écrit. Quant au lecteur, il aura du texte produit sa propre lecture ou des lectures successives qui comporteront chacune leur part de nouveauté, ne serait-ce que du fait des variations dans les préoccupations ou la sensibilité du lecteur qui lui feront voir le texte ou des éléments de celui-ci sous un autre jour. Gary Peller, dans son article « The Metaphysics of American Law » (1985) et Mark Barenberg dans son étude de 1993 sur le Wagner Act se sont inspirés de cette façon de voir.

Celle-ci peut induire le lecteur à imaginer, à son tour, la possibilité d'alternatives à ce qu'il vit.

Le nouvel historicisme scrute l'anecdote et le détail, la vie ordinaire pour y trouver les indices du contexte, les incohérences et les impossibilités des comptes rendus tenus pour acceptables. Il considère les discours comme fondamentalement instables, comme les reflets des luttes de pouvoir incessantes. Fisher a repéré deux écrits de Henrik Hartog qui portent la marque de cette manière de procéder. La démarche nouvelle historiciste est apte à rechercher une explication à la façon dont des événements ont été perçus, à donner des éclairages sur des vies passées, à susciter l'imagination d'un présent différent.

Jack N. Rakove dans sa contribution au même colloque, traduite ici, défend et illustre le nouvel historicisme, en montrant l'intérêt que peut revêtir pour l'historien du droit, la découverte d'une anomalie dans la manière communément admise d'exposer l'histoire d'une institution : à partir de l'appréciation qu'il existe une anomalie dans la relation traditionnelle concernant les étapes selon lesquelles s'est développé le contrôle de constitutionnalité des lois aux Etats-Unis, il est amené à en mettre en doute la véracité et il se lance dans une réécriture de cette histoire qui fait du fédéralisme et non de la séparation des pouvoirs entre législatif, exécutif et judiciaire, la justification initiale de ce contrôle.

Dans son premier texte traduit ici, Robert Gordon présentait comme une sorte d'énigme, la place considérable occupée, dans les travaux réalisés dans le cadre des *Critical Legal Studies*, à l'écriture de l'histoire du droit aux Etats-Unis. Dans le second, où il pose la question de la fonction que peut remplir, pour le droit, l'histoire critique, il y revient. Il s'agit, en exposant le passé d'une façon différente des praticiens du droit et de la doctrine de délégitimer en quelque sorte leur discours ou tout au moins de le faire apparaître sous un autre jour. C'est ce que fait ici Rakove aux yeux de Gordon, malgré le profil bas qu'il prétend adopter, se défendant de vouloir faire autre chose que de l'histoire mais c'est à l'un des piliers de la théorie constitutionnelle américaine qu'il s'attaque.

Le premier intérêt des quatre écrits repris ici en traduction réside naturellement dans les questions méthodologiques qu'ils abordent et qui valent quel que soit le contexte dans lequel travaille l'historien. Ils contribuent également à la connaissance de l'histoire du droit aux Etats-Unis. Ils représentent un apport important du courant des *Critical Legal Studies*. Ils pourraient être considérés comme l'esquisse d'un sous-courant dans ces *Critical Legal Studies*, si d'autres travaux poursuivent la réflexion méthodologique dans cette voie ou appliquent les méthodes envisagées.

Le symposium de 1997 se présentait comme une réflexion sur l'usage critique de l'histoire : la question ou plutôt la réponse muette à celle-ci habitait la pensée sur le droit aux Etats-Unis depuis pas mal d'années déjà. Dressant, en 1979, un bilan des recherches effectuées sur l'histoire du droit aux Etats-Unis, James Willard Hurst, Professeur de droit à l'Université du Wisconsin, un établissement-phare dans le domaine des sciences sociales, constatait qu'au cours des trente années antérieures, le nombre des nouveaux chercheurs dans cette discipline, formés au droit ou venant d'autres disciplines, était en progression sensible et que cela demandait un effort d'initiation aux techniques du droit pour ceux qui venaient de l'extérieur, qu'à côté des champs traditionnels d'exploration, de nouvelles préoccupations se dessinaient : l'existence du consensus supposé au sein de la société était remise en cause, le pluralisme des perspectives et des intérêts au sein de la société était affirmé et des situations de domination et d'oppression y étaient mises en lumière, même si n'étaient pas perdues de vue les valeurs partagées, les compromis, les présupposés fonctionnels ainsi que les limites inhérentes à la condition humaine. Il déplorait néanmoins que la vie de l'individu ordinaire soit négligée au profit d'études en termes de groupes et de masses.[1]

Ce travail venait alors qu'existait depuis le milieu des années soixante, un courant Droit et Société, une association et une revue du même nom qui avait été précédée par une section Droit et Société dans la Wisconsin Law Review et alors qu'avait été prise à l'Université du Wisconsin, en 1976, l'initiative d'organiser des rencontres qui permettraient à ceux qui se reconnaîtraient dans une approche nouvelle, dénommée les *Critical Legal Studies* – les études critiques du droit – ,de partager leurs résultats et leurs interrogations.[2] Des réunions rassembleront, dès lors, tous les deux ans, des chercheurs venant d'horizons très divers et des travaux seront identifiés comme représentatifs du mouvement, souvent par leurs auteurs eux-mêmes.

---

1 Hurst (James Willard), « Old and New Dimensions of Research in United States Legal History », in *The American Journal of Legal History*, Vol.XXIII, 1979, p.1-20.

2 Cf. Trubek (David), « Where the Action Is : Critical Legal Studies and Empiricism », in *Stanford Law Review*, Vol.36, 1984, p.575-622 ; Kennedy (Duncan) and Klare (Karl), « A Bibliography of Critical Legal Studies », in *Yale Law Journal*, Vol. 94, 1984, p.461-90, note 1.

Il est coutumier de mettre l'accent sur le caractère de gauche, voire gauchiste, supposé marxisant et supposé influencé par la pensée structuraliste, continentale, de ces continuateurs, sous une autre forme, du réalisme américain qui, au début du siècle avait insisté sur le rôle créateur du juge et sur l'importance des faits dans le droit.[3] En fait, comme certainement déjà évident, cette caractérisation, si elle vaut pour un petit nombre de travaux ou d'auteurs des débuts, est de moins en moins convaincante au fur et à mesure qu'on approfondit davantage cet apport, sous certains aspects considérablement enrichissant, à la théorie du droit. Tendent alors à s'imposer d'autres thématiques : l'indétermination du droit, l'indétermination de la règle (qui est une autre manière de dire la part essentielle du rôle du juge dans la décision judiciaire, une autre manière de souligner – involontairement – la place des techniques juridiques dans la production du droit au quotidien ; la déconstruction qui permet de sonder des constructions doctrinales apparemment sans failles et d'en faire ressortir les strates successives et les contradictions ; l'importance de l'histoire intellectuelle, de l'histoire des idées dans le développement du droit. De l'identification du droit à la politique, on est passé, notamment avec la *Critical Race Theory* et les études critiques, féministes (« *fem-crits* ») à un appel au droit, à peine modifié, pour lutter contre les discriminations et assurer la garantie des droits des faibles contre les abus des forts.

Il a été dit que le courant des *Critical Legal Studies* était mort. Il serait plus exact de considérer que, délesté certes de quelques membres des débuts, il en est arrivé à fusionner avec le courant Droit et Littérature, apparu un peu après lui et qui avait en commun avec lui la volonté d'éclairer la production juridique en scrutant les ressources et les mécanismes de la pensée humaine.[4]

Un colloque organisé en 1981 à l'Université de Yale sur la théorie du droit telle qu'elle était pratiquée et enseignée à l'époque aux Etats-Unis permet d'y voir un peu plus clair sur les attentes des théoriciens du droit vis-à-vis des historiens. Les théoriciens se sentent mal à l'aise dans le cadre du positivisme qu'ils ont hérité de Bentham et d'Austin et auquel ils reprochent de ne pas prendre en compte l'inscription historique du droit.

---

[3] Michaut (Françoise), *Un nouveau paradigme de la décision judiciaire à travers un siècle de doctrine américaine*, Paris, L'Harmattan, 2000.

[4] Au début des années 1980 se tenait à l'Université du Texas un premier colloque sur droit et littérature (Voir *Texas Law Review*, Vol.60, 1982). Sur le courant Droit et littérature, voir Michaut (Françoise), « Le mouvement « Droit et Littérature » aux Etats-Unis », in *Mélanges Paul Amselek*, Bruxelles, Bruylant, 2005, p.565-592.

Ils opposent les contradictions qu'ils perçoivent dans la société à la pratique du juriste qui tend à les occulter et à construire une image d'un monde parfaitement lisse et cohérent. Ils dénoncent l'entreprise de rationalisation dans la théorie et l'enseignement du droit qui, au lieu de reconnaître les contradictions, la richesse et la diversité dans les faits et les perceptions normatives, ne cherche ou tout au moins ne tend qu'à les gommer et à les occulter.[5]

Robert Gordon, après avoir distingué trois types d'apports de la société à l' « entreprise de rationalisation » juridique : les textes juridiques (les sources formelles), le « contexte social » et le « contexte normatif » (qui s'exprime parfois dans le texte lui-même mais qui peut aussi lui être extérieur), renvoie à l'expérience vécue au seizième siècle en France et qui avait été admirablement relatée dans une thèse relativement récente. L'auteur de cette thèse décrivait la situation ainsi :

> « Mais alors que leurs recherches sur l'histoire romaine s'intensifiaient et que leur exigence de systématisation augmentait, les humanistes étaient amenés toujours davantage à la conclusion que la codification de Justinien était moins que parfaite et moins que complète...que nombre de ses règles étaient particulières aux besoins propres de Rome et que, pour une large part, la sagesse juridique romaine avait été laissée de côté ou imparfaitement rapportée et que ce qui avait été retenu était à la fois incohérent et chaotique. Cela les conduisait à rompre, sans le vouloir, avec l'autorité intellectuelle de Rome.
>
> L'oeuvre de Jean Bodin, dont les écrits dans le domaine du droit public reflètent une tendance de la Renaissance tardive à reconstruire la science du droit sur la base de l'histoire universelle, a marqué l'aboutissement de la consommation de cette rupture... Avec Bodin, en conséquence, le passage de l'exégèse de l'autorité à une méthode de réflexion critique et de théorie générale du droit est finalement réalisée... La révolution dans ce domaine du

---

[5] Cf. Gordon (Robert W.), « Historicism in Legal Scholarship », in *Yale Law Journal*, Vol.90, 1981, p.1017-1056 ; Horwitz (Morton J.), « The Historical Contingency of the Role of History », in *ibid.*, 1057-59 ; Freeman (Alan D.), « Truth and Mystification in Legal Scholarship », in *ibid.*, p.1229-1237. On trouve une démarche semblable dans Crifo (Giuliano), « Some Reflections on History and Dogma as Jurists' Tools », in Cairns (John W.) and Robinson (Olivia F.) (eds.), *Critical Studies in Ancient Law, Comparative Law and Legal History*, Essays in Honour of Alan Watson, Oxford, Portland, Oregon, Hart Publishing, 2001, p.37-44.

droit était étroitement liée à l'apparition, au seizième siècle, d'une méthode et d'une théorie générale de critique historique. »[6]

Quelques années plus tard, Morton Horwitz revient sur l'insatisfaction ressentie au sein de la communauté intellectuelle confrontée à la théorie juridique dérivée d'Austin et de Bentham et à une science sociale qui se contente d'explications matérialistes : lutte des classes, conflits d'intérêts.[7] Il fait précisément le lien avec l'opposition républicanisme – libéralisme si importante pour les *Critical Legal Studies*. Celle-ci part en fait d'une conception tronquée du libéralisme qui résume celui-ci à une vision socio-économique.[8] Horwitz résume la situation ainsi :

> « A partir des années cinquante du vingtième siècle, les Straussiens vont, installés dans un positionnement de droite, attaquer l'institutionnalisme tant marxiste que libéral. L'évocation chez J. G. A. Pocock de la tradition de vertu civique fait écho à cette nostalgie de la communauté aristotélicienne de ces anti-positivistes ; la politique n'est pas une superstructure ou une toile de fond pour des individus atomisés mais une forme de réalisation et de développement humain qui a sa vie propre. De même les travaux de Bernard Bailyn sont dirigés principalement contre le Beardianisme dans l'histoire américaine et contre la méthodologie réductionnniste de la superstructure de base du marxisme européen orthodoxe, dans la mesure où Beard est identifié à Marx.[9] En insistant sur les origines *idéologiques*, Bailyn met en avant l'autonomie des idées et des traditions culturelles. Et comme Pocock, il fraie un chemin pour échapper à l'explication, fournie par la science sociale instrumentaliste, du changement social par la classe ou le groupe d'intérêt. »[10]

---

[6] Franklin (Julian H.), *Jean Bodin and the Sixteenth Century Revolution in the Methodology of Law and History*, New York and London, Columbia University Press, 1963, p.2-3.

[7] Horwitz (Morton J.), « History and Theory », in *Yale Law Journal*, Vol.96, 1987, p.1825-1835.

[8] On aboutit à quelque chose de différent et extrêmement intéressant chez Frank Michelman, rattaché au courant des *Critical Legal Studies*, ou chez Robert Cover, qui lui s'apparente à un autre courant dans la théorie juridique de l'époque, Droit et littérature (avec lequel les *Critical Legal Studies* vont finalement en grande partie fusionner ultérieurement).

[9] [N.d.t.] : Bailyn fut un maître très influent pour Rakove qui fait référence à lui dans son article traduit *infra*.

[10] *op.cit. supra* note 7, p.1832.

Tout est dit. L'image des *Critical Legal Studies* se complexifie par rapport à celle qui nous est présentée habituellement et l'on peut comprendre les critiques faites, pour l'écriture de l'histoire du droit, par les textes ci-dessous traduits, comme on pourra comprendre, dans un autre cadre, le passage du rêve républicain à une sorte de libéralisme enrichi.[11]

Lorsque Horwitz écrit ceci le premier texte de Robert Gordon traduit ici, peut-être son oeuvre maîtresse, a été récemment publié (1984). Et Horwitz, après avoir dénoncé l'abandon d'une conception normative du droit au début du vingtième siècle d'en appeler en quelque sorte à un théorie du droit et à une histoire du droit qui s'informent réciproquement : « Il est temps pour nous de combler le fossé entre la théorie du droit et l'histoire du droit » et il semble que *The Common Law* écrit par Oliver Wendell Holmes à la fin du siècle précédent (qu'il oppose à « The Path of the Law » du même auteur) soit pour lui une image de ce qu'il a à l'esprit.[12]

Robert Gordon, en 1996, dans un article assez proche du deuxième texte traduit ici, souligne l'importance du passé pour le juriste et l'utilisation spécifique qu'il en fait. Pour l'historien, le passé est un « pays étranger » différent du présent et qui doit être compris « pour lui-même » (« *on its own terms* ») et l'historien a, en conséquence, l'impression que les juristes « abusent de l'histoire, qu'ils déforment le passé et attendent de lui qu'il réponde à des exigences de pertinence pour le présent qu'il lui est impossible de satisfaire ». Le juriste, cependant, est dépendant du passé : pour son autorité, pour ses sources (même si elles ne lui fournissent pas une directive toute faite, même s'il doit se livrer à des exercices d'interprétation périlleux), comme il est dépendant du passé lorsqu'il tente de situer son oeuvre dans une tradition (lorsqu'il a recours à la technique du précédent, tout particulièrement). Il lui faut tenir compte des glissements de sens qui sont intervenus et qui donnent aux énoncés auxquels il est confronté des significations totalement inconnues à l'époque de leur écriture. Il ne lui suffit pas, pour Gordon, de se contenter de considérer que les principes sont intangibles et qu'on s'en sortira en modelant leur application aux cas particuliers. Il peut s'appuyer sur le passé pour mettre à jour des dérives qu'il condamne, il peut s'en servir

---

[11] Travail en cours.

[12] *ibid*, p.1834-35. Holmes (Oliver Wendell, Jr.), *The Common Law*, London, MacMillan and Co., 1881 ; id., « The Path of the Law », 1897, repr. in id., *Collected Legal Papers*, New York, Harcourt, Brace and Howe, 1920.

pour faire prendre conscience de la fragilité et de la contingence des constructions d'un jour , livrées aux aléas de l'histoire.[13]

Au moment où le courant Droit et littérature interrogeait l'interprétation littéraire et l'interprétation des textes religieux et la critique dans ces domaines pour comprendre le mécanisme de l'interprétation, les représentants des *Critical Legal Studies* se tournaient vers l'histoire et l'historien pour ouvrir la théorie du droit à l'infinie diversité des faits et au pluralisme des systèmes de normes, qu'elle entendait ignorer au profit d'un schéma réducteur monolithique qui ne reconnaissait ni discontinuités, ni contradictions insurmontables.

De telles démarches, bien sûr, montrent l'importance de l'interdisciplinarité dans la production des savoirs et mettent au premier plan le développement des connaissances dans le domaine du fonctionnement du cerveau humain, du raisonnement humain.

Les textes traduits ici, qui soulignent l'importance de l'histoire intellectuelle dans la fabrication du droit, suggèrent que le large domaine discrétionnaire reconnu par Richard Posner au juge pour prendre des décisions politiques tient au fait qu'il se limite à une explication économique des décisions, alors que le donné culturel est sans doute plus propre à éclairer et à informer certaines décisions et à permettre d'en rendre compte.[14] On peut admettre que les solutions juridiques soient

---

[13] Gordon (Robert W.), « The Past as Authority and as Social Critique :Stabilizing and Destabilizing Functions of History in Legal Argument », in McDonald (Terence J.) (ed.), *The Historic Turn in the Human Sciences*, 1996, p.339-376.

[14]

> « Many – though certainly not most, and perhaps only a tiny fraction of the legal questions in our system, and I suspect in most others are not merely difficult, but impossible to answer by the methods of legal reasoning. As a result, the answers (the Fourteenth Amendment guarantees certain rights to fathers of illegitimate children the right of sexual privacy does not include sodomy, a social host owes a duty of care to persons injured by a drunken guest, laws against selling babies make contracts of surrogate motherhood unenforceable, and so on ad infinitum – depend on the policy judgments, political preferences, and ethical values of the judges, or (what is not clearly distinct) on dominant public opinion acting through the judges, rather than on legal reasoning regarded as something different from policy, or politics, or values, or public opinion. Sometimes these sources of belief will enable a judge to come to a demonstrably correct result, but often not ; and, when not, the judge's decision will be indeterminate in the sense that a decision the other way would be equally likely to be pronounced correct by an informed, impartial observer ».

susceptibles de prendre en compte ou doivent prendre en compte une logique économique mais il est certain qu'il est des questions auxquelles l'économie peut être relativement indifférente.

La difficulté que rencontre Rakove illumine la distinction entre doctrine, (construction d'une identité) et travail de l'historien. L'historien recherche la vérité. La doctrine et la pratique judiciaire construisent une histoire embellie, une « identité narrative », qui gomme les aspérités et les échecs du passé et sert de justification à l'action présente.[15] L'historien se donne pour objectif la connaissance des faits. La narration est foncièrement normative. Elle dit un ordre, un trajet à travers le temps, elle parle des origines et des fins dernières.

Le critique se sert de l'oeuvre de l'historien pour tenter de jeter le discrédit sur les constructions (dogmatiques, normatives) du praticien au nom de la vérité historique. C'est pourquoi Stephen M. Griffin est justifié à dire que le constitutionnaliste universitaire doit prendre soin de distinguer son éventuelle activité d'auteur de doctrine (qui le met du côté de la pratique et lui fait poursuivre des « narrations de continuité ») de son éventuelle activité de théoricien (où il prétend faire oeuvre scientifique et qui l'oblige à constater des ruptures – « à déconstruire », dirais-je).[16]

Que doit-on appeler théorie constitutionnelle? Stephen Griffin envisage sous ce vocable en fait une approche institutionnelle qui peut apparaître du ressort de la science politique mais que le juriste peut difficilement négliger s'il veut comprendre ce qui se passe.[17] Ferait-il alors de l'histoire du droit, même s'il a peine à le reconnaître ? Sans doute car il ne rend compte que d'applications qu'il peut tenter d'expliquer mais que seule la

---

Posner (Richard A.), « The Jurisprudence of Skepticism », in *Michigan Law Review*, Vol.86, 1988, p.827-891, à p.828.

[15] La notion d' « identité narrative » est utilisée par Paul Ricoeur (Voir Ricoeur (Paul), *Temps et récit*, Tome III : Le temps raconté, Paris, Editions du Seuil, 1985, p.439-448). Elle paraît très bien adaptée pour résumer des mécanismes de construction qu'on trouve développés chez Robert M. Cover dans « *Nomos* and Narrative » (The 1982 Supreme Court Term – Foreword, in *Harvard Law Review*, Vol.97, 1983, p.4-68, trad. fr. in *Le droit dans tous ses états à travers l'oeuvre de Robert M. Cover*, textes traduits et introduits par Françoise Michaut, Paris, L'Harmattan, 2001, p.69-149) et pour ce qu'on veut signifier ici : le juge invoque pour justifier sa décision ou pour y parvenir une certaine conception de ce qui est considéré comme devant servir à la production ou à la formulation du droit dans une société donnée

[16] Griffin (Stephen M.), « Constitutional Theory Transformed », in *Yale Law Journal*, Vol.108, 1999, p.2115-63.

[17] *ibid.*

doctrine peut évaluer (juger légitimes ou critiquer) au regard des techniques juridiques, des bonnes manières de régler un cas, la science appréhendant pour sa part le fonctionnement des mécanismes institutionnels (qu'est-ce qu'un système juridique a produit dans un cas donné et pouquoi ? en quoi les normes ont-elles contrôlé le comportement des acteurs ?). Prenons l'exemple de la procédure d'impeachment aux Etats-Unis : on peut voir à partir des applications qui ont été faites comment un dispostif normatif a été mis en oeuvre et imaginer des scénarios d'évolution possible en fonction des situations.[18]

L'expression « théorie constitutionnelle » devrait-elle être réservée plutôt aux théories qui définissent ce qu'est ou ce que devrait être une constitution d'un point de vue juridique ? Une ou de telles théories sont-elles possibles ou bien relèvent-elles du domaine de la philosophie politique ou de la philosophie tout court ? La théorie juridique peut se contenter de considérer la constitution comme la norme fondamentale (la « *Grundnorm* ») à la base du système juridique (des systèmes juridiques de nombre des sociétés contemporaines en tout cas). De cette norme fondamentale dépend la validité (l'existence) des autres normes du système. Le problème pour le droit est comment doivent se faire les interprétations constitutionnelles qui dégagent la norme du support, du texte pris au sens large, censé le contenir. Il est différentes méthodes envisageables. Le choix se fait selon les époques et selon les juges et la discussion doctrinale sur le bien-fondé des décisions porte principalement en définitive sur des choix de méthodes. Plus généralement la constitution peut être perçue comme contrat ou comme loi et cela aura des incidences sur les méthodes d'interprétation susceptibles d'être choisies. Elle a à voir avec la continuité d'une société, avec la transmission de valeurs et d'un mode de vie. Elle est un moyen de stabilisation d'un droit, probablement indispensable à la survie d'une société.

Robert Cover a montré l'intérêt, pour la théorie du droit américaine elle-même, du positivisme juridique qui permet d'identifier chacun des différents systèmes normatifs qui co-existent au sein d'un individu et d'une société.[19] En insistant sur les racines intellectuelles du droit et sur la contingence historique, les représentants des *Critical Legal Studies* n'ont pas démontré l'inutilité de cette démarche. Ils ont simplement invité à aller chercher derrière ou sous le droit positif, ce qui l'a produit

---

[18] Pour une histoire de cette institution, voir : Michaut (Françoise), *La procédure de destitution sur* impeachment *aux Etats-Unis*, Paris, L'Harmattan, 2002.

[19] Voir *op. cit. supra* note 15.

(prioritairement : une histoire intellectuelle, des systèmes normatifs divers, des narrations, une tradition et des techniques d'art judiciaire).

Robert W. Gordon* « Histoires critiques du droit »

(Traduction de : Robert W. Gordon, « Critical Legal Histories », in *Stanford Law Review*, Vol.36, 1984, p.57-125.)

Les auteurs critiques du droit attachent beaucoup d'attention à l'histoire. En fait, ils ont probablement consacré plus de pages à la description historique – en particulier à l'histoire intellectuelle de la doctrine juridique – qu'à tout autre sujet, le courant Droit et Economie y compris. Une telle préoccupation venant d'un mouvement radical est *a priori* surprenante. Après tout, les juristes ont eu l'habitude notoire d'utiliser l'histoire à des fins conservatrices, invoquant la continuité et la tradition.[1] Et dans les situations plus rares où les juristes ont fait usage de l'histoire pour s'en prendre au *statu quo*, ils ont recouru en général à l'histoire socio-économique pour montrer que le contexte social d'origine d'une règle de droit révélait qu'elle avait été adoptée pour de mauvaises raisons ou des raisons obsolètes plutôt qu'à l'histoire de la doctrine juridique.[2]

---

* Professeur de droit à l'Université de Stanford. Je suis reconnaissant envers Paul Brest, Tom Heller, Fred Konefsky, Elizabeth Mensch, Deborah Rhode, Mark Tushnet et, plus spécialement, envers Steve Diamond, Lawrence Friedman, Tom Grey, Mark Kelman, Jack Schlegel, Bill Simon et Dave Trubek pour leur lecture des premières ébauches et pour les corrections qu'ils ont suggérées. William Hurst a accordé au manuscrit l'attention incroyablement minutieuse qui lui est coutumière. Il a écrit une douzaine de pages de commentaires détaillés, donné son approbation à ce qu'il pouvait avec la générosité qui le caractérise et critiqué vigoureusement ce avec quoi il ne pouvait être d'accord ; cet article est le prolongement de longs entretiens avec lui. J'ai une dette particulière envers David Sugarman qui a généreusement partagé ses idées avec moi pendant des années. Son manuscrit inappréciable et copieusement assorti de notes de bas de pages (à la différence de cette contribution), est arrivé alors je commençais à penser à cet article. Il a marqué chaque page de son empreinte (Sugarman, « Toward a New History of Law and Material Society in England, 1750-1914 », in Rubin (G.R.) et Sugarman (D.) (eds.), *Law, Economy and Society: Essays in the History of English Law, 1750-1914* (à paraître).

[1] Horowitz, Compte-rendu de lecture in *American Journal of Legal History*, Vol.17, 1973, p.275, à p.275-76.

[2] L'histoire de la doctrine n'a pas toujours été conservatrice. Il était dans les habitudes de l'argumentation juridique radicale de s'en référer à sa propre notion de la constitution ancienne, à laquelle il fallait revenir par la révolution, pour rompre avec un présent corrompu. Voir, par exemple, Hill (C.), « The Norman Yoke », in *Puritanism and Revolution: Sources in Interpretation of the English Revolution of the 17th Century*, 1958, p.58.

Que peut-il bien y avoir de radical – ou même simplement d'intéressant, comme le demandent malicieusement certains – dans la réécriture de l'histoire de la doctrine ?

Je vais m'efforcer, dans cet article, d'esquisser une présentation des motifs qui ont incité les représentants du courant critique à choisir d'écrire l'histoire (ou plutôt des histoires, car le mouvement a en fait suscité une pluralité de pratiques historiographiques différentes). Je tenterai tout d'abord de décrire une vision du droit-dans-l'histoire dont je prétendrai qu'elle a tendu à dominer la pensée juridique libérale. Je donnerai ensuite un aperçu des intuitions critiques qui sont venues – plusieurs *au sein même* de la pensée libérale – attaquer des composantes particulières de cette vision dominante. Puis je montrerai comment les auteurs critiques ont essayé de construire, à partir de ces intuitions éparses, une critique globale et comment cette critique a marqué leurs manières de travailler. Finalement, je discuterai de quelques attaques formulées à l'encontre des histoires critiques, ajoutant quelques doutes personnels et énonçant quelques suggestions et exhortations pour les développements à venir.[3]

Je n'espère pas beaucoup faire, dans les pages qui suivent, oeuvre innovante par rapport aux débats qui perdurent sur la théorie et la méthode en histoire socio-juridique.[4] Mon unique objectif est véritablement de résumer, tout en clarifiant si possible, certains des principaux points de vue qui font partie de ces débats, conscient qu'un tel effort a toutes les chances de produire un résultat comparable à un catalogue de pépiniériste ou au Guide de poche des variétés ordinaires et extraordinaires d'histoires socio-juridiques en Amérique du Nord. Le lectorat que je voudrais plus particulièrement atteindre est celui des juristes libéraux qui sont assez intéressés par l'oeuvre des juristes critiques pour être curieux à son égard et qui pourraient être davantage

---

[3] Le lecteur avisé aura noté que cette présentation se déroule selon un schéma (synthèse de l'orthodoxie - critique partielle - critique globale et transcendance - critique de la critique) qui est devenu de rigueur pour les travaux des *Critical Legal Studies*, comme ce fut le cas pour la forme de la sonate dans l'art de la composition classique. L'heure d'opérer un changment de style a peut-être sonné.

[4] Cette étude prétend encore moins s'immiscer dans les intéressantes controverses qui opposent historiens et théoriciens marxistes. Bien que ces débats aient leur pendant dans la littérature de la pensée juridique américaine, il n'y est presque jamais fait allusion. De plus, toute tentative de description de ces controverses exigerait une introduction à un tas de concepts et à un jargon spécialisés. Pour un exposé récent et utile de ces controverses, voir McLennan (G.), *Marxism and the Methodologies of History*, 1981.

convaincus par elle et la trouver plus accesssible, s'ils étaient munis d'un tel guide.[5]

L'essentiel de ce texte ayant pour objet de présenter les critiques adressées à une tradition historiographique appelée le « fonctionnalisme juridique », je me dois de préciser que c'est la tradition qui a le plus nourri et inspiré mon travail et qu'il n'y a pas une seule de ses intuitions, y compris celles que j'en suis venu à considérer comme erronées, que je n'aie trouvée utile. De plus, comme c'est si souvent le cas pour des écrits d'histoire réellement bons, les meilleures oeuvres dans cette tradition débordent toujours largement leurs cadres de conception, il y a pire à faire que de continuer à tenter d'imiter les pratiques des grands figures du fonctionnalisme, même lorsqu'on a fini d'admettre leurs théories.

I. La vision dominante : le fonctionnalisme évolutionniste

A) La trame commune

Depuis cent cinquante ans environ, l'opinion juridique américaine éclairée adhère, avec une fidélité remarquable, à ce qui, globalement, apparaît comme un ensemble unique de notions à propos du changement historique et du rapport du droit à un tel changement.[6] A grands traits, ces notions se résument en deux propositions : l'évolution naturelle et normale d'une société (ou tout au moins d'une société « progressiste »,

[5] Ce ne sera pas de loin le premier guide de ce genre. Pour des travaux d'une utilité exceptionnelle sur ces problèmes socio-théoriques en histoire du droit, voir Hunt (A.), *The Sociological Movement in Law*, 1978 ; Friedman, « Some Problems and Possibilities of American Legal History », in Bass (H.) (ed.), *The State of American History*, 1970 ; Holt, « Morton Horwitz and the Transformation of American Legal History », in *William and Mary Law Review*, Vol.23, 1982, p.663 et suiv. ; Schreiber, « At the Borderland of Law and Economic History: The Contributions of Willard Hurst », in *American Historical Review*, Vol.75, 1970, p.744 et suiv. ; Sugarman, « Theory and Practice in Law and History: A Prologue to the Study of the Relationship Between Law and Economy From a Socio-Historical Perspective », in Fryer (B.), Hunt (A.), McBarnet (D.) & Moorhouse (B.) (eds.), *Law State, and Society*, 1981 ; Tushnet, « A Marxist Analysis of American Law », in *Marxist Perspectives*, Vol.1, 1978, p.96 et suiv . ; Abel, « Book Review », in *Michigan Law Review*, Vol.80, 1980, p.785 suiv. ; Diamond, « Book Review », in *ibid.*, Vol.77, 1979, p.784 et suiv. ; Feinman, « Book Review », in *ibid.*, Vol.78, 1980, p.722 et suiv. ; Horwitz, *op. cit. supra* note 1.

[6] Je ne parle pas ici du travail des historiens du droit professionnels mais d'un ensemble de présupposés d'arrière-plan au sujet du droit-dans-l'histoire, qui sont généralement présents dans la pensée juridique courante.

pour utiliser l'expression de Maine[7]) l'oriente vers le type de capitalisme libéral qu'on rencontre dans les nations occidentales avancées (en particulier aux Etats-Unis) et la fonction naturelle et normale d'un système juridique est de faciliter cette évolution. (Les mots « naturel » (« *natural* ») et « normal » (« *proper* ») soulignent la nature normative de la théorie ; les déviations par rapport à la norme sont à la fois atypiques et mauvaises). On peut tenter de fragmenter cette vision d'ensemble en morceaux plus faciles à gérer : les quelques notions élémentaires qui en constituent l'essentiel. Les lecteurs comprendront, je l'espère, que je construis un « type-idéal » : une liste de propositions dont on peut penser que la plupart des auteurs juristes dans la tradition dominante les acceptent le plus souvent, même si l'on peut s'attendre aussi à ce qu'un auteur isolé souhaite émettre des réserves à propos d'une ou deux d'entre elles ou même s'y opposer.[8]

---

[7] Voir Maine (H.), *Ancient Law : Its Connection with the Early History of Society, and Its Relation to Modern Ideas, London*, 1861, p.21-22.

[8] Le danger lorsqu'on essaie d'établir une telle liste est, bien sûr, que les lecteurs – en particulier ceux qui croient que leur propre vision du monde est celle qui va être prise pour cible – disent : « Et alors, qui accepte ceci ? Je ne connais pas un seul auteur juriste qui partage *cette* conception, au moins dans une forme aussi simpliste. De qui Gordon parle-t-il exactement ici ? » Une façon de désamorcer cette réaction par avance consisterait à offrir une liste de passages de la pensée juridique courante à l'appui de ces propositions de base. Ce n'est pas impossible à faire mais cela prendrait trop d'espace, en partie parce que les propositions se trouvent rarement dans une forme aussi explicite qu'ici. Elles appparaissent dans le discours juridique conventionnel plutôt comme des *présupposés* diffus en toile de fond, qui seraient trop évidents pour devoir être formulés. J'ai renoncé à entreprendre une telle documentation, moins (je l'espère) par paresse qu'en espérant que les lecteurs et les auteurs de la pensée juridique courante *reconnaîtront* simplement que ces propositions appartiennent au sens commun, ordinaire, admis. Pour compléter cette méthode de reconnaissance, j'ai essayé, dans un autre article, de donner des exemples d'auteurs qui acceptent cet ensemble de propositions. Voir Gordon, « Historicism in Legal Scholarship », in *Yale Law Journal*, Vol.90, 1981, p.1017, à p.1028-45 (la conception dominante y était appelée « la théorie de l'adaptation » et elle y était décrite plus sommairement qu'ici). Dans le présent article, j' essaie d'ajouter d'autes exemples aux endroits appropriés.

Quant aux lecteurs qui reconnaissent leurs propres vues dans ma liste des propositions au coeur de la vision dominante mais qui pensent que mon exposé réduit, caricature ou déforme de façon inacceptable leurs positions, je leur suggère la procédure suivante : (1) Examinez si le point de vue que vous voulez défendre est plus justement catégorisé comme faisant partie de la « vision dominante » ou comme une des nombreuses « critiques » de cette vision qui sont introduites dans la suite de cet article (il se peut que vous soyez réellement un critique, plutôt qu'un adepte du fonctionnalisme évolutionniste comme je l'ai décrit ; (2) si, après avoir fait cela, vous vous découvrez encore un défenseur du fonctionnalisme évolutionniste mais d'une variété beaucoup plus raffinée et plus subtile que ma caricature, demandez-vous si votre variante est ou n'est pas vulnérable à de nombreuses critiques (il se peut que les critiques valent autant contre les versions sophistiquées que les versions rudimentaires) ; et finalement (3) si vous avez isolé une tendance de la vision dominante que vous croyez à l'abri des critiques (ou naturellement, si vous pensez que les critiques ne sont de toute manière que des ordures), écrivez une lettre ou publiez un article en réponse à celui-ci.

a) « Le droit » et « la société » comme catégories distinctes qui peuvent se décrire séparément mais qui sont reliées l'une à l'autre à travers différents mécanismes de causalité

Les auteurs de la tradition dominante opèrent une démarche, même si celle-ci est souvent explicite, avant même de commencer à dire quelque chose de substantiel sur le droit-dans-la-société. Ils divisent le monde en deux sphères, l'une le social et l'autre le juridique. « La société » est le domaine primaire de l'expérience sociale, c'est la vie réelle ; ce qui est vraiment et immédiatement important pour les gens, comme le désir et sa réalisation ou sa frustration, se passe là. Ce domaine est le domaine de la production, du commerce, du marché, de la famille. « Le droit » ou « le système juridique », quant à lui, est un ensemble de phénomènes nettement secondaires. C'est un domaine spécialisé d'activité étatique et professionnelle qui est appelé à l'existence par le monde social primaire pour servir les besoins de ce monde. Le droit est auxiliaire, une excroissance sur la vie sociale, même si c'est quelquefois une excroissante utile.

Même si le droit et la société sont séparés, ils sont en lien. Le grand problème théorique pour les auteurs qui voient le monde ainsi est d'élucider le secret de cette relation. Alors, ils posent des questions telles que « le droit est-il une variable dépendante ou indépendante ? », « Tout ce qui a trait au droit – les normes, les règles, les processus et les institutions – est-il déterminé par la société ou est-ce que le droit a des structures internes « autonomes » ou une logique ? », « S'il a des structures internes, lui permettent-elles d'avoir un effet causal indépendant – d'agir avec un effet de rétroaction positif – sur la vie sociale ? » Les auteurs de la tradition libérale (comme ceux de la tradition marxiste) ont déployé un large éventail de réponses à ces questions et sont parvenus à des conclusions terriblement différenciées mais ils supposent tous que ce sont là des questions vitales.[9]

[9] Voir notes 18-26 *infra*.

b) Les sociétés ont des besoins.

Cette proposition est le coeur fonctionnaliste de la vision dominante.[10] Les besoins sociaux peuvent être universels – les besoins tels que la survie, la stabilité, le maintien de l'ordre social, la gestion des conflits, l'organisation de la production, la sécurité contre les ennemis étrangers, l'allocation des ressources rares ou la préservation de la continuité au sein du changement – ou ils peuvent être spécifiques à un état donné du développement économique et social. Un besoin fondamental est le besoin de se développer selon le chemin d'évolution sociale approprié.

Les besoins opèrent à la fois comme instruments de pression et de contrainte. Ce sont les moteurs qui induisent la société à trouver les moyens de les combler et ils posent les limites quant aux possibilités d'expérimentation sociale – des limites au-delà desquelles se trouvent le dysfonctionnement, la futilité, l'échec et le chaos.[11]

c) Il y a un chemin d'évolution sociale progressif, déterminé et objectif

L'idée générale ici est que la responsabilité causale pour le changement repose dans des forces impersonnelles de « devenir » historique. Plus

---

[10] Cette proposition est probablement aussi celle qui est la plus discutée par la théorie juridique libérale : de nombreux auteurs voient dans l'attribution de « besoins » aux sociétés une réification excessive et ils essaient en conséquence de réduire les sociétés aux individus et aux groupes d'intérêts qui les constituent. Voir note 38 *infra*.

[11] Dans le cadre de cet article, je réserve le terme « fonctionnalisme » au type particulier d'explication ici décrit, c'est-à-dire à un type qui décline tout d'abord un ensemble de besoins ou de processus dynamiques « primaires » plus ou moins objectifs et qui ensuite explique les phénomènes historiques secondaires comme des réponses à ces besoins ou à ces processus.
Certains auteurs juristes semblent utiliser le terme « fonctionnalisme » dans un sens différent du mien, pour désigner n'importe quelle façon d'expliquer les formes ou les politiques juridiques en se référant aux « buts » et aux « intérêts » sociaux – en fait en se référant à quoique ce soit d'autre que les matériaux formels, internes au système juridique. Cet usage me semble à la fois trop large et trop étroit. Il est trop large parce que toute pratique est « fonctionnelle » et aucune « dysfonctionnelle », si cela signifie qu'elle sert un intérêt de quelqu'un ou qu'elle peut être considérée comme faisant partie d'un système ou d'un modèle ou d'un processus. Et il est trop étroit parce qu'il exclut arbitrairement les efforts faits pour montrer comment la « fonction » d'une pratique juridique pourrait être de répondre aux exigences formelles d'élégance et de complétude d'un système abstrait (c'est-à-dire servir l ' « intérêt idéal » de quelqu'un pour celles-ci). Je préférerais appeler ce type général d'explication « externe » ou « contextuel » et qualifier d' « instrumental » le substrat particulier des explications externes qui rendent compte des pratiques juridiques en tant que produits des désirs ou des demandes de classes sociales ou de groupes sociaux ou encore d'individus.

précisément, les histoires de certaines sociétés occidentales avancées et plus notoirement les Etats-Unis, décrivent un développement évolutionniste qui est à la fois naturel (dans le sens où une version de celui-ci se concrétisera dans chaque société à moins que des contraintes « artificielles » le fasse dévier) et, dans l'ensemble, orienté vers le progrès.

La description de ce processus évolutionniste a quelque peu varié au fil des générations mais les Etats-Unis contemporains se sont retrouvés presque invariablement à la pointe de ce développement. La grande histoire des 18è et 19è siècles (l'histoire des « Lumières écossaises » dont le schéma général est encore si fermement ancré dans notre culture)[12] a parlé d'une libération graduelle de l'individu par rapport à l'esclavage du féodalisme et à la superstitition – une libération par rapport aux entraves au commerce, au libre transfert de la terre et à la libre circulation des travailleurs ; une libération par rapport à l'oppression des droits et des dîmes dont il fallait s'acquitter et par rapport à la perpétuelle subordination aux hiérarchies coutumières des ordres ecclésiastiques et nobilières ; ainsi qu'une libération par rapport aux religions établies. Selon cette histoire, l'extension concomitante de la liberté et du commerce a produit une communauté d'hommes qui sont réellement ou potentiellement (avec quelques exceptions, comme celles des esclaves) des propriétaires égaux du point de vue politique, possédant en toute sécurité et échangeant librement la terre, le travail et la capital.[13]

Au début de notre siècle, le gonflement des classes non propriétaires a amené les historiens à faire passer l'accent du concept de progrès comme augmentation du nombre des propriétaires fonciers à celui de progrès comme amélioration dans le domaine de la technologie, l'organisation de la production et la création de possibilités d'ascension sociale pour les immigrants. A notre époque d'enthousiasmes refroidis, les étiquettes attachées aux changements historiques fondamentaux tendent à devenir plus neutres : « industrialisation », « modernisation ou tout juste développement économique et politique ». Dans leur utilisation cependant, ces catégorisations conservent une saveur puissamment normative et, occasionnellement, comme dans l'interprétation par certains économistes juristes de l'histoire des sociétés qui y voient une longue

[12] Voir Burrow (J.), *A Liberal Descent: Victorian Historians and the English Past*, 1981, p.21-35; Hirschman (A.), *The Passions and the Interests: Political Arguments for Capitalism Before Its Triumph*, 1977, p.81-93.

[13] L'histoire a toujours été ambiguë quant à savoir si c'est un élément idéal (l'amour de la liberté) ou un élément matériel (l'extension du marché) qui a été le moteur de cette libération.

série de gains de « performance », un optimisme victorien à toute épreuve.[14]

Toutes ces histoires ont en commun leurs téléologies déterministes, dont les éléments parcellaires – l' « extension du marché », l' « effondrement des communautés traditionnelles et des hiérarchies d'état », le « triomphe de la classe moyenne », la « révolution de la production dans le système des fabriques », l' « essor de l'Etat administratif » et le « développement de la forme multidivisionnelle de l'entreprise » – sont réunis tous ensemble dans un processus dominant l'évolution sociale.[15]

---

[14] On peut prendre pour exemple l'affirmation suivante :

> « Une société performante est plus riche qu'une société qui ne l'est pas – c'est ce que signifie la performance et une société plus riche entretiendra une population plus grande. Cet effet de la richesse plus grande peut être décisif dans la compétition entre sociétés primitives, où les méthodes de guerre sont simples et où le nombre des gens y compte plus que dans la guerre moderne. Les sociétés archaïques suffisamment durables pour avoir laissé des restes archéologiques ou scripturaires substantiels et les sociétés primitives suffisamment solides pour s'être maintenues jusqu'au dix-neuvième siècle (quand les études anthropologiques sérieuses ont commencé) ont en conséquence des chances d'avoir été des sociétés dont les coutumes étaient efficientes...
> Il est clair, cependant, que l'équilibre des sociétés primitives est moins performant, au moins à long terme, que celui des sociétés avancées : regardez la très faible proportion de la population du monde qui vit aujourd'hui dans des sociétés primitives. Cette situation est due pour une part à l'usage de la force au lieu de la compétititon pacifique, de la part des sociétés avancées (il en est tragiquement ainsi des Indiens de l'Amérique du Nord, par exemple) mais, pour la plus grande part, elle provient des réponses d'adaptation de la société primitive à son environnement économique. Ces réactions incluent des pratiques, telles que le refus aux gens de la vie privée, l'interdiction qui leur est faite d'amasser des richesses, qui vont à l'encontre du progrès économique et par suite à l'encontre de la croissance de la population. Il y a là de quoi faire réfléchir l'anarchiste romantique. » (Posner, « A Theory of Primitive Society, With Special Reference to Law », in *The Journal of Law and Economics*, Vol.23, 1980, p.1, à p.53.)

Je suppose que si la Société A invente le fusil Maxim qu'elle utilise pour massacrer les natifs de la Société B ou si elle développe une immunité contre ses propres maladies vénériennes, virulentes, qui se répandent ensuite dans la Société B et en anéntit la population, nous pouvons dire que la Société A est plus « performante ». D'autres qualificatifs viennent aussi à l'esprit.

[15] Ce n'est bien sûr pas un juriste mais le sociologue Talcott Parsons qui a produit la *Somme* des façons modernes de rendre compte de ce processus intégrateur. Voir, par exemple, Parsons (T.) & Smelser (N.), *Economy and Society: A Study in the Integration of Economic and Social Theory*, 1956, p.284-94. Cependant, quelque chose comme l'exposé parsonien est remarquablement répandu dans la pensée juridique moderne bien que son optimisme soit occasionnellement tempéré d'une touche de modernisme tragique.

Les juristes ont un temps joué un rôle assez important dans l'écriture réelle de ces histoires. La littérature juridique récente se contente plus volontiers de supposer que quelque processus objectif, communément admis, a fonctionné à l'arrière-plan et de laisser les détails réels du processus dans une vague implication.

d) Les systèmes juridiques devraient être décrits et expliqués en termes de leur réponse fonctionnelle aux besoins sociaux

L'histoire du droit sociologique, fonctionnaliste relève d'un lignage extrêmement distingué. Elle commence avec Montesquieu et Adam Smith, se continue avec Karl Marx, Max Weber et Rudolf von Ihering et virtuellement tous les auteurs moindres du dix-neuvième siècle ayant écrit sur le droit.[16] Parmi les juristes du vingtième siècle, elle inclut des personnalités telles qu'Oliver Wendell Holmes, Roscoe Pound, Karl Llewellyn, Franz Neumann et William Hurst. La méthode fonctionnaliste, générale consiste à construire (ou, ce qui est plus fréquent, à supposer, sans beaucoup de discussion) une typologie des étapes du développement social et ensuite à montrer comment les formes et les institutions juridiques ont satisfait ou non aux exigences fonctionnelles de chaque étape. Un écart énorme dans la sophistication et le pouvoir conceptuel séparent bien entendu les meilleures illustrations de cette méthode des pires. Au mieux, comme dans les travaux de Weber, un faisceau de règles complexes est rassemblé au moyen de théorisations explicites qui servent à rendre compte du développement social. Dans la pire de ces versions vulgaires, comiques, la méthode produit des rationalisations fonctionnelles totalement spéculatives pour les règles juridiques sous-tendant les changements sociaux – des explications creuses telles que « l'évolution du droit à la vie privée comme réponse à la complexité et à l'interdépendance croissante dans la société moderne ».[17]

De toutes les généralisations produites par cette méthode, l'une, si familière qu'elle est devenue un cliché de notre discours commun, est que le développement du capitalisme (ou comme préféraient le dire nos ancêtres, l'expansion du commerce) requiert des améliorations juridiques qui accroissent la certitude, la sécurité et la prévisibilité des relations d'échange. Je reviendrai sur cette assertion mais il me faut d'abord

---

[16] Voir, par exemple, Stein (P.), *Legal Evolution : The Story of an Idea*, 1980, p.122-27.

[17] Pour une collection fabuleuse d'exemples, voir Kelman, « Trashing », in *Stanford Law Review*, Vol.36, 1984, p.293 ; voir aussi notes 53-60 *infra*.

évoquer la caractéristique identifiante, finale de la vision dominante, à savoir :

e) Le système juridique s'adapte aux changements dans les besoins sociaux

Cette conception exprime la confiance qu'une adaptation réelle du système juridique pour répondre aux besoins sociaux s'est bien produite dans les nations occidentales avancées et, en particulier, aux Etats-Unis. A l'exception de fieffés panglossiens (Blackstone, dans certaines de ses humeurs, étant l'un de ceux-ci), les tenants de cette notion n'éprouvent pas le besoin d'attribuer une fonction sociale à tout élément composant le système juridique ; la plupart des auteurs concèderont même que des formes ou des processus juridiques, majeurs peuvent être dysfonctionnels pendant de courtes périodes. Cependant un adepte du fonctionnalisme soutiendra qu'en dépit de cas indéniables de retard et de résistance, l'adaptation est le cours normal. La perspective tend ainsi à produire des affirmations telles que les suivantes (présentées ici à titre d'illustration dans leur forme la plus simple et la moins nuancée) à propos de changements spécifiques, intervenus au sein des règles et des formes juridiques : - les règles du droit de la responsabilité, telles que le critère de la négligence et la règle du compagnon, avaient été adoptées pour répondre aux besoins des débuts du développement de l'industrialisation. Elles permettaient aux employeurs et aux entreprises de transport d'extérioriser une partie de leurs coûts. Cependant, dans la mesure où le changement technologique a accru les risques d'accidents liés à l'emploi et à l'usage des biens de consommation, le droit a réagi en adoptant des règles de responsabilité stricte ; - les règles concernant les garanties, telles que « *caveat emptor* » reflétaient une société dans laquelle l'essentiel des échanges commerciaux se faisaient en face-à-face. Mais avec l'augmentation des transactions de consommation de masse entre détaillants lointains et acheteurs et avec l'ignorance croissante des risques de défauts, le droit a impliqué des garanties de commerciabilité ; - la forme des sociétés s'est développée de façon à répondre au besoin d'une accumulation de capital pendant la période de démarrage industriel ; - différents traits de l'organisation de l'entreprise moderne, y compris la règle du « jugé professionnel » (« *business judgment* ») et les règles spécifiant les domaines où la « prérogative » de direction exempte des conventions collectives, se sont développés de façon à donner à la direction le plus large pouvoir de décision discrétionnaire, nécessaire pour la maximisation performante des profits dans les sociétés industrielles, avancées ; - les cours et les législatures étaient compétentes pour résoudre les problèmes de réglementation propres à l'économie d'individus en compétititon du début du dix-neuvième siècle. A la fin de ce même siècle néammoins, la concentration des sociétés a soulevé des problèmes d'une telle complexité que des agences administratives sont devenues nécessaires en ce domaine ; - la professionnalisation du métier d'avocat – le développement des associations de barreau, des écoles de droit, des exigences formelles de formation et d'entrée dans la profession, les grands cabinets d'avocats urbains, etc – était nécessaire pour permettre aux avocats de prendre en charge les tâches spécialisées, complexes du droit dans une économie moderne.

Cette perspective a aussi produit des affirmations remarquablement larges. Les deux premiers exemples indiqués ci-dessous étaient des lieux communs de la rhétorique juridique jusqu'à la fin du siècle dernier ; la troisième est revendiquée par des représentants du courant Droit et économie à notre époque : - la « *common law* », à travers le temps, tend à se purifier ; - les améliorations progressives de la science du droit tendent à clarifier la doctrine juridique, à la rendre toujours plus certaine et prévisible, en même temps que mieux adaptable aux besoins sociaux ; - les règles de la « *common law* » tendent à devenir de plus en plus performantes.

B) Les divisions à l'intérieur du fonctionnalisme

Il doit maintenant être évident que ma « tradition dominante » se déploie très largement pour recouvrir des auteurs juristes dont les vues sur de nombreux problèmes diffèrent radicalement, dont certains seraient effrayés de se retrouver à partager, ne serait-ce qu'une catégorisation à but limité – avec les autres. Mon intention est de regrouper, sous l'unique toit du « fonctionnalisme évolutionniste », deux larges champs antagonistes de la pensée juridique américaine moderne, appelés ici par souci de simplicité « le formalisme » et « le réalisme ». L'un et l'autre ont, me semble-t-il, fourni des visions contrastées de ce en quoi consiste le développement social et de la façon dont le droit s'est adapté à ce développement tout en respectant l'hypothèse fondamentale d'une adaptation progressive qu'ils partagent en commun. Ils se sont opposés, par contre, sur des questions telles que la définition du droit ou l'autonomie de la prise de décision judiciaire.[18]

---

[18] Incidemment, le fait que le formalisme juridique ait été politiquement conservateur et le réalisme juridique plus libéral-réformiste n'est qu'un accident de notre histoire récente. Il est facile d'imaginer un formalisme radical, tel que le programme de la Révolution française de refaire la société en conformité avec des droits juridiques abstraits ou un réalisme conservateur tel que l'historicisme allemand.

Le camp formaliste a une notion très restrictive du droit comme fait par le juge : « le système juridique est le domaine du spécialiste du droit ; le législateur n'en fait pas partie en principe mais il est une source des buts que le système juridique doit réaliser. »[19] La législation et en général aussi l'administration sont ainsi reléguées dans la sphère du « social » de la grande dichotomie droit/société. Tandis que pour les réalistes, cependant, le droit est « ce que les officiels font à propos des conflits » et même plus largement, le travail de tous ceux, le barreau privé y compris, dont la tâche est la gestion de la politique publique.[20]

Formalistes et réalistes se divisent aussi à propos de l' « autonomie » des processus de prise de la décision juridique par rapport aux prises de décision économiques, sociales et politiques. Les formalistes pensent qu'il est à la fois habituel et désirable que les décisions juridiques suivent un agenda professionnel interne tel qu' « une tradition juridique enseignée » de la *common law*.[21] L'idée est que de telles décisions rempliront au mieux leur tâche fonctionnelle, sociale d'adaptation si les avocats et les juges ne pensent pas du tout à la société mais seulement à perfectionner leur art propre, parce qu'une logique de la liberté ou de la performance est inhérente à la pratique de cet art. Les réalistes croient que cette proposition est un non-sens, que faire une politique ne peut pas être socialement fonctionnel à moins que soit consciemment visée la satisfaction des besoins sociaux. Les réalistes ont cependant leur propre notion de l' « autonomie » juridique : les artisans des politiques devraient être et sont quelquefois effectivement isolés des pressions immédiates des intérêts politiques et économiques à court terme de manière à pouvoir se concentrer sur les besoins à long terme de leurs sociétés.[22]

Ces différences conduisent à des approches formaliste et réaliste de l'histoire juridique qui diffèrent aussi. L'histoire juridique, formaliste se focalise exclusivement sur le développement de la doctrine juridique alors que l'histoire juridique, réaliste considère la doctrine comme une

---

[19] Means (R.), *Underdevelopment and the Development of Law : Corporations and Corporation Law in Nineteenth-Century Columbia*, 1980, p.xii (note non reproduite). Ce livre est une performance exemplaire dans le registre de l'histoire juridique, fonctionnaliste, évolutionniste (il y manque, toutefois, les notions normatives de progrès communes à ce modèle).

[20] Llewellyn (K.), *The Bramble Bush : On Our Law and Its Study* , 1951, p.20. Pour une idée claire sur ce que Llewellyn entendait pas cette fameuse phrase, voir Twining (W.), *Karl Llewellyn and the Realist Movement*, 1973, p.148-52.

[21] Pound (R.), *The Formative Era of American Law*, 1978, p.82.

[22] Voir, par exemple Landis (J.), *The Administrative Process*, 1938, p.111-17 (qui discute de pourquoi les agences ont été organisées de telle sorte qu'elles soient séparées de l'administration qui désigne les responsables de l'agence).

composante d'une entreprise de politique générale, même si elle n'est pas toujours bien coordonnée.[23] De plus, l'histoire juridique, formaliste considère les phénomènes extérieurs à l'art du droit comme préjudiciables à la prise de décision judiciaire ou tout simplement comme non pertinents pour l'histoire importante à raconter ; le héros formaliste est le juge ou l'auteur de traité qui clarifie le mieux les catégories doctrinales. L'histoire réaliste, de son côté, prend pour sujet principal les relations de fonctionnement et de dysfonctionnement entre le droit et les tendances majeures du développement social ; le héros réaliste est l'ingénieur social qui utilise savamment le droit comme instrument de politique.[24]

Naturellement ces différences conduisent à des désaccords fondamentaux sur le cours de l'histoire récente. Pour de nombreux formalistes, le point culminant du développement juridique a été atteint à la fin du dix-neuvième siècle quand l'idéal de la règle de droit comme principalement appliquée par les juges au travers d'un ordre juridique autonome a été au pic de son influence.[25] Mais le sommet des formalistes est l'abîme des réalistes. A cette époque, l'abstraction par rapport aux forces sociales, concrètes avait placé le système juridique en porte-à-faux par rapport aux exigences de la société qui évoluait et nous ne nous sommes extraits du trou du dysfonctionnemnt que par la mise en oeuvre des politiques du progressisme et du New Deal.[26]

II. Interlude pour un questionnement sur l'objet de cette étude

Avant de poursuivre avec les attaques qui ont dévoré la vision fonctionnaliste, évolutionniste de l'histoire du droit, il est souhaitable de s'arrêter un moment pour se demander pouquoi quelqu'un éprouverait le besoin de s'en prendre à elle. D'un côté, les spécialistes de sciences sociales qui ont entendu des versions plus anciennes de cette étude s'interrogent à propos de pourquoi je me préoccupe tant de l'évolutionnisme (notre vision dominante aux points 3 et 5) et du fonctionnalisme (points 2 et 4), les piliers de la sociologie libérale des

[23] Voir, par exemple, Hurst (W.), *The Growth of American Law : The Law Makers*, 1950, p.439-46 (adoptant une conception large du droit et des tâches de l'histoire du droit).
[24] Voir, par exemple, Hurst, « Alexander Hamilton : Law Maker », in *Columbia Law Review*, Vol.78, p.483 et suiv.
[25] Voir, de façon générale, Hayek (F.), *Law, Legislation, and Liberty : Rules and Order*, Vol.1, 1973, p.94-123.
[26] Voir, par exemple, Hurst (W.), *Law and the Conditions of Freedom in the Nineteenth Century United States*, 1956, p.84-108.

années 1950 : ces vues ont été si totalement discréditées dans la théorie sociale, moderne, disent-ils, qu'il ne leur reste presque plus de défenseurs sérieux. De l'autre côté, certains de mes collègues juristes qui ont passé leur vie à pourfendre l'hydre formaliste qui est encore très présente dans la pensée juridique, à la fois académique et de la pratique, pensent qu'il est pervers et ingrat de s'attaquer aux versions réalistes du fonctionnalisme parce que celles-ci se sont avérées être les armes les plus fiables contre le dogme selon lequel les formes juridiques peuvent se comprendre indépendamment de leur contexte social : si ces armes sont brisées, l'hydre ne va-t-elle pas hanter sans peur les facultés de droit ?

A la première question, la seconde apporte une réponse partielle : le fonctionnalisme évolutionniste, dans ses versions formaliste et réaliste, a continué à se développer plus longtemps dans la pensée juridique que dans la pensée sociale en général. Non pas seulement parce que les facultés de droit ont tendance à faire leur l'option intellectuelle dominante avec un retard de dix ou quinze ans. La notion que le droit s'adapte toujours ou tout au moins devrait toujours s'adapter fonctionnellement aux besoins sociaux qui évoluent, est tellement enracinée dans le discours juridique standard qu'il est difficile dès lors qu'on soutient quelque peu un argument juridique de ne pas en faire mention. On peut présumer que cette notion persiste parce qu'elle est utile pour l'idée libérale du droit comme arbitre neutre des conflits sociaux : elle dit à ceux qui font fonctionner le système juridique que leurs instructions fondamentales proviennent d'un processus social externe au système juridique et qu'ils n'ont aucune responsabilité dans le processus, si ce n'est de résoudre les problèmes techniques qui consistent à fournir des réponses fonctionnelles qui le faciliteront plutôt que de l'entraver. En conséquence, les ambiguités inévitables du commandement législatif, des précédents, de la coutume ou du texte constitutionnel n'ont nul besoin de contraindre un système juridique à la douleur d'un choix politique parce que ceux qui le font fonctionner peuvent toujours prétendre servir la logique d'un processus historique ou d'un consensus social immanent qui existe au-delà et antérieurement à la politique.[27]

---

[27] Par exemple, les visionnaires de la tendance dominante prétendent que dans les sociétés « modernes » ou « développées », les innovations technologiques et celles dans l'organisation de la main d'oeuvre accroissent continuellement la taille du gâteau économique global. Le conflit politique n'a réellement sa place que sur des points d'importance secondaire, tels que celui de la division du gâteau ; l'expansion est à la fois le cours normal du développement d'une société moderne et quelque chose qui est dans l'intérêt de chacun. La tâche du système juridique, sauf directives politiques d'autorité (évidemment mal avisées) contraires, est de servir les besoins du processus de production (par exemple, « un management efficace », « la paix industrielle »), qui, par définition, sont des besoins universels plutôt que ceux d'une faction ou d'une classe particulières. Voir, pour

Qui plus est, non seulement le fonctionnalisme évolutionniste est encore une force vivante dans l'argumentation juridique traditionnelle mais il a, au cours des années récentes, été terriblement dopé par certains des travaux *nouveaux* les plus étonnants et les plus intéressants, produits par les facultés de droit : le mouvement Droit et économie de Chicago,[28] l'approche des institutions juridiques sous l'angle des « coûts de transaction » de Williamson,[29] l'approche de l'histoire de l'entreprise moderne sous l'angle explicitement évolutionniste par Bob Clark[30] et la théorie du « droit réflexe » de Selznick et Nonet.[31]

Peut-être maintenant la seconde question : « Pourquoi frapper le fonctionnalisme alors qu'il a été si bon pour vous ? » est-elle sur le point de recevoir une réponse. Le fonctionnalisme réaliste a indubitablement été une force politiquement de progrès et intellectuellement de libération ; il nous a arrachés aux études occasionnellement utiles mais stériles sur le long terme des formes techniques évoluant dans un vide culturel et à l'idée que les avocats et les juges feront toujours et automatiquement le plus de bien possible en pratiquant une inattention satisfaite par rapport à la société dans laquelle ils vivent. Ses investigations empiriques du droit « en action » ont pulvérisé pour toujours l'illusion formaliste d'un schéma universel de règles neutres et générales qui contrôlerait, de façon égalitaire et impersonnelle, le pouvoir discrétionnaire de toutes les classes et factions d'une société civile. Nous devons à la tradition de l'école réaliste, l'essentiel de notre compréhension des variations dans les effets du droit suivant le pouvoir et la richesse des personnes touchées ou qui cherchent à l'utiliser, l'essentiel de notre compréhension du « pluralisme juridique » (le fait que la vie sociale réelle est prodigue en souverains – des gouvernements différents, des responsables aux différents niveaux de gouvernement, des associations « privées » – chacun fabriquant son

---

une description complète de cette illustration, Stone, « The Post-War Paradigm in American Labor Law », in *Yale Law Journal*, Vol.90, 1981, p.1509, à p.1545.

[28] Voir, par exemple, Priest, « The Common Law Process and the Selection of Efficient Rules » in *Journal of Legal Studies*, Vol.6, 1977, Vol.6, p.65 et suiv.; voir aussi Godman, « An Economic Theory of the Evolution of Common Law », in *ibid.*, Vol.7, 1978, p.393 et suiv. ; Rubin, « Why Is the Common Law Efficient ? », in *ibid.*, Vol.6, 1977, , p.51 ; Terrebone, « A Strictly Evolutionary Model of Common Law », in *ibid.*, Vol.10, 1981, p.397 et suiv.

[29] Williamson (O.), *Markets and Hierarchies: Analysis and Antitrust Implications*, 1975.

[30] Voir Clark, « The Four Stages of Capitalism : Reflections on Investment Management Treatises », in *Harvard Law Review*, Vol.94, 1981, p.561 ; id., « The Interdisciplinary Study of Legal Evolution », in *Yale Law Journal*, Vol.90, 1981, p.1238.

[31] Voir, par exemple, Selznick (P.) & Nonet (P.), *Law and Society in Transition : Toward Responsive Law*, 1978.

espèce de droit en coopération ou en concurrence avec les autres) et l'essentiel de notre compréhension de la complexité et de la perversité des relations juridiques et sociales (comment il se fait si souvent qu'une forme juridique qui semble destinée à renforcer A au détriment de B finit par faire disparaître A et rendre B encore plus inébranlable que jamais). Les fonctionnalistes réalistes ont accompli une telle oeuvre en fait qu'il est difficile de ne pas sympathiser avec leur ressentiment à l'égard des Critiques qui semblent essayer de les supplanter alors que les études de Droit et société commencent à avoir un impact sur le gros des juristes qui jusqu'à tout récemment n'a à peu près montré que du mépris pour l'empirisme réaliste. « Devra-t-on toujours, demandent avec désespoir les empiristes, être snobbés par les juristes aux constructions intellectuelles, originales qui n'ont aucun respect pour les faits ? Notre mouvement ne pourrait-il pas jouir d'un moment dialectique de suprématie avant d'être emporté par la marée de la négativité critique ? »[32]

Les critiques peuvent donner une réponse directe à ce cri du coeur : une approche critique, intelligente utilisera les intuitions et les trouvailles empiriques du fonctionnalisme réaliste[33] mais il y a des aspects apologétiques même dans les versions réalistes de la vision dominante auxquels les critiques se sentent obligés de résister. Par exemple, lorqu'il met l'accent sur le droit comme politique (« *policy* »), le fonctionnaliste réaliste réserve presqu'inconsciemment même ce qu'il croit être les occasions très marginales d'influence juridique en faveur du changement social à une élite de faiseurs de politiques (« *policymakers* ») ; les mouvements de masse et les luttes locales ne sont pas considérées en général comme artisans du changement juridique.[34] Parce qu'il suppose une harmonie naturelle des intérêts dans la satisfaction des besoins sociaux, il a du mal à percevoir le conflit comme autre chose qu'une perturbation dysfonctionnelle de l'équilibre. Et, avec toute la

---

[32] Trubek, « Critical Legal Studies and Empiricism », in *Stanford Law Review*, Vol.36, 1984, p.575 fournit une présentation particulièrement utile des différences, à la fois réelles et supposées, entre les *Critical Legal Studies* et le mouvement Droit et Société.

[33] Je donne des exemples de telles utilisations aux notes 61-71 *infra*.

[34] Quelle ironie qu'un pays dont le Peuple, selon l'idéologie officielle, n'a délégué que des pouvoirs limités à l'Etat, qu'un tel pays qui a ses origines politiques dans les protestations révolutionnaires, organisées par « le peuple du dehors », par des foules réclamant explicitement un statut et une légitimité juridiques, qu'un pays dont l'histoire est si remplie de mouvements de masse réformateurs ait produit une telle littérature juridique, conservatrice, étroitement focalisée sur les agents officiels et, en particulier, les cours et quasi totalement indifférente à la production extra-institutionnelle du droit. Sur les différentes conceptions à propos des réformes à l' « intérieur » et à l' « extérieur » du système dans la pensée libérale et dans la pensée critique, voir Simon, « Visions of Practice in Legal Thought », in *Stanford Law Review*, Vol.36, 1984, p.469 et suiv.

considération que méritent ses contributions héroïques, je crois que ses hypothèses de travail essentielles chosifient l'histoire à tort et présentent comme nécessaires des développements hautement contingents.

L'argument de base des critiques – développé plus longuement ci-dessous – est qu'en considérant le monde tel que nous le connaissons comme largement déterminé par des forces sociales impersonnelles, les fonctionnalistes évolutionnistes rendent obcures les voies par lesquelles ces processus d'apparence inévitables sont le fait de gens qui prétendent (et croient eux-mêmes) ne faire que s'adapter passivement à de tels processus.[35] S'il existe des processus évolutionnistes dans la vie sociale, ce sont des processus dont la logique est placée sous le signe de la multiplicité et non de l'uniformité des formes. La nature sociale des êtres humains se révèle non pas à travers des réponses constantes à leur environnement mais à travers une diversité étonnante de réponses culturelles et, plus remarquable que tout, à travers une capacité démontrée de façon répétée à réimaginer leurs situations de manières à générer toujours des réponses nouvelles.[36] Nous inventons des étiquettes en abrégé telles que la « modernisation » pour résumer ce qui s'est produit dans l'histoire de sociétés particulières et tenter de généraliser à partir d'elles. C'est alors que, par un tour de l'esprit, nous réifions soudainement nos qualifications pour en faire un processus qui *avait* à se produire comme il l'a fait. Nous nous retrouvons ensuite à expliquer tout l'ensemble contingent de pratiques sociales, contemporaines (en particulier les détestables) comme étant un produit *naturel* du « processus

---

[35] Par exemple, les juristes fonctionnaliste qui ont aidé à l'élaboration des règles de base en matière de règlement des conflits capital-travail après la Seconde Guerre Mondiale, supposaient que la croissance du gâteau économique global (qui était dans l'intérêt de chacun) exigeait un pouvoir discrétionnaire total des dirigeants des entreprises sur les décisions en matière d'investissement et de conditions générales de travail, ne laissant à la résolution des conventions collectives que le problème résiduel de comment partager le surplus dégagé. Les historiens critiques traitent cette hypothèse en toile de fond, plus ou moins explorée, d'une relation de nécessité sociale (la production efficace exige des formes juridiques préservant les prérogatives directoriales) comme une pratique idéologique qui aide à produire la nécessité sociale en rendant les méthodes alternatives de production de gouvernement impensables ou irréalistes. Ainsi, en compagnie de nombreux autres acteurs sociaux, les juristes reproduisent, plus ou moins à leur insu, le monde auquel ils étaient habitués – contribuant à créer en fait ce qu'ils imaginaient être la « réalité sociale solide »pré-existante, donnée, de la situaion – parce qu'ils étaient prisonniers d'une logique fonctionnaliste qui leur disait que les conditions de base du processus de production, devaient demeurer telles qu'elles étaient déjà.

[36] Voir Gould (S.), *The Mismeasure of Man*, 1981, p.324-34 (ce qui est biologiquement déterminé, c'est un cerveau capable de variation créatrice dans son environnement culturel) ; Geertz (C.), « The Impact of the Concept of Culture on the Concept of Man », in id., *The Interpretation of Cultures*, 1973 (l'espèce humaine réalise sa « nature » non pas au travers de l'uniformité mais au travers de la diversité des formes culturelles).

de modernisation ». Cependant, s'il n'existe pas un tel processus unique, il ne peut pas y avoir d'ensemble unique de réponses fonctionnelles à celui-ci non plus. Il est certainement d'autres manières de penser l'histoire qui ne nous enferment pas dans la supposition que nous sommes perpétuellement esclaves de ce qui nous est familier avec seulement des marges de manoeuvre extrêmement minces. L'espoir de sortir du piège et d'explorer des alternatives, voilà ce qui anime l'entreprise pour critiquer la vision dominante.

III. Critiques partielles : variations sur le thème dominant

J'appelle l'échantillon de points de vue qui suit, critiques « partielles », parce qu'elles demeurent fidèles à de nombreux éléments de la vision dominante, tout en en rejetant d'autres. Ces critiques proviennent de toutes les couleurs du spectre politique.

A) Variation n°1 : La confusion des « besoins » avec les « intérêts »

Cette transformation est si commune qu'elle pourrait être considérée comme un sous-thème plutôt que comme une variante de la conception dominante. Elle consiste simplement à confondre la catégorie universelle des besoins sociaux avec les désirs et les intérêts conflictuels particuliers des membres de la société. La fonction du droit devient alors celle de répondre à un certain équilibre de ces intérêts.

Les apparitions de cette variante dans la pensée juridique moderne présentent une histoire intéressante. Vers le début du vingtième siècle, un auteur qui identifiait la pression des factions derrière la création d'une forme juridique décrivait, en général, soit une situation regrettable et anormale, soit quelque chose qui s'était produit un assez long temps auparavant. Expliquer ainsi les origines économiques et politiques du droit ancien était correct dès lors que vous indiquiez clairement que le droit récent s'était développé indépendemment de toutes les pressions autres que la « tradition enseignée » de la profession. Si vous attribuiez une origine de classe ou d'intérêt spécifique au droit contemporain, c'était pour le condamner. Ainsi, les conservateurs condamnaient les lois sur la durée du travail et sur les salaires comme une « législation de classe » et les progressistes condamnaient l'invalidation judiciaire de telles lois comme cédant aux Intérêts au détriment du Peuple.

Mais, avec le temps et la montée de la désillusion face au Welfare state et à sa règlementation, davantage de voix se sont fait entendre parmi les auteurs, dont les plus influentes ont peut-être été celles de Lawrence Friedman et de Gabriel Kolko, pour expliquer que ce n'était pas seulement le mauvais droit mais tout le droit qui était produit sous la pression de groupes d'intérêts.[37] Ces auteurs ont été rejoints par des économistes de l'école de Chicago, les pères du mouvement moderne Droit et économie, qui allaient faire rapidement de nombreux disciples. Et si aujourd'hui vous entendez quelqu'un prétendre qu'une règle juridique a été adoptée parce que cela servait l'intérêt de quelqu'industrie règlementée ou qu'une procédure complexe existe seulement parce qu'elle enrichti la profession juridique – des explications d'un genre un temps méprisées par l'essentiel des juristes comme l'illustration du cynisme paranoïaque des *vulgarisateurs* marxistes et populistes – la voix a toutes les chances d'être celle d'un économiste de droite.[38]

Il y a différentes manières de caractériser les intérêts que le droit s'efforce de satisfaire. L'économisme de droite dit que les intérêts sont simplement les désirs arbitraires des sujets individuels, révélés par des intermédiaires, tels que « la volonté de payer » ou le vote. Cette école n'a aucune théorie quant à l'origine de tels désirs, si ce n'est peut-être une notion vague que les gens occupant un rôle professionnel ou institutionnel donné souhaiteront maximiser l'intérêt que le théoricien associe sans trop y refléchir à ce rôle.[39] Le pluralisme centriste-libéral découvre ce que sont les intérêts en regardant les programmes des groupes organisés et explique de façon générale les dispositions juridiques comme des compromis entre des intérêts. Alors que ce point de vue représente certainement une grande avancée par rapport à la conception de la société en tant qu'individus ou rôles isolés, ses formes courantes sont célèbres

[37] Voir, par exemple, Friedman (L.), *A History of American Law*, 1973 ; Kolko (G.), *The Triumph of Conservativism: A Reinterpretation of American History, 1900-1916*, 1963.

[38] Voir, par exemple, Pashigian, « Regulation, Preventive Law, and the Duties of Attorneys », in Carney (W.) (ed.), *The Changing Role of the Corporate Attorney*, 1982 ; Stigler, « The Theory of Economic Regulation », in *Bell Journal of Economics and Management Science*, Vol.2, 1971, p.3. L'économiste peut se permettre ce genre de candeur à propos des pressions politiques sur le droit parce qu'il a la norme supra-politique de l' « efficacité » pour retomber sur ses pieds. L'auteur de gauche, de son côté, est davantage susceptible de plaider l' « autonomie relative » du système juridique, le fait que celui-ci échappe à une explication complète par ce type d'influence. Voir notes 86-88 *infra*.

[39] Par exemple, les actionnaires « veulent » tirer un profit de leurs investissements et avoir une possibilité de sortie rapide ; les travailleurs « veulent » obtenir des salaires et des avantages plus élevés ; ni les uns, ni les autres ne « veulent » une participation à la direction de l'entreprise.

pour leur vulnérabilité à l'accusation de ne pas rendre compte de façon plausible du pouvoir et de la structure sociale qui aideraient à expliquer pourquoi certains groupes réussissent mieux que d'autres et pourquoi il y a des groupes qui ne parviennent jamais à être « des intérêts » parce qu'ils ne peuvent s'organiser.[40] Enfin, divers économistes, pas tous de gauche, accordent effectivement de l'attention au pouvoir et à la structure sociale et expliquent le droit comme l'instrument des groupes qui gouvernent. Ces derniers méritent de faire l'objet d'une étude particulière (Voir variante 2).

Mairs avant de passer aux autres variations, il faut se demander si cette première variante, la réduction des besoins aux intérêts, représente une avancée intellectuelle par rapport à la vision dominante. A certains points de vue, il en est clairement ainsi : en supposant que le conflit est un trait normal de l'interaction sociale, cette manière de voir attire l'attention sur les luttes distributives qui sous-tendent les dispositions juridiques et leur application et aide à identifier qui gagne et qui perd sous différents régimes juridiques. Elle encourage aussi des descriptions du droit-dans-la-société qui sont peuplées d'individus et de groupes ayant des aspirations et des stratégies et qui sont ainsi plus concrètes que les allusions fréquemment vagues à des forces d'arrière-plan impersonnelles de développement qui servent de moteur premier au changement, dans la tradition dominante. Après une longue immersion dans ces écrits qui fondent le changement social sur les pressions fantomatiques des doctrines évolutionnistes et sur des causes telles que « l'accroissement de la complexité et de l'interdépendance sociale », on éprouve une gratitude surprise et ravie lorsqu'on rencontre un exposé qui vous dit qu'une certaine partie du droit a pris la forme qu'elle a parce qu'un groupe de pression d'armateurs ou de fermiers ou une compagnie charbonnière ou le président d'une commision du Sénat *voulait* qu'il en soit ainsi.

Il est à peu près inutile d'ajouter que de tels comptes rendus sont souvent mortels pour l'élément normatif dans les histoires du droit.[41] Cependant le

[40] Voir, Parker, « The Past of Constitutional Theory – and its Future », in *Ohio State Law Journal*, Vol.42, 1981, p.223 et suiv.

[41] Mais il n'en est pas nécessairement ainsi. Il est tout à fait possible et cela se produit fréquemment en fait qu'un auteur juridique combine la perspective des groupes d'intérêts avec une approche fonctionnaliste. L'auteur pourrait prétendre, par exemple, que des besoins apparaissant à un certain stade de développement historique génèrent des intérêts à affirmer ces besoins ; le système juridique répond alors à ces intérêts. Autre alternative possible, l'auteur peut adopter le point de vue selon lequel le « marché » pour un-droit-qui-répond-aux-demandes-des-intérêts tend vers un équilibre à long terme ; et cette vision pourrait (bien que ce ne soit pas une nécessité) être une vue normative telle que celle du

passage des besoins aux intérêts n'est aucunement tout bénéfice. En dépit de tous ses problèmes, la perspective fonctionnaliste reconnaît que les sociétés doivent se comprendre comme des systèmes ou des structures et non pas juste comme une série de collisions entre les préférences et les stratégies de leurs membres constituants. Tous ces gens ont en commun des structures de discours et des manières de penser la réalité et le droit, l'héritage culturel et les forme politiques et organisationnelles qui les contraignent et qui donnent forme au désir et en canalisent l'expression. Les exposants les plus subtils des théories « instrumentales » du droit (comme les théories de cette variante sont souvent appelées) l'ont toujours reconnu. Leurs tenants les plus réductionnistes, principalement les économistes, semblent penser que l'on se débarrasse de tout le vague qu'implique la réification de la « société » en une chose avec des « besoins » lorsqu'on parvient à la réalité de base des individus et groupes concrets. Les « groupes d'intérêts » de la théorie pluraliste et les « individus » de la théorie économique ne sont pas moins réifiés et pas davantage des entités réelles que ne l'est la « société » des fonctionnalistes ; ils sont tout autant les produits de catégories de pensée et de pratiques conventionnelles, socialement créées et maintenues.

B) Variation n °2 : La transposition des « besoins » en « domination »

Autrement dit, chaque fois qu'un auteur du courant principal dit qu'une règle, un processus ou une institution juridique sert les besoins de la société, montrez, au contraire, comment il sert à maintenir le pouvoir de la classe ou du groupe dominant. Les opposants à cette variante sont enclins à la qualifier de « marxiste », bien que la théorie du droit marxiste classique ne représente qu'un sous-ensemble très spécial de cette variante.[42] En réalité, cette proposition générale peut être adoptée aussi bien par nombrede non-marxistes : par les tenants de la théorie des élites, y compris des conservateurs comme Alexander Hamilton, qui pensent que les classes gouvernantes *doivent* contrôler le système juridique et par les fatalistes qui croient que, pour le meilleur et pour le pire, les élites seront toujours en position de contrôle et qu'en fait la détention du contrôle du système juridique est l'une des choses qui permettent l'identification de

---

pluralisme des groupes d'intérêts pour lequel la vertu première sinon la vertu exclusive d'un système juridique réside dans sa capacité à répondre à de telles demandes.

[42] La théorie marxiste classique ressemble beaucoup à la vision libérale dominante en ce qu'elle tient les institutions juridiques pour répondre fonctionnellement aux besoins des modes fondamentaux de production qui définissent les étapes successives du processus évolutionniste macrohistorique. Pour une présentation sommaire, utile de la théorie, voir McLennan (G.), *op. cit. supra* note 4, p.3-23, 45-65.

ces élites.[43] D'un autre côté, les théoriciens du droit et de l'Etat, modernes, marxisants, de même que les gens des *Critical Legal Studies*, sont parvenus à un tel désenchantement vis-à-vis du projet tendant à expliquer le droit comme étant simplement l'outil de la classe gouvernante que leurs idées ne peuvent pas être traitées de façon adéquate dans le cadre de cette variante.

La grande contribution de celle-ci a été d'introduire la structure sociale, la classe sociale et le pouvoir social – dont l'existence même semble niée de façon si surprenante par de nombreux écrits juridiques, libéraux – dans nos comptes-rendus du droit. L'histoire des oppressions juridiques – de l'esclavage, des lois sur le retrait des indiens, des Codes noirs, des injonctions à reprendre le travail – constitue des rappels indispensables de l'absence fréquente de subtilité dans la façon dont les puissants utilisent le système juridique pour maintenir leur organisation et empêcher celle de leurs victimes et effrayer celles-ci.[44] Mais les versions grossières de la théorie du droit comme outil des élites sont aussi vulnérables que le fonctionnalisme dominant à la critique qui souligne à quel point il est incroyablement difficile de relier des événements dans le domaine du « droit » par une causalité directe à ceux qui se produisent dans le domaine de la « société ».

C) Variation°3 : Minoration des liens instrumentaux entre le droit et la société

Les théories instrumentales du droit – qui incluent ici le fonctionnalisme dominant aussi bien que les économistes du droit de la variation n°1 et les marxistes orthodoxes de la variation n°2 – aspirent en général à un style positiviste d'explication. L'idée est toujours qu'un jour (ce Jubilée où toutes les données seront rentrées), nous serons capables de formuler des généralisations assez convaincantes et assez abstraites à propos de quelles conditions sociales produisent quelles réponses juridiques et quels effets auront à leur tour ces réponses sur la société. Cependant il me paraît honnête de dire que, dans l'ensemble, les affirmations d'une telle régularité dans les relations entre droit et société résistent très mal à la critique historique.[45] Ces affirmations vont sans cesse à l'encontre (a) des

---

[43] Voir, par exemple, Mosca (G.), *The Ruling Class*, 1939, p.130-34, 409-10.

[44] Gaventa (J.), *Power and Powerlessness*, 1980 (décrivant l'utilisation de la terreur, de l'intimidation, du contrôle des media et de la manipulation des processus politique et juridique dans la campagne des employeurs contre les mineurs des Appalaches) constitue un travail très fin et très subtil dans ce genre.

[45] C'est une conclusion plutôt large pour laquelle une documentation complète exigerait d'éplucher toute la littérature dominante en quête des propositions suggérant des liens

études comparatives montrant que des conditions économiques et sociales apparemment similaires pour ce qui est relevant,[46] ont produit en fait des réponses juridiques radicalement différentes et (b) des démonstrations selon lesquelles les effets sociaux produits par l'adoption d'une forme juridique ne sont jamais prévisibles à partir de la forme elle-même, parce que l'interprétation d'une forme, son application par les responsables à des niveaux inférieurs et la réaction qu'elle est susceptible de déclencher (enthousiasme, indifférence, résistance) peuvent toutes varier en fonction des particularités les plus infimes du contexte.[47]

Prenez, par exemple, la proposition, un temps familière, selon laquelle le principe de négligence a été une réponse fonctionnelle aux besoins sociaux de l'industrialisation à ses débuts (parce qu'il protégeait une activité naissante en externalisant les coûts sur les fermiers, les travailleurs, les résidents des villes, etc...) Les problèmes avec cette

---

fonctionnels entre les formes juridiques et les conditions matérielles et d'essayer ensuite de montrer ce qui ne va pas dans chacune de ces propositions. Au lieu de cela, ce que je fais ici consiste à repérer des exemples courants de telles propositions, tous soutenus par des tenants respectables, en supposant qu'il s'agit d'exemples représentatifs de l'ensemble. Les lecteurs qui pensent que ces exemples sont injustement choisis sont invités à en produire de meilleurs.

[46] Bien sûr, on peut prétendre que les situations ne sont jamais assez semblables dans leur espèce pour fournir une base pour de telles comparaisons mais une forme si accentuée d'historicisme rendrait impossible à jamais la possibilité d'une sociologie du droit historique dans une perspective fonctionnaliste.

[47] Je voudrais insister ici sur le fait que la critique la plus valable de ce genre n'est venue ni des critiques radicaux, ni des gens des *Critical Legal Studies* mais de l'intérieur du courant libéral dominant lui-même – de la part (a) des théoriciens de la société, fonctionnalistes tels que Weber, qui ont consciencieusement souligné les difficultés de leurs propres positions ; (b) des historiens du droit tels que Sheiber et Hurst qui semblent souscrire globalement à la notion que le droit répond aux besoins sociaux mais dont les narrations particulières vont à l'encontre d'une version très forte du fonctionnalisme en révélant la variété importante des réponses ; (c) des historiens du droit qui tendent à expliquer le droit comme produit des conflits de groupes d'intérêt, en particulier Friedman, qui a toujours mis l'accent sur la diversité des techniques, juridiques ou non, qui peuvent répondre à une fonction économique et refusé de donner à une forme juridique quelle qu'elle soit une position de nécessité causale. Voir, par exemple, Friedman (L.), *op. cit. supra* note 37, à p.234 (« Il est douteux que le capitalisme flamboyant ne se serait pas développé sans la règle *caveat emptor* ; il est très improbable que des doctrines spécifiques au droit commercial aient été la cause, l'effet ou la condition du capitalisme américain ; et il en va de même pour toutes ou aucune de celles-ci. » [|note non reproduite]) ; (d) des historiens des institutions économiques, tels que ceux cités *infra* note 62, qui ont fait un travail comparatif sur le rôle de l'Etat dans la promotion et la régulation du développement économique ; (e) des travaux du mouvement Droit et société sur le « décalage entre le droit dans les livres et le droit dans l'action », mettant l'accent sur l'étude des règles telles qu'elles sont appliquées, et finalement (f) de la critique par le réalisme juridique du conceptualisme formaliste, soulignant la dépendance dans laquelle se trouve la signification donnée aux textes par rapport au contexte et aux conventions.

proposition sont que : (a) des tas de sociétés se sont industrialisées sans le principe de négligence ou après que le principe y ait existé pendant si longtemps qu'il pouvait difficilement faire figure de « réponse » à l'industrialisation,[48] et (b) le fait qu'il y avait un « principe de négligence » n'implique pas en lui-même un certain ensemble déterminé de conséquences sociales parce que le principe peut être interprété par les juges, les administrateurs, les jurés ou les employeurs (ou ignoré par eux) de telle sorte qu'il produise n'importe quelle combinaison imaginable de responsabilités et de dommages-intérêts (y compris une absence des unes et des autres).[49] Ces marques d'indétermination ne dissuadent naturellement pas le fonctionnaliste convaincu, elles l'incitent simplement à rechercher des hypothèses plus raffinées qui rendront compte de la plupart de ces variations. En pratique, cependant, le raffinement progressif des affirmations générales concernant les relations causales entre formes juridiques et sociales tendent rapidement à décomposer de telles assertions en histoires détaillées de sociétés partifculières. L'hypothèse originelle, large et courageuse d'une relation nécessaire entre l'industrialisation et un standard de responsabilité pour négligence se trouve réduite à quelque chose comme ceci : « Dans les endroits où le principe de négligence est reconnu et appliqué couramment d'une certaine façon, il peut avoir contribué un peu à faciliter l'accumulation capitalistique ; ailleurs, il semble y avoir eu des tas d'accumulations de capitaux dans des conditions juridiques différentes, (a) une autre forme a servi la même fonction que le principe de négligence, ou (b) pour différentes raisons particulières, il n'a pas été nécessaire au processus d'accumulation que cette fonction soit remplie, ou bien (c) peut-être qu'il y aurait eu davantage encore d'accumulation s'il y avait eu un principe de négligence ». Cette sorte de proposition modeste n'est pas gênante en soi ; c'est le lot commun de l'écriture de l'histoire. Mais on est terriblement loin de la démonstration que la nécessité économique aurait *produit* la forme et que celle-ci aurait fourni les services fonctionnels attendus au regard de ces nécessités.[50]

---

48 Voir, par exemple, Rabin, « The Historical Development of the Fault Principle : A Reinterpretation », in *Ga. L. Rev.*, Vol.15, 1981, p.925 ; Schwartz, « Tort Law and the Economy in Nineteenth Century America: A Reinterpretation », in *Yale Law Journal*, Vol.90, 1981, p.1717.

49 « Il y a eu et il y a toujours des règles et des contre-règles avec des exceptions d'une telle ampleur qu'elles menacent la règle elle-même, des règles dont la force peut être évacuée en usant créativement d'analogies avec des domaines du droit apparemment sans lien, etc... » (Tuhsnet, Compte rendu de lecture, in *Cornell Law Review*, Vol.69, 1983, p.281, à p.281.

50 Bien sûr, les juristes ou les entrepreneurs de l'époque ont souvent cru qu'une forme juridique donnée était la condition indispensable du progrès matériel ou de la stabilité sociale et ont fait pression pour son adoption ou son maintien en raison de cette croyance. Cependant l'historien qui se fixe pour objectif de reconstruire de telles croyances a

Un fonctionnaliste assagi de cette manière peut continuer à argumenter pour un déterminisme moins rigide. Les formes juridiques qui ont émergé en réalité dans une société particulière étaient rendues nécessaires par les exigences propres à cette société. Même si une règle sur la négligence n'était pas nécessaire pour l'industrialisation, peut-être la règle du compagnon de travail telle qu'elle a été appliquée aux travailleurs des chemins de fer en général ou juste à ceux des Chemins de fer de Pennsylvanie dans les années 1870 était-elle critique pour ce qui concerne la capacité de cette industrie à financer son expansion.[51] On ne peut pas prouver qu'une telle affirmation est fausse. Parce que tout ce qui s'est produit dans l'histoire est relié causalement à tout le reste, il n'y a aucun moyen d'être sûr que les liens n'ont pas été forgés par une logique de nécessité. Même des actions qui semblent avoir été choisies ou simplement accidentelles peuvent paraître ainsi parce qu'on n'a pas encore découvert la logique secrète qui leur est sous-jacente.[52] Cependant, sans mettre en doute un seul instant que les formes prises par le capitalisme industriel et le principe de négligence dans les Etats-Unis du dix-neuvième siècle puissent avoir été en lien, l'hypothèse fonctionnaliste-évolutionniste (selon laquelle le droit répond aux besoins d'une économie en développement) est-elle le moyen le plus *plausible* de relier les deux choses ? C'est là que les données comparatives révèlent la myriade de chemins qui peuvent conduire à l'accumulation du capital et les constatations du réalisme juridique révélant toute la multiplicité des permutations qu'une forme juridique subit dans la pratique, devraient au moins inciter le fonctionnaliste à hésiter.

Voyons une illustration de ce que j'entends par ce que j'ai désigné plus haut comme probablement la proposition fonctionnaliste la plus fréquemment avancée à propos du droit : la prétention que certains

---

abandonné totalement le fonctionnalisme au profit d'une histoire de l'idéologie ou de la conscience juridique. (Voir Variation°7 *infra.*)

[51] En se proposant de démontrer que *le chemin de fer lui-même* n'était pas nécessaire à la croissance économique du dix-neuvième siècle, l'ouvrage de Fogel (R.), *Railroads and Economic Growth*, 1964 constitue un *tour de force* historique. La thèse est violemment controversée mais les arguments en sa faveur ne sont pas nuls. Et si un maître de l'histoire de l'économie doute de la contribution fonctionnelle du chemin de fer, comment les juristes pourraient-ils réussir à apporter la preuve de la nécessité fonctionnelle de la règle du compagnon de travail, alors qu'ils ne disposent peut-être que d'un pour cent de la sophistication technique et des données empiriques de l'historien ?

[52] Comparer, par exemple, avec l'hypothèse selon laquelle à la fois le principe de négligence et les structures organisationnelles de l'industrie ont été les produits d'une idéologie politico-juridique qui aimait prétendre que tout ce qui se passait dans les entreprises résultait d'un choix individuel volontaire.

régimes de règles juridiques étaient nécessaires ou tout au moins très utiles au développement du capitalisme parce qu'ils fournissaient la certitude qui facilitait le calcul rationnel. Les versions les plus dures de cette affirmation postulent, par exemple, que les règles en matière de droit des contrats au dix-neuvième siècle *répondaient* fonctionnellement au besoin de certitude : quand le commerce proclamait haut et fort : « *Il vous faut* faire », le contrat murmurait tout bas : « Je peux ». On entend ceci tout le temps mais c'est difficile à soutenir.[53] Les preuves que nous avons suggèrent qu'il n'est pas facile de relier aux hommes d'affaires les doctrines et les institutions de la *common law* en matière d'application des contrats, eux dont on pourrait s'attendre à ce qu'ils soient la bouche préférée de la société pour exprimer ses besoins. Quand les hommes d'affaires disent ce qu'ils veulent d'un mécanisme d'application, c'est souvent quelque chose de l'ordre du processus d'arbitrage.[54] Il est certain que le système juridique peut avoir été plus avisé que les hommes d'affaires à propos de leurs véritables besoins : les juristes ont indéniablement pensé ainsi, prenant plaisir à promouvoir leurs produits – la *common law* des contrats, les traités, les reformulations (« *Restatements* ») et les codifications commerciales – en vantant leur tendance présumée à « accroître la certitude et la prévisibilité » dans les transactions commerciales. Cependant, avec le recul, l'objectif de certitude des juristes s'avère avoir été largement une chimère juridique. Des règles formelles, bâties en catégories juridiques, telles que l' « offre et l'acceptation » et la « contrepartie », qui ne prennent nullement en considération les usages réels du monde des affaires ne permettent pas la prévision. Il en va de même des règles formulées en termes de standards généraux de justice coutumière, tels que « raisonnable » et « de bonne foi », pour incorporer ces usages. Et même si de telles règles pouvaient être utiles à la prévision, les hommes d'affaires ne semblent pas y porter beaucoup d'attention tant que la perspective (rare) d'un procès ne se profile pas à l'horizon.[55]

---

[53] Cette affirmation est apparue tout récemment dans Atiyah (P.), *The Rise and Fall of Freedom of Contract*, 1979, p.420-24. Cet aspect de l'oeuvre d'Atiyah est sévèrement critiqué par Mensch dans son compte rendu de lecture (*Stanford Law Review*, Vol.33, 1981, p.752 et suiv.).

[54] Voir, par exemple, Auerbach (J.), *Justice Without Law : Non-Legal Dispute Settlement in American History*, 1983, p.95-114 ; Feinman, « Critical Approaches to Contract Law », in *U.C.L.A. Law Review*, Vol.30, 1983, p.829 et suiv., à p.847-52 ; Ferguson, « Legal Ideology and Commercial Interests : The Social Origins of the Commercial Law Codes », in *British Journal of Law and Society*, Vol.4, 1977, p.18 ; Sugarman, *op. cit. supra* note * ([N.d.t.]: avant-première note de bas de page *supra*.)

[55] Voir, par exemple, Gordley, « European Codes and American Restatements : Some Difficulties », in *Columbia Law Review*, Vol.81, 1981, p.140 et suiv. ; Macaulay, « Non-Contractian Relations in Business : A Preliminary Study », in *American Sociological*

De plus, lorsqu'on envisage dans son ensemble le système juridique du début du dix-neuvième siècle, plutôt qu'uniquement le droit des contrats, et le fonctionnement du système, plutôt que juste ses expressions doctrinales formelles, peut-on vraiment dire que ce système rendait la vie plus prévisible pour la planification capitaliste, rationnelle ? Quelquefois, peut-être. D'autres fois, sûrement non. Le droit de ce temps, par exemple, a rapidement abandonné une quantité de droits juridiques acquis antérieurs (les droits au monopole des ressources, à la prohibition de nuisances créées par des industries nouvelles, le droit à recevoir compensation pour un dommage « indirect » à la propriété, etc...).[56] Devrait-on dire, en conséquence, « Le système a une réponse fonctionnelle à la nécessité pour le capitaliste de déstabiliser les attentes de chacun, de soumettre tous les droits de propriété au risque d'être dévastés par la concurrence ou par l'exposition aux débordements de l'entreprise capitaliste »? Des gouvernements au début du dix-neuvième siècle ont aussi créé des terrains communaux sur de larges portions de domaines antérieurement acquis à des individus en insistant sur le pouvoir qu'avait la communauté de soumettre la propriété à des expropriations ou des règlementations d'utilité publique.[57] Devrait-on dire alors : « Le système juridique répond à la nécessité de sacrifier les attentes individuelles aux besoins du capitalisme, d'un capital social global ? » Et qu'en est-il si l'on jette un coup d'oeil plus approfondi sur ce que les

---

Review, Vol.28, 1963, p.55 ; Gordon, « Book Review », in *Vanderbilt Law Review*, Vol.36, 1983, p.431, à p.447-449.

Max Weber qui s'est confronté à ces problèmes plus que tout autre, n'a jamais prétendu que les juristes, en créant ces règles, *répondaient* aux nécessités fonctionnelles du capitalisme. Il a affirmé au contraire que les juristes réalisaient leur projet de rationalisation juridique pour des raisons intellectuelles et de statut qui leur étaient propres et que leur projet a eu la chance de parvenir à son apogée alors que les capitalistes avaient besoin de règles prévisibles. Mais le conscientieux Weber a dû reculer même sur cette théorie des relations socio-juridiques moins déterministe, plus prudente et plus convaincante quand il s'est penché sur le problème de l'Angleterre, une société connaissant un développement important du capitalisme au sein d'un système juridique en apparence d'une déplorable sous-rationalisation. Cette découverte l'a conduit à penser que peut-être les juristes d'Angleterre, à l'esprit pratique et ouvert aux affaires avaient élaboré un corps de règles qui opérationnellement permettait *mieux* la prévision que les schémas de règles hautement formels du continent. Cependant si *cela* était exact, sa thèse principale à propos de la calculabilté de schémas de règles hautement formels s'en trouvait elle-même ébranlée, comme il l'a reconnu lui-même. Pour des traitements exceptionnellement bons de ces aspects de l'oeuvre de Weber, voir Kronman (A.), *Max Weber*, 1983, p.118-25 ; Trubek, « Max Weber and the Rise of Capitalism », in *Wisconsin Law Review*, 1972, p.720 et suiv.

[56] Voir Horwitz (M.), *The Transformation of American Law*, 1780-1860, 1977, p.31-62.

[57] Voir Schreiber, « The Road to Munn : Eminent Domain and the Concept of Public Purpose in the State Courts », in *Perspectives in American History*, Vol.5, 1971, p.329 et suiv.

juristes faisaient réellement pour leurs clients du commerce ? On trouverait, semble-t-il, que l'une de leurs tâches principales en tant que recouvreurs de dettes était, dans les temps difficiles, de jouer les intermédiaires entre les créanciers et les débiteurs, de ne pas pousser le recouvrement à ses ultimes limites mais d'essayer de rééchelonner et de limiter les dettes de manière à permettre à chacun de rester à flot jusqu'à la reprise du cycle des affaires – aidant en fait à redistribuer les pertes au sein de toute la communauté commerciale.[58] Devrait-on en conclure : « Le système juridique répond fonctionnellement aux nécessités du capitalisme de n'avoir pas de règles juridiques appliquées trop strictement ? » Et l'on a encore à rendre compte de ce qui se présente comme un grand nombre de règles anticapitalistes, telles que celles restreignant les pouvoirs des sociétés, la capitalisation et s'opposant aux efforts pour limiter la responsabilité.[59] Peut-être l'explication devrait-elle être ici : « Le système juridique répond aux nécessités fonctionnelles du capitalisme de faire des concessions à ses opposants anticapitalistes ». Si quelqu'un était tenté d'écarter de telles règles (ce qui, à mes yeux, serait une erreur grave) en disant que ce sont des spasmes aberrants de Luddisme dysfonctionnel, il est malaisé de faire la même chose pour le droit de l'esclavage dans son ensemble ou pour le système, qui le remplaça, du privilège de récolte qui liait effectivement la main d'oeuvre de la ferme à la terre.[60]

Les arguments de ce type sont si souvent mal compris qu'il vaut la peine de rappeler que cette défense de l'indétermination des relations socio-économiques est dirigée contre certains propositions caractéristiques des relations de nécessité fonctionnelle, généralement exprimées par des affirmations qu'un certain processus économique « a requis » un soutien du système juridique, qui, alors, a « répondu aux besoins » de ce processus. L'argument n'est pas que les pratiques « juridiques » et

---

[58] Voir Konefsky (A.) et King (A.) (eds.), *The Papers of Daniel Webster*, Vol.1, 1982, p.101-04.

[59] Voir, par exemple, Cadman (J.), *The Corporation in New Jersey : Business and Politics, 1791-1875, 1949*, p.341-62 ; Dodd (E.), *American Business Corporations Until 1860*, 1954, p.373-90 ; Hurst (J.), *The Legitimacy of the Business Corporation in the Law of the United States, 1780-1970*, 1970, p.12-57.

[60] L'argument fonctionnel est en fait assez fort quant à la contribution de l'esclavage à l'économie capitaliste, bien que ce ne soit pas celui que les juristes libéraux modernes défendent habituellement. Tout d'abord l'esclavage semble avoir été lui-même un système tout à fait « efficace » de production, en même temps que le générateur premier (au travers des exportations de coton), des échanges internationaux qui ont financé le développement industriel du Nord. Ensuite, c'est l'esclavage qui a permis aux blancs d'être les propriétaires individuels, indépendants, qui ont été les héros, dans l'histoire écossaise des Lumières, de l'expansion de la liberté et du commerce. (Morgan (E.), *American Slavery – American Freedom*, 1975.)

« économiques » n'entretiennent pas de rapport entre elles ou que ceux-ci sont purement fortuits (bien que de nombreux représentants des *Critical Legal Studies* doutent que ces catégorisations soient très utiles). Des relations causales régulières, modélisables et modérément prévisibles (au moins pour ce qui est du court et du moyen terme) surgissent toujours entre des pratiques juridiques et économiques spécifiques – même si les leçons du Réalisme sont qu'il faut se pencher sur les situations très concrètes pour pouvoir décrire ce qu'elle sont. Ces rapports de causalité semblent fonctionner vaguement comme une sorte de système aux yeux des contemporains et des historiens qui les étudient plus tard. Les praticiens du droit vivent de leur expérience à déceler la façon dont fonctionnent ces modèles ou systèmes, les politiques et les investisseurs font des pronostics informés, qui ne sont certainement pas toujours faux, selon lesquels ces modèles vont continuer à se maintenir. La thèse de cette variation est que – bien que les contemporains et les historiens croient souvent le contraire – toutes les pièces du système s'articulent très vaguement entre elles : les pièces individuelles, même celles qui sont grandes telles que les principes de base de la responsabilité civile, l'organisation de l'entreprise dans sa forme de société, les schémas d'indemnisation des travailleurs et même l'impôt progressif sur le revenu, pourraient avoir été radicalement différentes sans conséquences drastiques sur les processus socio-économiques majeurs dont les fonctionnalistes ont supposé qu'ils les exigeaient. L'argument de la variation suivante est que les processus socio-économiques majeurs eux-mêmes auraient pu être différents et même radicalement différents.

D) Variation n°4 : Transformation de la nécessité sociale d'arrière-plan en contingence

La discussion qui précède montre les périls encourus à établir des couples entre réponses juridiques et besoins sociaux : vous finissez par avoir soit à concéder que le droit a répondu différemment aux mêmes besoins soit à multiplier le nombre de besoins de façon de rendre compte des différences. Le premier geste met en question la nature « fonctionnelle » des réponses juridiques, le second l'utilité même d'attribuer des « besoins » à une société, en particulier des besoins surgissant dans la « logique » d'un certain stade de développement historique.

Je vais illustrer ce second point en reprenant l'exemple qui m'a déjà servi précédemment dans cette discussion – la prétention que les règles de droit promeuvent le capitalisme par leur certitude. La discussion antérieure indique qu'il est douteux que les règles juridiques aient réellement apporté la certitude du droit. En effet, les règles telles qu'appliquées n'avaient pas en réalité l'effet attendu. De plus, il y avait de nombreuses règles juridiques qui créaient en fait l'*in*certitude. Aussi les explications fonctionnelles de ces règles impliquent une variété d'hypothèses à propos de besoins sociaux qui sont parfois en conflit.

Le vrai fonctionnaliste, le fonctionnaliste *sans peur et sans reproche*, peut à ce point raffiner sa théorie pour expliquer comment tous ou presque tous les phénomènes juridiques divers satisfont des besoins sociaux.[61] Mais il peut maintenant glisser vers la position que le droit ne fait que satisfaire les intérêts particuliers, plutôt que les besoins largement définis, sauf à être capable d'objectiver, d'une certaine manière, sa notion de besoins. Cette tâche, cependant – la spécification d'une sociologie juridique, générale du développement économique – ne serait pas facile. Parce qu'on se heurtera immédiatement à des sociétés capitalistes, dynamiques, hautement évoluées qui le sont devenues au travers (ou en dépit) de politiques gouvernementales radicalement différentes à l'égard de l'entreprise capitaliste : refus de subventionner les entreprises de transport, intolérance à l'égard de la forme de société commerciale et industrielle, assurance sous l'égide de l'Etat pour les travailleurs contre les risques de chômage et d'accident du travail, coordination des décisions d'investissement majeures par des bureaucraties centralisées et promotion de la stabilité sociale et politique par le biais de la *confortation* juridique des droits « féodaux » des grands propriétaires agricoles.[62]

Bien sûr, un esprit agile peut inventer une explication fonctionnelle pour *n'importe quoi*, réservant une catégorie résiduelle de « droit

---

[61] Il peut dire, par exemple, qu'un système juridique qui répond aux besoins du capitalisme aide à construire à la fois les infrastructures technologiques (par exemple, par des subventions et des privilèges pour les réseaux de transports) et institutionnelles (abolition des barrières commerciales, locales, fondées sur la clause de liberté du commerce entre Etats, titres négociables, suretés, sociétés et partenariats pour mobiliser le capital) favorisant le développement de l'entreprise. Un tel système délègue aussi les décisions d'investissement majeures à des firmes décentralisées qui sont libres de répondre aux incitations du marché ; il stabilise les attentes des *entreprises* mais détruit celles des *rentiers* ; il construit des mécanismes d'ajustement pour assouplir ses règles quand l'application stricte de celles-ci ferait tomber tout le monde ; il pacifie les oppositions au moyen de concessions stratégiques, à coups de mesure de bien-être social ou par des gestes symboliques, et ainsi de suite.

[62] Voir, par exemple, Barkin (K.), *The Controversy Over German Industrialization 1890-1902*, 1970 ; Johnson (C.), *MITI and the Japanese Miracle : The Growth of Industrial Policy, 1925-1975*, 1982 ; Kindleberger (C.), *Economic Growth in France and Britain 1851-1950*, 1964, p.183-208 ; Milward (A.) and Saul (S.), *The Development of the Economies of Continental Europe 1850-1914*, 1977, p.318-22 ; Landes, « The Structure of Enterprise in the Nineteenth Century : the Cases of Britain and Germany », in Rapports: Comité International des Sciences Historiques, *XL Congrès International des Sciences Historiques*, 1960, p.107.

dysfonctionnel » pour les cas vraiment trop ardus, mais une telle explication aura du mal à entrer sous l'hypothèse de « la prévisibilité des transactions » et risquera de tomber dans la banalité complète. La banalité devient pure tautologie quand la prétention fonctionnaliste se réduit à dire que le système juridique répond aux besoins du capitalisme au moyen de règles assurant aux individus des tas de droits à l'exclusion/l'exploitation/l'aliénation qui peuvent être échangés sur le marché parce qu'un tel régime juridique est une des caractéristiques principales que la plupart des gens utilisent pour définir le capitalisme.[63] Mais, à l'intérieur de cette structure définitionnelle très large, il a existé de nombreux capitalismes historiques. Et il aurait pu y en avoir des milliers d'autres encore.

Je ne m'attarderai pas trop sur ce point parce qu'une littérature critique immense a déjà fait le travail. L'idée de base de la sociologie structuro-fonctionnaliste, selon laquelle toutes les sociétés ont besoin de conserver un équilibre a été suffisamment battue en brêche et les grandes théories des étapes de l'évolution de la pensée sociale du dix-huitième et du dix-neuvième siècles ont été progressivement taillées en pièces. Comme je l'ai dit auparavant, les théoriciens du droit ont idéologiquement accordé trop d'importance à l'hypothèse selon laquelle l'arrière-plan objectif de forces fournit les directives fondamentales pour la vie sociale, pour contribuer efficacement au renversement d'une telle hypothèse,[64] mais toute la littérature démystificatrice est disponible chaque fois que nous

---

[63] Ce qui est drôle, c'est que même la définition ne correspond pas vraiment bien avec l'expérience historique d'où elle est tirée. Sugarman, « Law, Economy , and the State in England, 1750-1914 : Some Major Issues », in Sugarman (D.), ed., *Legality, Ideology, and the State*, 1983 contient une discusssion très précieuse à propos du point de vue couramment adopté selon lequel « les droits absolus de propriété » sont un obstacle préalable à l'existence d'une société capitaliste développée ou un trait caractéristique de celles-ci. Ces auteurs font la synthèse des résultats de nombreuses études sur la propriété en Angleterre en montrant que les formes de la propriété s'approchaient très près de la propriété individuelle absolue à l'époque du Moyen-Age et qu'une grande variété de restrictions et de réserves dans les formes de détention de la propriété ont persisté au cours des phases tardives de développement du capitalisme. (Voir Kennedy and Michelman, « Are Property and Contract Efficient ? », in *Hofstra Law Review*, Vol.8, 1980, p.711, 764-69 (une démonstration élégante de ce que les sociétés qui prétendent accorder une protection juridique pleine et entière à la propriété privée et à la liberté contractuelle se révèleront aussi promouvoir juridiquement (1) des zones d' « états de nature » sans limites dans lesquels les gens peuvent détruire à loisir la propriété les uns des autres (la libre concurrence en est un exemple) et (2) des biens communs où la richesse est détenue collectivement et où les gens sont contraints à partager les gains et les pertes).

[64] Il y a des exceptions célèbres. Voir, par exemple, Pollock (F.) & Maitland (F.), *The History of English Law*, 1895, Vol.1, p.627-34, 653-57, 669-78 (mettant à mal la sagesse conventionnelle en matière d'évolution de la propriété des formes communes aux formes individuelles en affirmant l' « individualisme » de la propriété médiévale).

voulons y recourir.[65] Aussi je me contenterai de donner deux exemples rapides de théories fonctionnelles qui supposent une nécessité sociale objective et des critiques qui démontrent la nature contingente de cette « nécessité ».

Exemple n° 1 : Certains théoriciens du droit ont récemment été captivés par la thèse d'Alfred Chandler sur l'émergence de formes d'entreprises géantes, intégrées verticalement et à divisions multiples.[66] Cet engouement n'a rien de surprenant : la thèse de Chandler dans sa forme la plus brute répond parfaitement au critère de la vision dominante. Elle suppose que ces développements dans le domaine des entreprises constituent des réponses fonctionnelles à un ensemble de conditions historiques, universalisables, de caractère objectif (le fait d'être parvenu à un stade donné de développement des technologies et des marchés). Mais Chandler a tranposé son modèle d'évolution à l'étranger et a découvert que, dans différents pays européens à des stades à peu près comparables de développement des technologies et du marché, de nombreux traits du capitalisme de gestion américain ne se retrouvaient pas, même si certains sont apparus beaucoup plus tard, après la Seconde guerre mondiale.[67]

Un évolutionniste déterminé ne serait pas perturbé par cette découverte, il se contenterait d'attribuer les développements tardifs dans l'expérience européenne à un « décalage » (« *lag* »)[68] dans l'évolution et d'inventer des raisons spéciales *ad hoc* pour les traits manquants. Il est à mettre au crédit de Chandler qu'il ne retient pas une telle solution. Il conclut au contraire que les différences ne sont pas entièrement attribuables à des défauts ou des déviations dans le développement du capitalisme européen, qu'elles résultent, au moins en partie, de divergences dans les « attitudes et les valeurs culturelles, dans les idéologies, les systèmes politiques et les

---

[65] Pour un exemple représentatif, voir les travaux cités aux notes 1 à 4. Voir aussi Appleby, « Modernization Theory and the Formation of Modern Societal Theories in England and America », in *Comparative Studies in Society and History*, Vol.20, 1978, p.259 (à propos des différentes idéologies de la « modernisation » adoptées en Angleterre et en Amérique et des conséquences de ces différences en matière de politique, de politique économique et de changement social.

[66] Voir Chandler (A.), *The Visible Hand*, 1977.

[67] Voir Chandler, « The United States : Seedbed of Managerial Capitalism », in Chandler (A.) & Daems (H.), eds., *Managerial Hierarchies : Comparative Perspectives on the Rise of the Modern Industrial Enterprise*, 1980, p.37-39.

[68] Selon moi, cependant, la résistance des entrepreneurs français à copier les américains, avant, mais pas après, la Seconde guerre mondiale, pourrait trouver un type d'explication plus prometteur dans les motifs culturels/politiques/idéologiques. Voir, de façon générale, Kuisel (R.), *Capitalism and the State in Modern France*, 1981 (à propos de la gestion économique au vingtième siècle).

structures sociales. »[69] La raison pour laquelle ce large éventail de variables complexes n'a pas été utilisé en premier lieu pour expliquer l'expérience américaine (et il ne l'a pas été ; il n'y a littéralement aucun mot sur la culture et la structure sociale dans « The Visible Hand » et seulement quelques phrases sur les idéologies et les systèmes politiques), c'est que Chandler est un adepte du déterminisme des « impératifs organisationnels ». Il pense que les autres facteurs ne font qu'affecter les détails périphériques de la forme prototypique qui s'impose fonctionnellement dans les différentes sociétés ; vous pouvez la prendre avec ou sans options, la doper ou lui laisser la bride sur le cou ; ces altérations cependant ne sont que « superstructurelles » comme disent les marxistes : il y a toujours en dessous le même vieux Chevy. On pourrait ne trouver aucune objection à une méthode qui rassemble les éléments variés de l'expérience américaine dans un « type-idéal », un modèle du changement organisationnel délibérément construit pour les besoins d'une étude comparative ; mais il y a une différence énorme entre la découverte de schémas d'explications-modèles et la réification de ceux-ci en lois immuables de développement historique. La démarche illégitime, la démarche qui transforme l'histoire en idéologie apologétique est de supposer que son modèle idéal-typique, constitué en réalité de milliers de petites pratiques contingentes, représente une *force* de l'histoire universelle.

Exemple n° 2 : Il existe deux types fondamentaux d'histoires déterministes actuellement en circulation à propos de l'évolution des formes socio-légales d'organisation du travail dans la société américaine moderne. Le premier, très en vogue auprès des représentants du courant Droit et économie, a sa source dans les théories néo-classiques de la firme et dans l'économie des « coûts de transaction ». Il explique que la quête de la maximalisation rationnelle du profit conduit à rechercher les innovations, tant dans la forme organisationnelle que dans la technologie, qui vont être génératrices d'une réduction des coûts. Dans cette perspective, les différents arrangements hiérarchiques qui ont été utilisés pour organiser la force de travail apparaisssent comme une succession de méthodes progressivement plus efficaces pour abaisser les coûts de production, tels que celui de contrôler le respect, dans l'exécution du travail, de ce qui a été prescrit.[70]

---

[69] Chandler, *op. cit. supra* note 67, p.39. Pour rendre justice à Chandler et à l'école de l'histoire de l'entreprise dont il est l'héritier, je reconnais qu'ils ont toujours évité le réductionnisme causal de l'histoire économique comme maximisation rationnelle de tout.

[70] Voir, par exemple, Williamson, « The Organization of Work : A Comparative Institutional Assessment », in *Journal of Economic Behavior and Org*aization, Vol.1, 1980, p.5. Cette histoire est la dernière d'une série qui dure depuis deux siècles de comptes-rendus

L'autre type principal d'histoire déterministe vient de la tradition opposée, maintenant presque aussi vénérable que la première, des explications marxistes concernant le capitalisme industriel. Une école d'historiens modernes dans la lignée de l'oeuvre pionnière d'Harry Braverman a transposé le thème optimiste de la réduction des coûts dans une clé mineure, sombre, de domination.[71] Pour ces historiens, l'évolution de l'organisation du travail est l'histoire de la disparition du contrôle des travailleurs qualifiés sur le processus de fabrication au dix-neuvième siècle et de l'homogénéisation du travail au travers de la dequalification des tâches. Comme pour les fonctionnalistes satisfaits, une logique historique est ici à l'oeuvre : non pas la logique de la réduction des coûts mais celle de l'assujettissement et de la dégradation du travail dans le régime du capitalisme monopolistique.

Contraint sous la menace d'une arme, de choisir entre ces deux histoires, il faudrait probablement choisir la seconde, ne serait-ce qu'en raison du fait qu'elle est étayée sur une recherche historique portant sur un tas d'industries réelles, de réorganisations de l'emploi et de luttes de travailleurs ; elle n'a pas été produite, comme ce fut largement le cas pour la première, *a priori* à partir d'un modèle formel avec seulement des bribes occasionnelles d'allusions à l'abondante littérature empirique. L'histoire de l' « efficacité » est vulnérable également sur d'autres points. Par exemple, nombre des traits spécifiques de l'organisation du travail au début du vingtième siècle, telle que les échelles de tâches artificielles fragmentant des travaux similaires en hiérarchies de différents grades ou le recrutement de nombreux groupes ethniques différents, suivi d'une subdivision minutieuse des départements par races et ethnies, semblent s'expliquer davantage par la volonté de diviser la main-d'oeuvre que par celle de réduire des coûts. En réalité, les contemporains ont souvent observé que le but des dirigeants était d'empêcher la main-d'oeuvre de

---

fonctionnalistes, satisfaits, qui considèrent que la façon dont le personnel est traité dans les sociétés industrielles est ce qui est le mieux pour tous. Elle semble même être sur le point de détrôner celle qui l'a immédiatement précédée, la sociologie industrielle, inspirée de Weber et Parsons, qui explique comment la spécialisation du travail et les hiérarchies bureaucratiques de la production moderne sont le résultat d'une « rationalisation » progressive de la vie sociale dans la société moderne. (L'épine dans cette tradition sociologique – l'horreur que suscitait, chez Weber, l'enfermement claustrophique de la liberté du mouvement créateur dans la « cage » de la rationalité – avait été soigneusement ôtée avant exportation). Voir aussi Kennedy, « Cost Reduction Theory as Legitimation », in *Yale Law Journal*, Vol.90, 1980, p.1275 (à propos de la politique de ce monde évolutionniste).

[71] Voir Braverman (H.), *Labor and Monopoly Capital*, 1974.

s'organiser.[72] En tout cas, la théorie générale selon laquelle les formes hiérarchiques d'organisation du travail sont plus efficaces parce qu'elles réduisent les coûts de transaction fait étrangement peu de cas des possibilités d'hypothèse contradictoire que la meilleure façon de minimiser les coûts de supervision pourrait être de déléguer des tâches à des gens auxquels vous faites confiance, avec un large pouvoir discrétionnaire pour mettre au point eux-mêmes les détails de leur travail et, pour cela, les laisser tout d'abord dessiner les contours de leur tâche.[73]

Cependant l'histoire de la dégradation du travail sous l'empire de la logique du capitalisme monopolistique rencontre ses propres problèmes. Cette logique, à supposer qu'elle ait vraiment été là, a revêtu des formes remarquablement diverses. De nombreuses études de luttes spécifiques entre direction et main-d'oeuvre sont apparues depuis le travail de Braverman, des études qui ont mis en avant l'importance de la variable relativement sous-déterminée de la solidarité de la classe ouvrière, essayant d'expliquer pourquoi cette conscience (qui elle-même n'était pas une chose, mais des tas de choses différentes, avec des racines culturelles, religieuses et politiques, différentes) a émergé dans certaines situations plutôt que dans d'autres et comment sa présence et les formes variables qu'elle a prises, ont affecté les contre-stratégies des employeurs et la négociation capital-travail en résultant.[74] De plus, certaines des études les plus impressionnantes que nous possédions maintenant, les contributions historiques des économistes sur le marché du travail segmenté, disent une histoire plus complexe que celle de Braverman, une histoire dans laquelle les employeurs ont trouvé la stratégie du contrôle du travail en dégradant et en homogénéisant les tâches, de plus en plus futile dès les années 1930 et ont ensuite encouragé à la requalification de certaines tâches au sein d'un « segment primaire indépendant » de travail privilégié, faisant ainsi à la fois des concessions aux mouvements syndicaux montant et en

---

[72] Pour la discussion de ces explications, voir Marglin, « What Do Bosses Do ? », in *Review of Radical Political Economics*, Summer 1974, p.60 ; Stone, « The Origine of Job Structures in the Steel Industry », in *Review of Radical Political Economics, Summer* 1974, p.113, à p.127-151 ; voir aussi Gordon (D.), Edwards (R .) & Reich (M.), *Segmented Work, Divided Workers : The Historical Transformation of Labor in the United States*, 1982, p.112-64 (résumant les preuves de ce phénomène).

[73] Pour un appui empirique intéressant en faveur de cette contre-hypothèse, voir, par exemple, Bowles (S.), Gordon (D.) & Weisskopf (T.), *Beyond the Wasteland*, 1983, p.122-78 (sur le coût élevé de la supervision centralisée de la main-d'oeuvre) ; Fox (A.), *Beyond Contract : Work, Power and Trust Relations*, 1974, p.66-119 (sur l'importance de la confiance dans l'organisation des lieux de travail) ; Sabel (C.), *Work and Politics*, 1982, p.220-31 (sur les alternatives aux modes « Fordistes » d'organisation de la production, qui émergent dans les industries de quasi-« cottage », décentralisées).

[74] Voir, par exemple, Gutman (H.), *Work, Culture and Society in Industrializing America*, 1976 ; Montgomery (D.), *Workers'Control in America*, 1979.

limitant efficacement l'expansion.[75] Enfin un regard jeté sur les données comparatives éveille les doutes habituels sur la nécessité d'un ensemble unique de formes pour répondre à une fonction sociale déterminée. Si le but était de pacifier les mouvements des travailleurs, d'autres moyens auraient pu être utilisés que la dégradation du travail. Les entreprises auraient pu coopter les syndicats au travers d'une co-détermination ou obtenir de l'Etat qu'il place les syndicats dans un rôle inférieur, étroitement contrôlé au sein d'un partenariat corporatiste ou traiter le travail comme un coût fixe plutôt que comme variable et donner à la main-d'oeuvre des salaires stables et des emplois assurés en échange d'une discipline et d'une loyauté sans faille.[76] Ou, tout aussi bien, des syndicats auraient pu en réalité gagner une part de contrôle sur le processus de travail qui satisfasse au moins certaines de leurs aspirations à un travail acceptable pour un salaire décent. Les syndicats n'ont pas réussi à obtenir ce qu'ils espéraient et on peut suggérer de multiples causes à cela (y compris des tas de raisons liées au droit et au système juridique) mais plus on examine le processus, plus il est difficile d'y découvrir une logique inexorable.

E) Variation n°5 : Le remplissage du vide laissé par l'effondrement du fonctionnalisme, par le désengagement, les idéologies légimitantes ou le ritualisme symbolique

Maintenant que l'expérience historique s'est révélée trop prodigue en chemins multiples de développement et en adaptations juridiques variées de ces chemins pour le confort des explications fonctionnalistes traditionnelles, où se tourner pour espérer trouver quelque explication cohérente du droit dans l'histoire ? Une possibilité que j'ai déjà mentionnée revient à expliquer tout ce qui arrive dans le système juridique par l'intérêt de quelqu'un (variation n°1). Cette méthode, employée de façon subtile, fournit des narrations à la fois fines et excitantes mais tôt ou tard, dès lors que tout changement juridique est attribué à son tour à un ensemble différent de transactions entre intérêts, en tant que forme d'explication, cela va devenir *ad hoc* d'une manière décourangeante. Cependant, il arrive un moment où il faut considérer ce qui est reconnu comme le problème de l' « autonomie » – le fait que les normes et les pratiques juridiques ne sont pas totalement plastiques et ne

---

[75] Gordon (D.), Edwards (R.) & Reich (M.), *op. cit. supra* note 72.

[76] Pour une analyse intéressante des stratégies mixtes de répression et de co-optation par les Etats européens, voir Maier (C.), *Recasting Bourgeois Europe*, 1975, p.19-225 ; pour la variante japonaise, voir Levine, « Labor Markets and Collective Bargaining in Japan », in Lockwood (W.), ed., *The State and Economic Enterprise in Japan*, 1965, p.633, à p.647-49.

se modifient pas chaque fois qu'un autre ensemble d'intérêts s'en empare parce qu'elles font preuve d'une certaine résistance, d'une continuité de structure intérieure à long ou moyen terme.[77] En réalité, une des propriétés qui en *fait* des normes et des pratiques juridiques est qu'elles apparaissent au moins se situer au-dessus des conflits de tous les jours de la société civile et qu'elles semblent fournir des structures stables pour la médiation de ces conflits. La préoccupation classique de la sociologie juridique a été d'essayer d'épingler ce qu'il y a dans le domaine « autonome » et de théoriser sa relation avec le reste de la société. Je présente trois théories qui sont particulièrement relevante pour l'arrière-plan des approches critiques de l'histoire du droit.

a) Le désengagement

Par « désengagement », je signifie battre en retraite sur une position pour laquelle, bien que le droit soit quelque chose qui se produit au sein des sociétés, il *n*'a *pas* de relations importantes avec le reste de la société. Le droit est un domaine particulier qui a son histoire propre, ses catégories et ses habitudes professionnelles et la seule autre chose à laquelle vous pouvez le comparer est un autre système juridique. Vous ne pouvez pas espérer expliquer quoi que ce soit qui s'y produit, si ce n'est en vous référant à ses propres détails internes ou à ses emprunts aux détails d'autres systèmes juridiques.[78]

---

[77] Si – pour ne retenir que l'exemple le plus spectaculaire – l'on veut expliquer le contenu de la Constitution fédérale, la méthode de Beard, qui consiste à analyser les positions de classe et les enjeux financiers des constituants, se présente comme une première approche parfaitement valide de l'entreprise (quel que soit le dégoût qu'elle ait pu inspirer à ceux qui ne supportent pas de voir des écrits sacrés mis en lien avec des intérêts matériels). Mais je pense que la plupart des gens considéreraient aujourd'hui que la méthode produit des résultats d'une valeur strictement limitée et que l'on comprend beaucoup mieux les projets des constituants en essayant de reconstruire le langage politique général – les catégories de pensée et les présupposés de base concernant la réalité – dans laquelle la Constitution a été écrite. Comparer Beard (C.), *An Economic Interpretation of the Constitution*, 1913 avec Wood (G.), *The Creation of the American Republic*, 1969, p.1776-1787.

Dans quelques-uns des meilleurs travaux récents en histoire du droit, même les auteurs totalement acquis à replacer les formes juridiques dans leur contexte social et économique ont souligné combien il était important de comprendre les structures internes et les logiques de telles formes dans leurs propres termes. Voir, par exemple, McCurdy, « Justice Field and the Jurisprudence of Government-Business Relations : Some Parameters of Laissez-Faire Constitutionalism, 1863-1897 », in *Journal of American History*, Vol.61, 1975, p.970 et suiv. ; Schreiber, « The Road to Munn. Eminent Domain and Public Purpose in the State Courts », in Fleming (D.) & Bailyn (B.), eds., *Perspectives in American History*, 1971.

[78] Les « désengagés » ont ceci en commun avec les historiens de la vielle doctrine formaliste ; mais ils ont perdu la confiance de ces formalistes que c'est ce dégagement même du droit qui lui donne une importance primordiale comme soutien fonctionnel au développement des normes en matière de propriété et de liberté. Nos désengagés modernes

Cette approche pose de graves problèmes. D'une part, comme des sociologues du droit, tels que Friedman et Macaulay, l'ont fait remarquer, ces auteurs, qui écrivent sur le droit des cas, insulaire, des juristes, semblent parler de secteurs du droit terriblement minuscules à quelle qu'époque que ce soit (comparés à la législation, l'administration, les décrets, le droit local et la coutume, etc.) et tout spécialement à l'âge présent des lois et réglements.[79] Si c'est le seul « droit » sur lequel les

---

sont devenus prudents. Alan Watson souscrit en fait au fontionnalisme de base de l'opinion dominante mais il croit que cette inaccesssibilité du système juridique par autre chose que les pratiques fabriquées professionnellement, fait qu'il est perpétuellement dysfonctionnel. Voir Watson (A.), *Society and Legal Change*, 1977 ; voir aussi Abel, « Book Review », in *Michigan Law Review*, Vol.80, 1982, p.785 et suiv. (disséquant non seulement la thèse de Watson mais le fonctionnalisme juridique en général. Charles Fried a perdu une part de sa conviction antérieure selon laquelle les règles de droits étaient dérivables des normes kantiennes et il se montre maintenant enclin à penser que le droit n'est sensible à rien d'autre que sa propre « raison artificielle » et que le rôle social du droit est modestement confiné à fournir les détails résiduels des schémas régulateurs au cours du règlement des litiges marginaux. Voir Fried, « The Artificial Reason of the Law : or What Lawyers Know », in *Texas Law Review*, Vol.60, 1981, p.35 et suiv. Et Richard Epstein a récemment écrit un très bon article (si ce n'est sa défaillance à reconnaître les travaux du mouvement Droit et Société quels qu'ils soient, qui ont défendu des thèses similaires pendant des années dans la *Law and Society Review*) sur le peu de conséquences sociales que semblent avoir les règles de *common law* et leur meilleure appréhension, dès lors, comme des éléments du discours transhistorique d'un groupe particulier de spécialistes, ceux chargés de résoudre les problèmes mineurs dont sont occasionnellement saisies les cours.Voir Epstein, « The Social Consequences of Common Law Rules », in *Harvard Law Review*, vol.95, 1982, p.1717 et suiv.

Je ne peux m'empêcher de penser – bien qu'il me soit impossible, bien sûr, d'apporter ne serait-ce qu'un commencement de preuve – que la stratégie de désengagement constitue en partie une réaction aux travaux de gauche (en particulier à ceux de Morton Horwitz [voir Horwitz (M.), *op. cit. supra* note 56] et, dans une moindre mesure à ceux de Hay [voir Hay, « Property, Authority and the Criminal Law », in Hay (D.), Rule (P.), Linebaugh (P.) & Thompson (G.) (eds.), *Albion's Fatal Tree : Crime and Society in Eighteenth Century* England, 1975, p.17 et suiv.] qui décrivent le droit comme un instrument de l'autorité de la classe dirigeante ; c'est la réaction de penseurs du courant dominant qui disent indignés : « Et bien si c'est cela la signification sociale que vous allez donner au droit, nous allons montrer qu'il n'en a aucune ». Des années plus tôt Roscoe Pound a eu la même réaction : confronté à des théories selon lesquelles le droit de la responsabilité était au service de la classe capitaliste, celui qui avait été un temps fonctionnaliste, se replia sur la position que le droit de la responsabilité était une création du juriste, étrangère aux besoins de *qui que ce soit*. (Voir Pound, « The Economic Interpretation of the Law of Torts », in *Harvard Law Review*, Vol.53, 1940, p.365 et suiv.). Une autre façon de s'attaquer à la thèse que le droit sert les intérêts des classes dirigeantes, au lieu de désengager le droit de toute influence extérieure, est de faire proliférer les influences extérieures de sorte que tout intérêt a sa place dans la confection du système juridique. L' « influence de la classe dirigeante » est alors ensevelie sous l'avalanche d'autres variables.

[79] Voir, par exemple, Friedman and Macaulay, « Contract Law and Contract Teaching : Past, Present and Future », in *Wisconsin Law Review*, 1967, p.805 et suiv. Friedman et Macaulay sont d'accord avec les désengagés pour dire qu'une part du droit est du droit autonome des

théoriciens du droit entendent écrire, ils vont de façon étrange et incompréhensible réduire leur domaine à des sujets qui, au moins selon leurs propres hypothèses, ne sont très importants pour personne, y compris les juristes eux-mêmes, lesquels passent en fait l'essentiel de leur temps à s'occuper des lois et des règlements.

Plus sérieusement, je crois que le désengagement est une approche obscurantiste du problème de l'autonomie. Tout d'abord, l'autonomie, au sens que je lui ai donné originellement, de structures caractéristiques à long terme, qui font que les pratiques juridiques survivent aux fluctuations à court terme de la pression politique, ne concerne pas uniquement le droit des juristes. Des sous-disciplines entières se consacrent à l'étude des caractéristiques autonomes des structures étatiques, telles que les bureaucraties et les armées, pour montrer comment les contraintes des formes organisationnelles, des traditions internes, des idéologies professionnelles, etc... affectent la formation des agendas politiques, les options perçues, encouragées ou écartées, et ainsi de suite.[80] Tout comme le réalisme nous a enseigné que les jugements, de même que la législation et l'administration, comportaient des choix politiques, il devrait nous avoir appris que la législation et l'administration étaient, comme les jugements, relativement autonomes.[81]

---

juristes et que, dans cette mesure, il est socialement futile, étant le « droit des restes » auxquels personne ne s'intéresse assez pour les régir d'une autre manière.

[80] Voir, par exemple, Skocpol (T.), *States and Social Revolutions*,1979. Ce que je veux dire ici, ce n'est pas seulement que les bureaucrates et les législateurs ont leurs propres « intérêts » qui entrent en conflit avec les pressions des groupes d'intérêts extérieurs, les gauchissent et les neutralisent. Je constate que, comme les cours, les bureaucraties et les législatures ont leurs propres « doctrines » et leurs propres « principes », c'est-à-dire qu'elles sont sous l'emprise d'ensembles relativement abstraits de concepts qui exercent une action contraignante sur leur imagination et leur activité. Je crois véritablement que la supposition d'une différence *fondamentale*, de ce point de vue, des cours par rapport aux autres institutions juridiques, relève de la pure suffisance des juristes. Il est vrai que nos juridictions supérieures par tradition sont considérées comme étant plus conscientes de ce qu'elles font et comme devant publier au moins les raisons formelles de leurs décisions. Cependant si l' « autonomie » signifie, entre autres, une capacité démontrée à respecter des priorités internes et des modes de pensée établis face à une forte pression politique à court terme, n'est-il pas vraisemblable que, disons, les doctrines des établissements du Pentagone, pour l'approvisionnement et la planification stratégique soient au moins aussi « autonomes » que celles de la plupart des cours d'appel ? Peut-être le sont-elles même plus parce que ces établissements ont des méthodes plus efficaces pour faire disparaître des opinions dissidentes, comme le prouvent utilement de nombreux exemples de pratiques bureaucratiques « autonomes » (Voir Wilson, (J.), ed., *The Politics of Regulation*, 1980).

[81] En réalité, les réalistes ne sont jamais parvenus jusque là, parce que la plupart d'entre eux se sont enfermés aussi vite que leurs prédécesseurs formalistes dans le droit des cas. Ce peut ne pas être une exagération de dire que la relative inattention (en dépit d'exceptions honorables et de ce qui paraît être un intérêt grandissant pour de tels sujets) aux « structures profondes » qui traversent les différents champs substantiels de la législation et de

En conséquence, se focaliser sur l'autonomie du droit pour nier son importance, semble inadmissible.

D'autre part, j'ai beaucoup de mal à croire que les formes juridiques, autonomes se comprennent mieux comme le produit d'une tribu culturellement isolée d'êtres humains. Une société tolérerait-elle des juristes comme médiateurs de ses litiges, chargés de résoudre ses problèmes pratiques ou comme instruments de gouvernement légitime, si les façons de faire des juristes ne trouvaient *aucun* écho chez quiconque d'autre ? Il semble beaucoup plus probable que les façons de faire juridiques, spécifiques, d'une culture soient simplement des dialectes d'un langage parent et que l'étude du langage nous aide à comprendre le dialecte et vice versa. Même un système juridique empêtré dans les arcanes de formes techniques est peu susceptible de s'éloigner radicalement du fonds commun de compréhensions enfoui dans la culture ambiante en ce qui concerne les méthodes qu'il utilise pour caractériser les réalités sociales, en ce qui concerne les arguments portant sur les faits et les valeurs qu'il reconnaît comme pertinents et persuasifs et les justifications qu'il donne pour son exercice du pouvoir.

La position des désengagés me semble reposer sur deux confusions. L'une consiste à prendre un précepte méthodologique, qui peut être valide, pour une théorie sociale, globalement non valide. Le *précepte* est que lorsque vous voulez rendre compte d'une forme juridique, vous devez commencer par rechercher des explications dans les matériaux juridiques. Ce précepte fait sens parce que la forme se trouve enfouie dans toute une structure contextuelle. Par exemple, si je veux savoir ce que Cicéron entendait par « le bien public », c'est une bonne idée de rechercher les autres cas où il a utilisé cette formule, ce qu'il y opposait et comment les autres juristes l'utilisaient. La théorie est que le discours qui est autonome en ce sens doit, en conséquence, être périphérique ou irrelevant concernant ce qui se passe d'autre dans la société. Mais cette théorie ne découle pas du tout du principe. C'est comme si l'on disait que parce que Cicéron faisait un usage spécial de « bien public », cet usage ne devait

---

l'administration est une disgrâce majeure de la recherche moderne en droit. Cependant, je voudrais que de telles études soient menées *non pas* sur le fondement, parfois avancé par mes amis du courant Droit et Société, que les cas d'appel sont exotiques et exceptionnels et que les théoriciens du droit devraient écrire sur des productions juridiques plus typiques mais sur le fondement que de tels autres produits ne présentent pas, pour l'essentiel, de différence avec les cas d'appel.

avoir rien à voir avec les controverses politiques, romaines, de son époque.[82]

L'autre confusion est de ne pas faire la différence entre le droit comme actes et événements particuliers et le droit comme ensembles de pratiques et ensembles d'actes, comme des processus qui se répètent des fois et des fois. Le droit, en ce sens, d'actes isolés, de décisions uniques ou comme une proposition à la page 351 d'un recueil, est rarement revêtu d'une signification instrumentale immédiate.[83] Epstein a sûrement raison de prétendre qu'un petit nombre de contrats ou de règles de responsabilité aux alentours du dix-neuvième siècle n'auraient pas eu beaucoup d'importance pour quiconque.[84]

Mais qu'en est-il de tout l'ensemble complexe des règles sur les contrats, la responsabilité et la propriété ? De tout l'appareil de récupération des dettes ? Des codes des esclaves et des lois sur les esclaves fugitifs ? On pourrait supposer sans retomber dans la position fonctionnaliste que tout ce droit *avait à* exister pour servir les besoins des processus économiques ou évolutionnistes de base, qu'il était assez important pour la constitution

---

[82] Quelquefois on entend même des historiens du droit défendre une méthode fondée sur le seul précepte, prétendant que, dès lors que beaucoup de droit a un contenu hautement technique, la discipline de l'histoire du droit devrait s'en tenir à l'explication du contenu que les juristes comprennent le mieux. Cependant, « ce que ceux à l'extérieur » ne sauraient comprendre, ne peut sérieusement être proposé comme une catégorie utile pour l'étude de la vie sociale, spécialement dès lors que les profanes entrent régulièrement en contact avec ces lots particuliers de choses exotiques. Au mieux, cette conception très étroite pourrait convenir pour des gens qui considèrent leur compétence comme purement accessoire, comparable à la numismatique, à l'épigraphie ou « aux méthodes quantitatives et statistiques ». En tant que spécialistes du droit, ils seraient prêts à agir comme conseillers techniques des vrais historiens. Or les plus insulaires des historiens du droit, loin de vouloir rattacher leurs spécialités à l'historiographie générale, n'y prêtent aucune attention !

[83] L'affirmation n'est pas claire. Il n'y a pas quelque chose qui soit un acte isolé. Tout cas et toute loi ne sont qu'un événement dans une série complexe qui conduit à l'événement et s'en éloigne comme un morceau de la structure d'un puzzle géant d'interprétation sociale qui catégorise l'événement et lui donne une signification en rapport avec d'autres événements « semblables » et « différents ». Il n'est donc pas seulement un peu trompeur de parler de l' « effet d'une règle juridique » comme si la règle était juste un élément indépendant de la grille juridique, l'événement-règle ne se serait pas produit du tout si des gens dans la sphère sociale ne l'avaient pas préparé d'une certaine manière. Beaucoup d'actes juridiques ne font que « ratifier » des conventions qui ont déjà précipité dans les relations sociales. Au moment où la règle apparaît, la lutte sociale pour la produire est déjà terminée, si bien que l'acte d'édiction semble n'avoir aucun « effet ». Pour un exemple dans le contexte du droit de la famille, voir Friedman, « Law Reform in Historical Perspective », in *Saint Louis University Law Journal*, Vol.13, 1969, p.351, à p.362-64 (passage concernant les actes de propriété des femmes mariées).

[84] Voir Epstein, *op. cit. supra* note 78. Des lois individuelles peuvent aussi ne pas avoir eu d'importance, bien qu'Epstein, curieusement, distingue celles-ci (Voir *ibid.*,à p.718-20).

de la vie sociale telle qu'elle s'est en fait déroulée et qu'enlever l'un de ces gros blocs aurait bien pu avoir changé radicalement cette expérience.[85]

Les désengagés ont renforcé les critiques du fonctionnalisme, tout au moins dans le domaine du droit des juristes. Mais ceux d'entre nous qu'ils ne sont pas parvenus à convaincre que le droit ne présentait aucune pertinence en ce qui concerne la vie sociale, doivent chercher ailleurs une théorie. Un endroit s'impose à l'évidence pour se mettre en quête d'une

---

[85] Encore plus contestable d'un point de vue méthodologique que la fragmentation des causes et des effets juridiques en événements isolés – ce qui, bien sûr, n'est pas un problème limité aux seuls désengagés – est l'attitude positiviste qui encourage une telle fragmentation – le présupposé selon lequel les seuls types d'affirmations à propos de la réalité qui valent d'être avancés sont des énoncés falsifiables empiriquement à propos de la probablité qu'à certaines conditions variables, spécifiées, certaines « conduites juridiques » produiront en réponse des « conduites sociales » (ou vice versa). Quelquefois cette attitude se prolonge dans la prétention absurde que ce sur quoi vous ne pouvez pas prononcer une telle affirmation, est totalement déplacé. Cette attitude n'est pas propre aux désengagés ; en réalité, elle a été récemment adoptée au sein même de C.L.S., dans une étude d'un intérêt exceptionnel, écrite par Alan Hyde qui met en doute l'utilité du concept de « légitimation » en sociologie juridique, essentiellement sur la base que la théorie selon laquelle les gens obéissent aux lois parce qu'ils les pensent légitimes, n'a pas reçu de vérification empirique, convaincante. Voir Hyde, « The Concept of Legitimation in the Sociology of Law », in *Wisconsin Law Review*, 1983, p.379 et suiv.

Je ne peux pas entreprendre ici une critique globale de l'argumentation minutieuse et détaillée de Hyde. Cependant, je voudrais raconter l'histoire suivante, une adaptation de la façon dont John Womack a brillamment rendu compte de la révolution mexicaine : cette révolution a débuté parce que les planteurs de canne à sucre étendaient leurs domaines de façon à rationaliser la pratique de l'agriculture commerciale. Ils faisaient usage de la force pour chasser les paysans de leurs terres mais prenaient soin de faire entériner chaque expulsion par le biais de la législation sur l'enregistrement, par le biais des actes officiels et des procédures de condamnation, toutes démarches que ratifiaient les tribunaux locaux. Les villageois, pour leur part se considéraient comme défendant leur titre juridique sur leurs terres. le chef du pueblo Morelos transmit à son successeur, Emiliano Zapata, la possession la plus précieuse du pueblo, un paquet de titres documentaires. Zapata et ceux qui le suivaient, firent la révolution parce qu'ils ne pouvaient pas obtenir « justice » (le vrai droit) à travers les formes de droit existantes. Ils luttèrent pour l'établissement d'un gouvernement national et de gouvernements locaux qui leur rendraient justice. Tout au long de leur combat, les villageois rendirent des positions tenues par la force en échange de garanties juridiques (qui, lorsqu'elles étaient données, étaient toujours trahies). Voir Womack (J.), *Zapata and the Mexican Revolution*, 1968, p.44, 52-66, 371-82.

Les planteurs et leurs alliés politiques refusaient de bouger, si ce n'est dans les formes du droit – pour rassurer les pays étrangers, la classe moyenne potentiellement hostile et (tout autant) eux-mêmes que les droits de propriété étaient en leur faveur. Le village se souleva parce que ses droits de propriété avaient été violés. Je ne sais pas si le concept de « légitimation », assurément vague, utilisé à tort et à travers, étendu pour trop de finalités diverses à la fois, est le meilleur concept à employer pour expliquer pourquoi les formes juridiques importent tant à ces gens mais je ne peux m'empêcher de penser qu'une notion apparentée doit l'être.

théorie de la pertinence sociale du droit, les théories qui considèrent le droit comme une idéologie légitimante.

b) Le droit comme idéologie (légitimante)

Comme la théorie selon laquelle le droit sert l'intérêt des groupes dominants, la théorie du droit comme idéologie légitimante est associée à la gauche mais de nouveau il n'y a pas de lien nécessaire. Le fonctionnalisme libéral, dominant a sa propre version durkheimienne du rôle de légitimation du droit : les normes juridiques sont l'expression première des « valeurs partagées » et de leur mode de reproduction. Ces valeurs fonctionnent comme une colle qui assure l'intégration au sein des sociétés libérales, orientant les tâches hautement différenciées de chacun en direction des buts sociaux communs.[86] On doit concéder cependant que le maximum d'attention s'est porté sur les théories de gauche, les théories qui sont apparues pour traiter des difficultés posées par le problème de l'« autonomie » pour les présentations du droit comme instrument direct de l'oppression de classe. Pour la clarté de l'exposé, je vais m'efforcer de déployer certaines de ces théories selon un spectre qui part des plus proches d'un instrumentalisme strict et se termine avec celles qui insistent sur les façons diffuses et indirectes qu'a le droit de rassembler les éléments d'une culture.

(1) « Tout droit est un droit de cochons (« *pig law* ») déguisé en robes de juges. » C'est-à-dire que le droit est un moyen pour organiser la classe dominante et pour contraindre, tromper et désorganiser la classe laborieuse. Ainsi le droit permet la libre accumulation du capital, alors qu'il met des limites aux organisations de travailleurs ; il permet des « grèves du capital » (des désinvestissments) mais limite les grèves des travailleurs ; il confirme le contrôle capitaliste sur l'organisation du travail ; il criminalise le « vagabondage » pour que la population urbaine sans travail se tienne tranquille ; et il établit que l'emploi est soumis « à volonté », de sorte que la main d'oeuvre désorganisée n'a aucune sécurité en la matière.

(2) « La classe dominante favorise le consentement et démobilise l'opposition en masquant son règne sous des normes et des procédures justes, utopiques, largement partagées, qu'elle détourne ensuite en vue de ses propres fins. » (exemple : les normes juridiques bourgeoises, classiques de la « propriété privée », de la « liberté contractuelle », de la « libre expression » et de la « procédure légale régulière » exprimant l'aspiration universelle à la sécurité, au respect de la vie privée, à l'autonomie, au libre choix quant à quoi acheter ou vendre et pour qui

[86] Voir, par exemple, Parsons (T.), *The Structure of Social Action*, 2nd ed., 1949.

travailler, le droit à dire ce qu'on pense et le droit de chacun d'être protégé de la contrainte arbitraire. Mais, dans une société de classe, ces normes supposées universelles se déploient au profit d'une classe particulière. La propriété privée, la liberté contractuelle, la procédure légale régulière (coûteuse et complexe), les procédures démocratiques (sensibles aux groupes d'intérêts bien organisés et bien pourvus) et même la liberté d'expression (chère et dépendante de la technologie) contribuent à renforcer les avantages de la richesse et du pouvoir. Les victimes de cet état de choses se sentent dans l'incapacité de se plaindre parce qu'il semble avoir été produit par des règles et des procédures légitimes.

(3) « La classe dominante confirme son règne en tenant suffisamment ses promesses utopiques pour convaincre l'opposition potentielle que le système est d'une justice acceptable et capable de s'améliorer malgré les défauts qu'il présente. Cette proposition est d'essence machiavélique. La classe dominante organise périodiquement des manifestsations pour convaincre les gens qu'elle règne véritablement dans l'intérêt de tous.[87]

(4) « La classe dominante elle-même est prisonnière de l'idéologie : elle croit qu'elle agit avec justice quand elle agit conformément au droit, que tout le monde obtient en fait à peu près le mieux qu'il peut et que le changement serait préjudiciable à tous. » Cette formulation est plus proche de la signification donnée à l'idéologie dans la théorie sociale

---

[87] Certains théoriciens qui considèrent que toute la pensée juridique de gauche et le « marxisme » lui-même se confondent avec cette notion de conspiration de la classe dominante se plaignent de son injustice : la classe dominante est condamnée qu'elle exploite la classe dominée ou qu'elle la traite avec justice. Ils demandent : Comment serait-il possible, dès lors, d'apporter la preuve qu'elle *n'est pas* oppressive ? (Voir, par exemple, Langbein, « Albion's Fatal Flaws », in *Past and Present*, Feb.1983, p.96, à p.114-15. J'ai différentes réponses à cette critique. Tout d'abord, les classes dominantes historiquement se sont souvent conduites exactement comme Machiavel a dit qu'elles devraient. C'est-à-dire qu'elles ont consciemment réformé des pratiques juridiques, les rendant plus impartiales et équitables dans le but précis d'étouffer les soulèvements populaires ou de priver de voilure leurs opposants politiques. La stratégie fait sûrement partie du répertoire de sagesse de tout gouvernant, même si elle peut ne pas toujours figurer dans les motivations qui président à l'installation d'un régime donné d'apparente justice impartiale. Plus important encore, ce que veut prouver le radical dans son analyse des pratiques juridiques échappe tout simplement à celui qui émet une telle plainte. Le radical ne veut pas en général reprocher aux gouvernants de bien gouverner ou s'en prendre à leurs motifs mais contribuer à expliquer comment une classe dominante (en particulier une qui est très minoritaire par rapport à une population nombreuse et une qui ne dispose pas d'une armée ou d'une force de police importante) se maintient au pouvoir. « Par la force et la ruse » fait toujours partie de la réponse radicale mais plus particulièrement à propos des sociétés occidentales avancées où la menace directe de la force est rare, la réponse habituelle est : « par le consentement (quelque soit la mauvaise grâce avec lequel il est parfois donné) ». Comment la classe dominante provoque-t-elle le consentement ? En persuadant les gens qu'à défaut de bonne affaire, ils obtiennent au moins le mieux qu'ils puissent attendre ou peut-être le mieux qu'ils puissent obtenir de façon relativement facile (parce que quelque chose de mieux exigerait une forte dose de lutte, de ruptures et surtout de courir le risque d'un échec catastrophique).

classique : une vision partielle du monde qui apparaît à celui qui l'entretient aussi bien qu'à sa victime comme une vision universelle. (En fait, dans le cas de l'idéologie du « règne du droit », les gens des classes moyennes y souscrivent plutôt *davantage* que les gens des classes inférieures ou laborieuses.)

(5) « Le droit n'est pas simplement un instrument de domination de classe, c'est le lieu d'un affrontement de classe. » Le contenu des règles et des pratiques juridiques joue idéologiquement en faveur du gouvernement d'une classe (ou, plus généralement, de la reproduction des modèles en vigueur de domination hiérarchique, qu'ils soient fondés sur la classe ou sur autre chose). mais les classes dominantes ne contrôlent pas tout quant à son contenu spécifique. Les concesssions qui rendent les systèmes juridiques sensibles aux intérêts et aux idéaux auxquels aspirent le dominés sont le produit d'arrangements établis au prix d'âpres luttes. Les normes posées par les règles juridiques sont, en conséquence, toujours à double tranchant : les dominés qui les ont obtenues peuvent aussi être acquis par elles : les dominants qui les concèdent de façon à conquérir sont toujours à la merci d'être mis en cause par leur potentiel radical.[88]

(6) « Le discours du droit – ses catégories, ses arguments, ses modes de raisonnement, ses effets rhétoriques, ses rituels procéduraux – s'inscrit dans un complexe de pratiques discursives qui ensemble structurent ce que les gens perçoivent et, en conséquence, contribuent à la reproduction ou au contraire à l'effort de changement de la réalité sociale, vécue par les gens. » Parce que cette assertion va bien au-delà d'une critique partielle et constitue le noyau dur du point de vue de nombre des représentants des C.L.S., je remets à la section suivante le développement de celle-ci.

c) Le droit comme symboles et rituels

Voilà un titre attrape-tout pour désigner les auteurs qui ont tendance à voir dans ce qui se passe dans le système juridique des spectacles publics, religieux ou théatraux et des séances de narration qui investissent la vie sociale, ordinaire de significations et de messages dramatiques : le triomphe de la vertu sur la corruption, la délimitation d'une sphère « sacrée » d'idéaux qui tranche sur le monde « profane », déchu, d'intérêts individuels, la purification de la société des déviances qui la polluent, les proclamations du caractère juste et décent de la plupart des transactions économiques, implicites dans la stigmatisation d'un petit nombre d'affaires comme exceptionnellement pourries, l'instruction qui

[88] Un courant important dans l'écriture de l'histoire critique trouve sa source dans cet ensemble d'intuitions. Voir, par exemple, Fox-Genovese (E.) & Genovese (E.), *Fruits of Merchant Capital*, 1983, p.337-87 ; Thompson (E. P.), *Whigs and Hunters*, 1975, p.258-69.

vous informe que la vie est un jeu qui se joue selon les règles et les tracasseries qui vous disent que l'autorité est l'autorité.

Je ne suis pas sûr de la raison pour laquelle l'anthropologie culturelle de cette espèce, qui me paraît être potentiellement l'une des sources les plus excitantes et fructueuses de nouvelles intuitions concernant le droit, se trouve si faiblement développée dans notre recherche, d'autant plus que le peu qui est fait est, pour l'essentiel, un travail magnifique.[89] Il ne fait pas de doute que cette situation est due pour partie au critère positiviste occasionnement réducteur de notre théorie, qui ne fait que de rares excursions dans la description sociale, supposant quelquefois que quels que soient les « effets » du droit que vous ne pouvez pas mesurer précisément, ils ne doivent pas être là du tout ; le reste est peut-être simplement que cette sorte de travail est très difficile à faire.

F) Variation n°6 : Le recours à différentes lignes narratives

J'ai prétendu que la vision dominante sur la signification de l'histoire moderne est un point de vue libéral, optimiste.[90] Cette ligne de narration principale raconte la régression graduelle de l'erreur face à l'avancée du commerce, de la liberté et de la science – une avancée à laquelle les technologies du droit toujours mieux adaptées ont apporté modestement un inappréciable concours. Il y a eu des échecs et des retours en arrière et il reste du travail à accomplir mais nous avons triomphé des obstacles majeurs et ce qui reste à faire se borne à des réformes n'offrant que des remèdes de détail. Il est certain que les différentes écoles au sein du libéralisme optimiste ont développé des histoires un peu en conflit. L'une perçoit à la fin du dix-neuvième siècle la *common law* comme l'apogée des Lumières en droit et l'Etat interventionniste (« *welfare state* ») comme une dégringolade (qu'elle suppose temporaire) dans le servage et

---

[89] Voir, par exemple, Arnold (T.), *The Folklore of Capitalism*, 1935, p.185-88 (sur les rituels gouvernant la réorganisation d'entreprises) ; Foucault (M.), *Surveiller et Punir* (*Discipline and Punish*, 1977) (sur la dramaturgie des exécutions) ; Friedman (L.), *The Roots of Justice : Crime and Punishment in Alameda County, Florida, 1870-1910*, 1981, p.150-95 (les procédures de délit qui transforment de malheureux vagabonds en scélérats de carton-pâte) ; Kantorowicz (E.), *The King's Two Bodies*, 1957, trad. fr. par Jean-Philippe Genet et Nicole Genet : *Les deux corps du roi*, Paris, Gallimard, 1989 (sur la royauté médiévale) ; Hay, *op. cit. supra* note 78, à p.17-18 (le théatre de la terreur dans les procès d'assises) ; Leff, « Law and », in *Yale Law Journal*, Vol.87, 1978, p.989 (sur le rituel des procès).

[90] Cette approche, en avançant vers notre époque, a modulé son optimisme, qui est devenu une sorte de satisfaction, imperturbablement résignée, trouvant, dans sa conscience tragique d'une aptitude humaine fallible et fragile, un stock inépuisable de raisons pour lesquelles il serait inutile de tenter d'imaginer des formes de vie sociale, meilleures que celles auxquelles nous sommes accoutumés.

l'inefficacité. L'autre fait de la fin du dix-neuvième siècle une aberrante et colossale erreur et de l'Etat du bien-être social, non seulement un correctif utile mais le prolongement de la véritable tradition américaine d'interventions positives de l'Etat au service de la communauté (« *commonwealth* »).

Des divergences de vue de ce type, à l'intérieur même du fonctionnalisme majoritaire, ont par leur ampleur, déjà ébranlé la satisfaction tranquille dont peuvent jouir ceux qui possèdent un mythe fondateur, historique, incontesté mais cette discorde n'est rien par rapport aux cris de détresse qui ont suivi la parution de *The Transformation of American Law* de Morton Horwitz.[91] Comme événement dans l'histoire de la culture intellectuelle, juridique aux Etats-Unis, ce livre est avant tout intéressant pour le remplacement qu'il opère des lignes narratives optimistes par les plus pessimistes qui soient disponibles dans notre culture juridique.[92] On y trouve, tout d'abord, le récit présentant le côté sombre du développement du capitalisme – la destruction des liens de communauté et des croyances porteuses de sens, l'éclatement des familles, l'abolition des métiers nobles, le développement du travail routinier, la substitution aux normes de traitement équitable d'une éthique de la quête de soi comme le bien le plus précieux.[93] Ensuite, vient l'histoire du déclin de la conception qu'avaient les Pères Fondateurs du républicanisme comme participation de citoyens indépendants à une association civique pour le bien commun (« *public good* ») au profit d'une société d'entreprise où des individus privés cherchent la maximisation de leurs profits.[94] Enfin, on tombe sur l'histoire populiste de la trahison de la promesse

---

[91] Horwitz (M.), *op. cit. supra* note 56. Pour des comptes-rendus CLS, explicitement critiques de ce livre à cause de son pessimisme (bien qu'ils parviennent à des jugements d'ensemble divers), voir McClain, « Legal Change and Class-Interests : A Review Essay on Morton Horwitz's *The Transformation of American Law* , in *California Law Review*, Vol.68, 1980, p.382 et suiv. ; Gilmore, « Book Review », in *Yale Law Journal*, Vol.86, 1977, p.788 et suiv. ; Reid, « Book Review », in *Texas Law Review*, Vol.55, 1977, p.1307 et suiv. ; Teachout, « Book Review », in *New York University Law Review*, vol.53, 1978, p.241.

[92] Pour moi, cependant, l'importance de ce livre pour la théorie dans la durée tient à sa subtilité et à sa richesse en tant qu'histoire de l'*idéologie* juridique – un aspect de l'argumentation d'Horwitz que de nombreux critiques hostiles ont choisi d'ignorer presque complètement, alors qu'ils ont mis en avant ses vulnérabilités bien réelles en tant qu'histoire économique et sociale.

[93] Pour une excellente analyse et vue d'ensemble de cette ligne narrrative, déviante, voir Hirschman, « Rival Interpretations of Market Society : Civilizing, Destructive, or Feeble ? », in *Journal of Economic Literature*, Vol.20, 1982, p.1463 et suiv.

[94] Pour une discussion sur la persistance des thèmes « républicains » de l'établissement et de la corruption de la vertu civique dans la vie américaine, voir, par exemple, Ross, « The Liberal Tradition Revisited and The Republican Tradition Addressed », in Higham (J.) & Conkin (P.) (eds.), *New Directions in American Legal History*, 1979, p.116 et suiv.

révolutionnaire de démocratie par des ploutocrates qui, depuis la première Convention constitutionnelle, ont réussi à arracher la machinerie juridique et gouvernementale au Peuple et à la mettre au service des riches et des puissants.[95]

J'attribue une bonne part de l'horreur dans la réaction de représentants des C.L.S. à l'oeuvre d'Horwitz, pour ne pas dire l'étiquette absurde de « marxisme », au fait qu'il a violé tant de canons traditionnels du récit en même temps. Après tout, ces lignes narratives avaient été suivies, auparavant, par d'autres auteurs.[96] Que la « politique sociale » soit instrumentale par rapport à des buts économiques aussi longtemps que ceux-ci sont bienveillants (l'industrialisation, la croissance économique, les besoins du développement) et aussi longtemps que l'on parle essentiellement de législatures, tout va bien. Horwitz, cependant, a transformé en buts l'accumulation du capital à travers l'expropriation et la protection des profits contre la redistribution.

Il a aussi impliqué l'élite des juristes et des juges et, avec eux, la tradition de la *common law* dont ils étaient les gardiens, comme étant parmi les chefs de file dans ce commerce douteux. On pouvait même (dans la tradition réaliste) accuser les juges de *common law* de rendre des décisions entâchées de préjugés de classe, dès lors qu'on prenait soigneusement garde à ne faire porter l'accusation que sur le délabrement éphémère qu'avait représenté le formalisme à la fin du dix-neuvième

---

[95] La pierre d'angle de cette tradition est Beard (C.), *op. cit. supra* note 77.

[96] Tout cela n'est que produit de base de la culture atlantique dominante – au point que je suis abasourdi d'entendre si constamment qualifié son apparition dans le livre d'Horwitz, de « marxiste ». De grâce, il n'est pas de dîners de barreau où vous ne puissiez entendre de la bouche même des avocats les plus conservateurs que la solidarité du barreau (communauté), son sens de la profession (son éthique professionnelle), ainsi que la dévotion au bien commun (le républicanisme) ont décliné avec la transformation de la pratique du droit, en entreprise à faire de l'argent. D'autres historiens du droit avaient aussi fait entendre ces thèmes. Hurst avait dit que l'éthique du capitalisme avait détruit les valeurs de la vie en commun en même temps que les bois du Wisconsin, au milieu du dix-neuvième siècle. Voir Hurst (W.), *Law and Economic Growth*, 1964. Nelson et Reid s'étaient lamentés sur le naufrage de l'idée du droit comme expression de la morale commune dans l'individualisme atomistique d'une société marchande. Voir Nelson (W.), *Americanization of the Common Law*, 1975 ; Reid (J.), *In a Defiant Stance*, 1977 ; voir aussi Hartog, « Distancing Oneself from the Eighteenth Century : A Commentary on Changing Pictures of American Legal History », in id. (ed.), *Law in the American Revolution and the Revolution in Law*, 1981, p.229 et suiv. Scheiber avait montré comment l'entreprise (« *corporate enterprise* ») à ses débuts, a manipulé le droit pour faire disparaître des droits traditionnels comme elle progressait. Voir Scheiber, « Property Law, Expropriation, and Resource Allocation by Government », in *Journal of Economic History*, Vol.33, 1973, p.232 et suiv. Cependant, quoi qu'il en soit aucun d'eux n'avait jamais provoqué quelque chose de comparable à l'hostilité qu'Horwitz a suscitée.

siècle. Horwitz s'en est pris à la première partie du dix-neuvième siècle, une époque que les juristes de *common law* avaient acquis l'habitude de célébrer comme lieu héroïque de sa formation. Je ne nie pas et Horwitz lui-même ne le ferait pas, à l'heure actuelle, que sa thèse présente des problèmes et que quelques-unes des critiques spécifiques de ses preuves et de ses conclusions sont solides. Cependant il est difficile de rendre compte du volume et de l'intensité des réactions adverses sans comprendre pourquoi la thèse devait irriter tant de monde.

La raison pour laquelle tout cela compte, est que la disponibilité récente de lignes narratives, déviantes, importantes concernant le moteur principal de l'histoire socio-juridique moderne a pour effet de *relativiser* les lignes narratives anciennes, de les faire prendre non pas comme des présupposés non controversés mais comme ce qu'elles sont : des structures interprétatives possibles parmi d'autres, dans lesquelles ficher les preuves historiques.

G) Variation n°7 : Une conscience historicisée

Le dernier avatar, dans la tradition dominante, que je voudrais mentionner ici, en arrive à jouer un rôle central dans la pensée critique : c'est simplement l'idée « kuhnienne »[97] ou « Collingwoodienne »[98] que les manières fondamentales qu'ont les gens de concevoir les univers naturel et social dans lesquels ils vivent sont culturellement et historiquement contingentes, c'est-à-dire qu'elles sont spécifiques à des lieux et des temps donnés. Le fonctionnalisme pur, comme nous l'avons vu, objectivise à la fois les besoins sociaux et les réponses d'adaptation, prétendant que ce sont des catégories universelles de la vie réelle ; par hypothèse, vous pouvez toujours dire, si vous rassemblez suffisamment de données sur une société, quels sont ses besoins et si ses formes sociales sont efficaces pour y répondre. La perspective historique, par contre, enseigne que même le langage conceptuel dans lequel le fonctionnaliste affirme l'existence de besoins et d'adaptations universels est un langage lié à une époque et à une culture avec une histoire – non pas une gentille histoire de progrès dans laquelle la superstition laisse graduellement place à la science mais une histoire habitée de révolutions et de ruptures.

L'approche historique peut suivre deux grandes modalités. L'une consiste simplement à écrire l'histoire de nos propres modes de pensée, à essayer

---

[97] Voir Kuhn (T.), *The Structure of Scientific Revolutions*, 2nd ed., 1970, trad. fr. par Laure Meyer : *La structure des révolutions scientifiques*, Paris, Flammarion, 1982.
[98] Voir Collingwood (R.), *The Idea of History*, 1946.

d'identifier quand les catégories que nous utilisons pour organiser comment nous parlons au sujet du droit se sont solidifiées dans quelque chose de semblable à leur forme actuelle. Quand, par exemple, avons-nous séparé un domaine privé d'activité du « marché » d'un domaine public d'activité de l' « Etat » et en sommes-nous arrivés à penser que ce dernier « intervient » dans le premier ? Quand le terme « régulation » a-t-il commencé à être utilisé dans son sens moderne ? Quand la responsabilité a-t-elle été séparée du contrat ? Quand « corporation » en est-il venu à signifier essentiellement « entreprise commerciale privée » ? Quand l' « efficience a-t-elle acquis l'importance qu'elle revêt, aujourd'hui, pour les juristes spécialisés dans l'antitrust ? Quand les juristes ont-ils commencé à parler du besoin de « mettre en balance » une multiplicité d' « intérêts » pour prendre une décision dans les cas difficiles ?[99]

L'autre technique est la reconstruction des modes de pensées historiques ou transculturels de façon si détaillée qu'elle permet d'illustrer (a) que d'autres sociétés n'ont pas partagé les manières de penser que nous croyons être essentielles et évidentes (elles n'ont simplement pas d'équivalent conceptuel pour notre idée de ce qu'est un « marché » ou un « individu libre », elles ne pensent pas qu'une « corporation » est juridiquement quelque chose de différent d'une famille ou d'une ville et elles ne font pas non plus la distinction entre un domaine « public » et un domaine « privé » ou elles entendent quelque chose de complètement différent par une telle distinction) et (b) que ces conceptions sont parfaitement plausibles pour les gens qui les entretiennent.[100] Un tel travail peut avoir un côté pratique, réel comme lorsque l'historien prend un ensemble de conceptions idéologiques en vigueur, que son temps condamne comme cruelles et erronées – la rationalisation juridique de l'esclavage, par exemple, ou le formalisme de la procédure légale

---

[99] Peut-être les analogies les plus proches des histoires de la conscience juridique écrites maintenant par de nombreux historiens représentants des C.L.S. sont-elles les histoires de la pensée économique qui étudient l'émergence historique de ses fondamentaux, tels que le fondement de l'action sociale dans les sujets individuels recherchant rationnellement leur intérêt propre à travers l'échange. Voir, par exemple, Appleby (J.), *Economic Thought and Ideology in Seventeenth Century England*, 1978 ; Dumont (L.), *From Mandeville to Marx*, 1977 ; Hirshman (A.), *op. cit. supra* note 12 ; Polanyi (K.), *The Great Transformation*, 1944.
[100] Une part des meilleurs travaux en histoire du droit fait précisément cela : la reconstruction des conceptions du monde médiéval chez Maitland ou McIlwain ; la description par Hurst du « pragmatisme bâtard » américain du dix-neuvième siècle ; la recréation par Gordon Wood du monde conceptuel des auteurs de la Constitution. Hurst (W.), *op. cit. supra* note 96, à p.206 ; McIlwain (C.), *The High Court of Parliament and its Supremacy*, 1910 ; Pollock (F.) & Maitland (F.), *op. cit. supra* note 64 ; Wood (G.), *op. cit. supra* note 77.

régulière de l'époque Lochner –, entre dans leur monde avec une sympathie (provisoire) pour montrer ensuite le sens qu'elles portent en elles-mêmes.[101] Les manières qu'ont les gentlemen bien pensants de justifier leur ordre social – un ordre social qui les a si bien situés – en tant que juste et efficace peut paraître inconfortablement familier. Cependant le tranchant de l'historicisme va encore plus loin : il nous dit que les difficultés que nous rencontrons pour imaginer des formes de vie sociale, différentes de celles auxquelles nous sommes habitués ou meilleures qu'elles, peuvent provenir des limites à notre conception de la réalité plutôt que des limites inhérentes à la réalité elle-même. Après tout il était courant il y a un siècle, pour des Américains parfaitement intelligents et tournés vers l'avenir, de croire en des choses telles que la dépendance absolue de l'ordre social et de la propriété économique sur le maintien de la division des classes ou de l'esclavage, l'utopisme absolu de l'opinion selon laquelle noirs et blancs pourraient un jour voir des unions intimes entre eux socialement reconnues ou vivre sur un pied d'égalité (et le danger qu'il en résulterait, si cela advenait d'une dégradation biologique de l'espèce), la constitution physique des femmes qui les auraient rendues incapables d'étudier à l'université, le risque quasi-certain qu'une assurance chômage tuerait dans la main d'oeuvre toute la discipline du travail et la volonté de travailler ou encore la défaillance judiciaire à appliquer les conventions dures en les respectant rigoureusement au pied de la lettre entraînerait l'effondrement immédiat du capitalisme.

Un tel historicisme n'est pas, dans ses versions atténuées, en réalité incompatible avec le fonctionnalisme. On pourrait continuer à supposer que des processus universels génèrent des besoins de réponses idéalement adaptées tout en concédant que les besoins comme les réponses seront perçus selon les temps et les lieux au travers de lentilles et de filtres conceptuels de couleurs différentes et plus ou moins déformants. La position forte, celle adoptée dans l'ensemble par les auteurs représentants des C.L.S. est que à la fois les besoins et les réponses à ces besoins doivent être perçus comme des produits culturels de modes de pensée contingents.

[101] Voir, par exemple, Genovese (E.), *The World the Slaveholders Made*, 1969, p.114-244 ; Tushnet (M.), *The American Law of Slavery, 1810-1860*, 1981 ; Kennedy, « Toward an Historical Understanding of Legal Consciousness: The Case of Classical Legal Thought in America, 1850-1940 », in *Research in Law and Society*, Vol.3, 1980 [N.d.t. : article repr. in Boyle (James) (ed.), *Critical Legal Studies*, Aldershot, Dartmouth, p.193-214].

IV. Généralisation et approfondissement des critiques : histoires critiques du droit

Ayant enfin terminé le catalogue des variations, permettez-moi de rappeler, en forme résumée, celles qui ont le plus influencé les différents types de l'historiographie critique :

(1) Les conditions de vie sociale et le cours du développement historique sont radicalement sous-déterminés ou tout au moins pas déterminés par un quelconque chemin d'évolution uniforme.

(2) Les relations causales entre changements dans les formes juridiques et sociales sont de la même façon radicalement sous-déterminés : des conditions sociales comparables (à la fois à l'intérieur de sociétés et à travers des sociétés différentes) ont généré des réponses juridiques contradictoires et des formes juridiques comparables ont produit des effets sociaux contraires.

(3) Si le droit d'une société ne peut pas être compris comme une réponse objective à des processus historiques, il ne peut pas non plus l'être comme une technologie neutre, adaptée aux besoins de cette société particulière. Les formes et les pratiques juridiques sont des produits politiques qui naissent des luttes entre des groupes sociaux en conflit dont les ressources en matière de pouvoir, de richesses matérielles, de statut, de savoir, d'accès à la force armée et de capacité organisationnelle sont très disparates.

(4) Bien qu'elles soient la résultante d'affrontements politiques, les formes et les pratiques juridiques ne varient pas à chaque réalignement de l'équilibre de la balance des forces politiques. Elles ont tendance à s'implanter dans des structures « relativement autonomes » qui transcendent et, dans une certaine mesure, aident à façonner le contenu d'intérêt immédiat des groupes sociaux.

(5) Cette autonomie relative signifie qu'elles ne peuvent pas s'expliquer totalement par référence à des facteurs politiques/sociaux/économiques extérieurs. Dans une certaine mesure, il s'agit de variables indépendantes dans l'expérience sociale et, en conséquence, elles nécessitent une étude qui élabore leurs structures internes, particulières dans le but de découvrir comment ces structures rétroagissent sur la vie sociale. Etant donné ce qui paraît si souvent être l'indétermination des effets instrumentaux, une approche prometteuse pour une telle étude peut être de traiter les formes juridiques comme des idéologies et des rituels dont les « effets » – effets qui incluent la façon qu'ont les gens d'analyser leur expérience sociale, de lui donner signification, de la qualifier de naturelle, de juste et

nécessaire ou d'artificielle, d'injuste et fragile – sont du domaine de la conscience.
(6) Nos manières coutumières de penser le droit et l'histoire sont aussi culturellement et historiquement contingentes que la « société » et le « droit » eux-mêmes. Bien que nous ne puissions jamais complètement échapper aux limitations de notre environnement, nous pouvons, dans une certaine mesure, nous protéger contre le risque de simplement projeter nos catégories *locales* sur le passé par un effort conscient pour relativiser notre propre conscience, en essayant d'écrire l'histoire de son contexte de formation et de développement et en tentant de reconstruire aussi fidèlement que possible les différentes mentalités des sociétés passées, avant de les traduire dans les nôtres.
(7) Il peut aussi nous être utile de relativiser notre compréhension de la relation du passé au présent, si nous voyons que nos vues conventionnelles de cette relation sont médiatisées par des lignes narratives familières, qui sont si profondément ancrées dans notre conscience que nous sommes souvent inconscients de leur règne sur notre conception de la réalité. Ces lignes narratives, comme les autres mentalités, ont une histoire remplie de finalités idéologiques et il existe toujours – et ainsi nous pouvons toujours nous en inspirer – des histoires en concurrence qui impriment sur la même expérience des significations radicalement divergentes.

Pris *en bloc* plutôt qu'isolément, cet ensemble de critiques partielles s'additionne pour constituer une position que la plupart des gens qui se considèrent comme faisant de l'histoire critique du droit accepteraient probablement.[102] Nombre d'entre eux mais en aucun cas tous seraient prêts à pousser la critique encore plus loin.[103]

---

[102] Je veux dire clairement que je ne défends pas la thèse absurde selon laquelle ces critiques ont leur origine dans l'oeuvre de tel ou tel représentant des C.L.S. Au contraire, ces critiques ont pratiquement toutes une longue histoire. Qu'elles apparaissent chez Hegel ou chez Marx, voire avant, elles font partie des hypothèses de travail courantes de nombreux théoriciens de la société (par exemple : Weber, Durkheim, Gramsci, Foucault, Giddens, Offe) ; d'historiens de la pensée politique et économique (par exemple : Maitland, McIlwain, Ernst Kantorowicz, Pocock, Quentin Skinner, Karl Polanyi, Hirschman) ; d'historiens de la société (par exemple : Bloch, Genovese, E. P. Thompson, M. I. Finley) ; de virtuellement tout théoricien moderne de l'histoire, des épistémologues (par exemple : Kuhn), des praticiens de l'anthropologie culturelle (par exemple : Geertz, Turner, Sahlins) ; aussi bien que de nombreux théoriciens du droit en particulier au sein du réalisme juridique américain ; chez les sociologues et chez les historiens. (C'est ma propre liste : d'autres peuvent très bien en construire une autre.)
Ce qu'*ont* fait certains représentants des C.L.S., c'est : (a) *combiner* ces critiques de manière intéressante ; (b) essayer d'aller un peu au-delà, comme mentionné ci-dessus et (c) appliquer les résultats à l'histoire de la doctrine et des institutions juridiques américaines. (Même sur ces points, ils avaient eu des précurseurs : j'ai récemment relu un livre qui a été publié il y a

A) L'estompement de la distinction entre droit et société

Vous pourriez penser qu'après les ravages de la critique partielle, il ne reste pas grand-chose de la tradition dominante. En fait, il en reste. Sa structure, sa division du monde entre sphères sociales et juridiques, tend à perdurer. Ainsi, même la plus sévère des critiques partielles continue de supposer – tout en concédant qu'à travers le paysage de la vie sociale, nous pouvons découvrir les empreintes, les unes profondes et les autres imperceptibles, des réactions de rétroaction des produits « autonomes » du système juridique – qu'à la base, les termes réellement fondamentaux de la vie communautaire sont fixés par des conditions et des relations que nous pouvons et devons décrire indépendamment du droit : les liens de famille, les affections personnelles, les luttes de pouvoir, la technologie, les préférences en matière de consommation, l'association en groupes d'intérêts et l'organisation de la production. Ces conditions et relations – le domaine de la « vie matérielle » dans certaines formulations ; les « besoins fondamentaux » dans toutes les sociétés ou à des stades d'évolution particuliers pour le fonctionnalisme universaliste ; les « forces de production » pour certains marxismes ; les « intérêts » des individus et des groupes pour la théorie pluraliste, libérale et, finalement, les « préférences » de sujets individuels se construisant eux-mêmes pour la réduction ultime de l'économie classique et néo-classique – constituent le « monde réel » que le droit peut servir ou desservir ou même, en partie, mettre en dysfonctionnement mais vis-à-vis duquel il est accessoire. Les opérations *fondamentales* de ce monde trouvent leur origine avant le droit et progressent indépendamment de lui ; elles façonnent de manière générale (même si ce n'est pas dans le détail) les programmes et les limites des systèmes juridiques et il n'est pas dans le pouvoir du droit de les transformer.

Cependant, en pratique, il est à peu près impossible de décrire un ensemble de pratiques sociales « de base » sans décrire les relations

---

presque quarante ans. Il me paraissait répondre à la plupart des caractéristiques de ce que j'ai appelé l'histoire « critique » du droit. C'était Louis Hartz, *Economic Policy and Democratic Thought : Pennsylvania, 1776-1860*, 1948. Le travail critique est donc peut-être mieux décrit comme « distinctif » plutôt qu' « original », parce qu'il est certain que ce n'était qu'une question de temps pour que des approches déjà si développées dans d'autres domaines du savoir soient appliquées au droit. Je précise ceci parce que des auteurs hostiles au travail des C.L.S. ont souvent dit : « rien de neuf, ni d'original dans tout ceci » utilisant (selon moi) l'accusation de banalité comme un motif pour ne pas aborder le contenu de ces études. Il n'y a qu'à considérer que cela manque d'originalité, que cela appartient à une « école » ou à une « tradition » et s'en arrêter là.

[103] Voir, par exemple, les débats résumés aux notes 127-40 *infra*.

juridiques entre les personnes concernées – des relations juridiques qui ne font pas que conditionner les relations des gens entre eux mais définissent, dans une large mesure, les termes constitutifs de la relation, des rapports tels que ceux du seigneur et de son paysan, du maître et de l'esclave, de l'employeur et de l'employé, du client et du fournisseur de service, du contribuable et de la municipalité. Par exemple, parmi les premiers mots qu'on pourrait utiliser pour identifier les diverses personnes présentes dans un bureau, il y auraient certainement des expressions connotant un statut juridique : « Voilà le propriétaire. » « Elle est une associée. » « Il est un associé senior », ce qui signifie qu'il est un associé en titre. « C'est un entrepreneur qui vient faire des réparations. » « Il est un intérimaire qui a été envoyé par Manpower. » Cela semble évident mais, si c'est correct, comment est-il possible de concilier cela avec la conception standard du droit comme périphérique par rapport aux relations sociales « réelles » ? L'esclavage est une relation juridique : c'est précisément le faisceau de droits juridiques de l'esclave (ou plutôt l'absence de ceux-ci) et de ses devoirs vis-à-vis des autres (il ne peut s'en aller, il ne peut hériter, il a des droits de propriété réduits, il ne peut revendiquer la préservation de l'unité de sa famille, etc...) qui en *fait* un esclave.[104] Changez la composition du faisceau de façon significative et vous aurez à l'appeler par un autre norm. Et comment pourrait-on dire que quelque chose comme « le droit médiéval renforçait (ou minait) la structure de la société féodale » ? De nouveau, un type particulier de relations juridiques (même si l'on doit admettre, dans ce cas, qu'il est défini de façon très imprécise) compose ce que l'on tend à appeler la société féodale. Si ces relations se modifient (remplacement du service en nature par le paiement de loyers, suppression de la juridiction seigneuriale en matière pénale, etc...), nous ne parlons pas seulement de changements dans « les règles juridiques régissant les institutions féodales » mais du déclin du féodalisme lui-même.

---

[104] Voir Finley, « The Servile Statuses of Ancient Greece », in Shaw (B.) & Saller (R.) (eds.), *Economy and Society in Ancient Greece*, 1981 (utilisant la méthode « juridique », avec les mises en garde appropriées sur ses limites, pour analyser l'éventail des statuts serviles dans l'ancien monde. Je ne vois aucune raison de modifier cette conclusion après la lecture de l'important ouvrage d'Orlando Patterson qui s'en prend aux comptes-rendus strictement « juridiques » de la relation maître-esclave. Voir Patterson (O.), *Slavery and Social Debate : A Comparative Study*, 1982, p.1-62. Tout d'abord, parce que ni moi, ni aucun des représentants des C.L.S. ne décrirait un ensemble de relations en termes *exclusivement* juridiques. Ensuite, parce que l'attaque de Patterson ne porte, en réalité, que sur un exposé particulièrement trompeur de l'esclavage comme « droits de propriété sur des êtres humains » ; comme il l'affirme à juste titre, l'esclavage n'est qu'un cas spécial, un ensemble particulier, de tels droits. La vraie question, pour lui, est comment un tel ensemble de relations juridiques est créé et il argue que c'est par un processus d' « appropriation symbolique » qui débouche sur une « mort sociale » de l'esclave. Sur la compatibilité de cette approche avec celle des représentants des C.L.S., voir notes 115-24 *infra*.

J'imagine que la notion du caractère fondamentalement constitutif des relations juridiques dans la vie sociale est sans doute beaucoup plus facile à saisir quand elle est avancée à propos des sociétés esclavagistes ou féodales que lorsqu'il s'agit de la société libérale. Après tout, dans les sociétés libérales, les différences de statut juridique ne sont pas supposées définir les relations sociales mais simplement les canaliser et les faciliter. En théorie, il est possible, dans une société libérale, de choisir le statut juridique adapté aux buts *réels*, fonctionnels, matériels, sous-jacents ; avec la « liberté contractuelle », on parvient même à créer ce statut à l'intérieur des limites fixées par le droit public. Cependant toute une génération de membres du courant réaliste nous a enseigné qu'un régime de libre contrat délègue aux contractants la compétence juridique, sous réserve d'un foultitude d'exceptions juridiques importantes, pour contraindre au respect des termes du contrat ;[105] tandis que l'établissement de la propriété privée confère au propriétaire un ensemble de compétences juridiques, encore assujetties à des exceptions juridiques importantes, pour dicter aux autres les conditions d'accès à sa propriété ;[106] de même, la constitution d'une société donne à son petit nombre de dirigeants le droit de créer des normes qui affectent la vie et le sort de ses nombreux salariés et actionnaires.[107] Ces faisceaux de droits et de devoirs, sous réserve des restrictions posées par les exceptions et les limites, dont sont pourvus tous les membres des sociétés libérales, sont des déterminants critiques en ce qui concerne les termes des relations des uns envers les autres. Par exemple, il importe beaucoup en général que l'employé soit ou non licenciable à tout moment, qu'il soit un actionnaire principal de l'entreprise, un immigrant clandestin, marié à la personne qui l'emploie, protégé contre le licenciement s'il essaie de créer un syndicat, etc...Dans tous les cas, un ensemble complexe, différent de titres juridiques d'arrière-plan est un facteur des relations de pouvoir entre les parties. Bien sûr, personne ne va prétendre que le droit explique davantage qu'une fraction des différences de pouvoir entre les gens. L'employé peut être la seule personne qui comprend le système de classement ou être irrésistiblement séduisant ou physiquement intimidant ou, tout simplement, être là depuis la nuit des temps ou disposé à se voir offrir des tas d'opportunités différentes par le marché (même si, bien sûr, ce « marché » lui-même est structuré significativement par la réglementation

---

[105] Voir, par exemple, Hohfeld, *Fundamental Legal Conceptions*, 1923.

[106] Voir, par exemple, Cohen, « Property and Sovereignty », in *Cornell Law Quarterly*, Vol.13, 1927, p.8 et suiv. ; Hale, Coercion and Dsitribution in a Supposedly Non-Coercive State, in *Political Science Quarterly*, Vol.38, 1923, p.470 et suiv.

[107] Jacobson, « The Private Use of Public Authority, Sovereignty and Associations in the Common Law », in *Buffalo Law Review*, Vol.29, 1981, p.599 et suiv.

juridique concernant ce qui peut être possédé et faire l'objet de transactions, sujet à des limitations et par les droits de propriété de tous les intervenants).[108] Il est, bien sûr, loisible d'imaginer un rapport de force hobbésien qui est déstabilisé chaque fois que quelqu'un aiguise un bâton ou lève un poids, comme l'a fait, par exemple, G. A. Cohen, dans son essai extrêmement ingénieux pour démontrer que l'on peut décrire un noyau « matériel » de relations sociales en y faisant abstraction de tout « droit ».[109] Cependant, dans les sociétés historiques, réelles, le droit gouvernant les relations sociales – même quand il n'est jamais invoqué et même alors qu'il ne fait pas l'objet de beaucoup de réflexion consciente – est un élément-clé dans la constitution de relations productives à tel point qu'il est difficile de voir ce que vaut (à moins de revendiquer un engagement totalement abstrait en faveur de conceptions « matérialistes » du monde) l'entreprise qui consiste à vouloir décrire ces relations en mettant le droit entre parenthèses. Le pouvoir est fonction de l'aptitude de chacun à forger et à coordonner des alliances stables avec les autres, qui survivront aux revers et aux tentations de défection pour satisfaire des intérêts de façon opportuniste. Une telle organisation et coordination impliquera vraisemblablement quelque chose de juridique. En vérité, on est susceptible de rencontrer les conditions de l'état de guerre hobbésien précisément dans ces instances où le droit a explicitement ou par son silence établi une zone de combat dans laquelle les gens sont investis (en termes hohfeldiens) du privilège d'infliger un mal à quelqu'un d'autre et privés de tout moyen juridique de restreindre le mal (comme lorsque le régime juridique dit qu'une épouse ne pas être violée par son mari ou les contrats entr époux ne sont pas applicables. Il est clair que (comme

[108] Prenons un autre exemple : deux personnes ont une discussion dans une voiture. L'une dit : « Sortez de ma voiture ». L'autre répond : « Ce n'est pas votre voiture, c'est la voiture de la société. J'ai autant le droit que vous d'être dedans. » A quoi le premier réplique : « C'est moi qui conduit aujourd'hui, aussi, en ce qui vous concerne, c'est ma voiture et je veux que vous descendiez ». Ceci est, bien sûr, une argumentation assez complexe, même si elle correspond à une argumentation juridique absolument classique – qui n'est tout au plus inhabituelle qu'en ce que les prétentions et contre-prétentions sont très explicites, au lieu de demeurer des présupposés non dits d'arrière-plan. Bien sûr, des facteurs autres que les relations juridiques peuvent être impliqués. L'un des gars peut être beaucoup plus costaud que l'autre ou avoir une longue habitude de l'amabilité de l'autre ou de sa haute opinion de lui-même. Cependant, le droit de la situation est un facteur potentiellement critique dans sa résolution.

[109] Voir Cohen (G.), *Karl Marx's Theory of History : A Defence*, 1978, p.216-48. Ce livre, dans sa globalité, est une tentative brillante pour réhabiliter une version marxiste, orthodoxe du fonctionnalisme, dans laquelle, comme dans la conception dominante du droit, le droit est l'une des superstructures idéologiques, suscitées par les besoins des forces matérielles de production qui rétroagit sur ces forces matérielles et se mélange à elles. Pour une réponse particulièrement intéresssante (et, selon moi, convaincante) à Cohen, voir Collins (H.), *Marxism and Law*, 1982, p.81-85.

Cohen, par exemple, le montre)[110] les gens peuvent lutter pour améliorer leur situation vis-à-vis des autres en faisant changer les règles qui définissent leurs titres mais cela ne modifie pas le fait que le lot de pouvoirs juridiques avec lequel ils démarrent les situe dans le combat et peut faire toute la différence quant à leur victoire ou leur défaite ou leur obtention d'un bon compromis. La nouvelle donne, quand elle sera suffisamment stabilisée en pratique, représentera simplement la nouvelle constitution juridique de leur relation.

Plus prosaïquement, les « intérêts » dans la version instrumentale, qui posent des demandes vis-à-vis du système juridique ne sont pas des entités préjuridiques, auto-constituées. Ils empruntent nombre des aspects importants de leur identité, de leurs traits, de leurs formes d'organisation et quelquefois de leur existence même à leur constitution juridique. Par exemple, les « contribuables » sont, entre autres, des familles, des associés ou des individus en raison de la définition juridique de ces unités ; les « consommateurs de gaz de Nouvelle-Angleterre » qui pressent le Congrès d'alléger le fardeau qu'est, pour eux, le prix élevé de ce produit, constituent, entre autres, « un intérêt régional » en raison de la forme juridique de la représentation territoriale ; les « communistes » ne sont pas un intérêt représenté en tant que tel dans les syndicats, en raison d'une interdiction juridique, alors que la véritable identité d'une « société cliente », à laquelle l'avocat d'affaires doit sa fidélité indéfectible, est un mystère non élucidé, en raison des conflits en théorie du droit. Pour l'essentiel, la création juridique d'un « intérêt » et la sélection de ses représentants se passe trop tranquillement pour être remarquée – l'exception étant les occasions où un choix formel doit être fait, comme de décider si le « Sierra Club » peut représenter des gens qui se soucient d'environnement dans des actions en justice collectives (« *class actions* ») ou des procédures administratives.[111]

La compréhension du rôle constitutif du droit dans les relations sociales est souvent cruciale non seulement pour caractériser les sociétés mais pour rendre compte des changements sociaux, majeurs. L'ouvrage remarquable de Robert Brenner, sur l'Europe pré-industrielle, par exemple, identifie deux modèles généraux d'ajustement social aux déclins

---

[110] Cohen (G.), *op. cit. supra* note 109, p.216-48.

[111] Voir, par exemple, Vining (J.), *Legal Identity*, 1978 ; Katz, « Studies in Boundary Theory : The Essays in Adjudication and Politics », in *Buffalo Law Review*, Vol.28, 1979, p.383 et suiv. ; Yeazell; « From Group Litigation to Class Action. Part II : Interest, Class and Representation », in *U.C.L.A. Law Review*, Vo.27, 1980, p.1067 et suiv.

de population de la fin du Moyen-Age.[112] : un modèle (typiquement) occidental, dans lequel le manque de main-d'oeuvre aboutit à des conditions de travail plus favorables pour les paysans et un modèle (typiquement) oriental, dans lequel la même pénurie a amené une intensification de l'esclavage, un resserrement du contrôle des seigneurs sur leurs serfs. L'explication de Brenner (richement détaillée et ici beaucoup simplifiée) de cette dichotomie est que la capacité des propriétaires à accroître leur maîtrise plutôt qu'à avoir à accorder des concessions dépendait de façon critique de l'équilibre des pouvoirs de classe qui en était venu à prévaloir dans leurs sociétés particulières. Une composante centrale de cette balance des pouvoirs était l'ensemble de relations juridiques qui s'était établi entre les classes. Là où les communautés paysannes étaient fortement organisées, elles avaient, au cours des siècles réussi à arracher des concessions aux seigneurs, qui les avaient institutionnalisées dans le droit. Ainsi posées comme droits, celles-ci ne pouvaient être retirées sans provoquer de résistance massive.[113] Brenner continue en arguant que là où (comme en France et dans des parties de l'Allemagne de l'Ouest) ces droits coutumiers de propriété paysanne ont persisté à travers les débuts de la période moderne, ils l'ont fait parce que la centralisation des Etats aidait à assurer ces droits contre les seigneurs et ainsi retardait le processus de consolidation capitaliste de la propriété des terres. En Angleterre, au contraire, où de tels droits se sont érodés pour des raisons complexes, les petits propriétaires ont été incapables de s'opposer à l'éviction.

Peut-être la thèse selon laquelle le droit et la société sont inextricablement mélangés paraît dure à saisir pour ceux qui écrivent sur le droit, parce qu'ils limitent quelquefois leur point de vue à ce que le droit est pour un groupe d'événements isolés qui se produisent à l'intérieur de certaines agences d'Etat spécialisées (dans la vision la plus réduite, les cours seules) et ainsi supposent que la seule question pour l'histoire sociale du droit est la relation entre ce que produisent ces agences et le changement social. Cependant, si ce produit est tout ce qu'est le droit, comment donc allons-nous caractériser tous les innombrables droits, devoirs, privilèges et immunités que les gens reconnaissent communément et mettent en

---

[112] Brenner, « Agrarian Class Structure and Economic Development in Pre-Industrial Europe », in *Past and Present*, Feb.1976, à p.30.

[113] Quiconque objecte à ce point que le « droit » impliqué dans cette description est seulement épiphénoménal par rapport au « fait social » d' « organisation » aura à tenter de trouver une manière de décrire l'organisation sans mentionner les règles dont la conservation était sa *raison d'être* ou les formes institutionnelles dans lesquelles ses tâches étaient accomplies – sans oublier « Combattez pour protéger vos droits ! » comme lui-même moyen d'organisation.

application, sans qu'il y ait d'officiels où que ce soit, près d'eux. L'esclavage, par exemple, peut bien faire sa première apparition dans les pratiques temporaires d'urgence d'une colonie, se figer au fil des quelques saisons de plantation suivantes dans une coutume invariable et, des décennies plus tard, quand les localités décident qu'elles veulent l'aide de l'autorité centralisée d'application, devenir l'objet d'une législation dans des codes des esclaves. Quand un historien féru de sociologie (par opposition, par exemple, à un théoricien du droit positiviste) commence-t-il à parler de l'émergence dans cette société des institutions juridiques de l'esclavage ? Au moment, devrais-je penser où il trouve que les pratiques et les discours ordinaires de cette société supposent et font appel aux notions collectivement partagées et soutenues de droit et d'obligation sur lesquelles s'appuie cette institution, le moment où le pouvoir s'institutionnalise dans un « droit » (« *right* »). Ainsi l'historien de la société et du droit qui *commencerait* son exposé sur le droit de l'esclavage dans ces colonies au temps des codifications serait accusé à juste titre de laisser de côté la partie la plus importante de l'histoire.[114] De plus, même si l'historien refusait de reconnaître la coutume comme du droit tant qu'elle n'a pas été ratifiée par quelqu'agence officielle, il n'irait pas très loin dans la compréhension du rôle du droit dans le changement social s'il limitait son observation aux effets sociaux immédiats de changements marginaux dans des actes isolés et ignorait tout le réseau de règles d'arrière-plan, invisible (comme le droit fondamental de propriété) qui est silencieusement incorporé dans la vie des gens.

A nouveau, dès lors que tout cela semble si incroyablement évident une fois dit, qu'est-ce qui explique la persistance du point de vue selon lequel le droit est marginal par rapport à la vie sociale ? En partie, cela provient de la perception qu'ont entretenu des générations de réformateurs déçus – libéraux, pour la plupart, je présume – qui en sont venus à douter qu'il soit possible de réaliser autre chose que des changements sociaux, marginaux par le biais de la promotion réfléchie par ceux qui contrôlent les mécanismes de l'Etat libéral. Cependant, cette proposition ne porte pas véritablement sur les limites du droit ; il s'agit plutôt des limites rencontrées par des types choisis de tentatives pour réorienter,

---

[114] Les sociétés historiques existantes ont simplifié sa tâche à souhait dans certains cas en adoptant des lots préfabriqués de relations juridiques, officielles. La façon dont l'esclavage est venu dans les domaines du Vermont, par exemple, est par l'implantation de noirs qui étaient déjà esclaves quelque part ailleurs. Jordan (W.), *White Over Black*, 1968, p.71-82 ; Morgan (E.), *op. cit. supra* note 60, à p.295-337. L'histoire illustre admirablement le point de vue selon lequel quand les gens fabriquent leurs économies « matérielles », ils utilisent les blocs de construction « idéaux » que représentent les relations juridiques.

généralement de haut en bas, des institutions formelles sélectionnées. L'essentiel du changement dans le droit se produit à travers l'ensemble de la société civile, dans des milliers de petites interactions, hors la présence visible de tout officiel quel qu'il soit. Il est étrange, en un sens, que les théoriciens réalistes et ceux de Droit et société, qui nous ont enseigné de regarder le droit « en action » aussi bien que « dans les livres », aient été si souvent les mêmes personnes qui sont retournées à une vision formaliste, restrictive du droit quand ils ont mis l'accent sur, pour reprendre les termes de Pound, « les limites de l'action juridique efficace ». Il y a une rupture réelle ici entre leur analyse sociologique du droit constituant le *statu quo* comme dynamique, informel et politique et leur analyse programmatique du droit nécessaire pour apporter le changement, qui le considère comme statique, formel et bureaucratique.

La conception du droit comme marginal dans la vie sociale enregistre aussi probablement une réaction excessive à la génération précédente des formalistes, qui se sont fréquemment comportés comme si, dès lors que vous avez décrit la forme juridique d'une institution ou d'une pratique, vous avez décrit toute la chose. Une « société » (« *corporation* ») ou une « cité » apparaissent comme une enveloppe de droits ou de compétences juridiques, rien de plus. Les successeurs réalistes de ces formalistes aspiraient à briser l'enveloppe formelle (la « coquille ») (selon une expression qu'ils ont souvent employée) pour s'intéresser à la réalité « vivante » qui se cache dessous, la « réalité » des pratiques commerciales, des politiques de pouvoir, des liens émotionnels, la « conduite » et, bien sûr, les besoins sociaux. Cependant, il n'est pas possible de détacher ces essences de leurs formes. Le droit (au sens universel où je l'utilise) ne cessait de faire partie de la réalité. Si le programme des réalistes était de lever le voile de la forme juridique pour révéler les essences vivantes du pouvoir et des besoins, le programme des critiques est de lever le voile du pouvoir et des besoins pour exposer les éléments juridiques dans leur composition.

B) Le droit comme constitutif de la conscience

De nombreux représentants des C.L.S. prétendraient, je crois, que non seulement le droit figure comme facteur dans les relations de pouvoir entre individus et classes sociales mais aussi qu'il est omniprésent au coeur même de la société – que les institutions qui font et les institutions qui interprètent le droit sont parmi les sources premières des images d'ordre et de désordre, de vertu et de vice, de raison et de folie, de réalisme et de naïveté visionnaire et de quelques-uns des aspects les plus communs de la réalité sociale que les gens ordinaires transportent avec eux et utilisent pour ordonner leurs vies. « Ou bien ce monde », affirment toujours implicitement les actions juridiques, « ou bien une version quelque peu amendée de ce monde ou bien le Déluge ».

Un exemple familier de la façon dont les catégories juridiques affectent les perceptions sociales serait la transposition dans le discours et les perceptions ordinaires de la distinction entre domaines d'action public et domain d'action privé, le public étant la sphère de l'action collective pour le bien-être de tous à travers les moyens du gouvernement (et aussi le seul domaine de la coercition légitime) et le privé étant la sphère de l'action qui concerne l'individu personnellement.[115] Ceux qui ont intériorisé cette distinction comme faisant partie de l'ordre naturel des choses, comme nous tous dans une certaine mesure, sont parfaitement capables d'en dériver des conclusions telles que celles-ci : c'est une invasion de la vie privée et de l'autonomie d'une société (privée), si des inspecteurs (publics) de l'Agence pour la santé et l'hygiène inspectent dans ses locaux sans mandat mais la direction de cette même entreprise peut installer des appareils pour mesurer le temps passé dans les toilettes parce que ses employés ont (implicitement) accepté cela par avance par contrat privé.

Loin de moi l'idée que cet ensemble particulier de conclusions – dans lequel les lecteurs seront prompts à reconnaître l'état d'esprit classique de la fin du dix-neuvième siècle, récemment remis au goût du jour – découle inexorablement de la distinction public-privé. On pourrait certainement, comme beaucoup de gens l'ont fait, aussi parvenir à la conclusion que les sociétés étant des collectivités organisées, investies par le droit d'un pouvoir coercitif effectif sur les gens sous leur autorité (dans leurs locaux) sont comme les Etats et peuvent, en conséquence, exercer leur pouvoir selon des procédures politiquement contrôlées.[116] Le point crucial ici est que les deux ensembles de conclusions sont tirés de la même classification public-privé (Etat collectif, coercitif contre individus faisant

[115] Pour des traitements, représentatifs des C.L.S., de la distinction public-privé, appliquée dans des domaines spécifiques du droit, voir les contributions de Paul Brest, Gerald Frug, Morton Horwitz, Duncan Kennedy and Karl Klare au récent symposium de la Pennsyvania Law Review, sur la distinction public-privé (*University of Pennsylvania Law Review*, Vol.130, 1982, p.1246 et suiv.).

[116] Voir, par exemple, Douglas (W. O.), *Democracy and Finance*, 1940 ; Berle, « For Whom Corporate Managers Are Trustees : A Note », in *Harvard Law Review*, Vol.45, 1932, p.1365 et suiv. ; id., Constitutional Limitations on Corporate Activity – Protection of Personal Rights from Invasion Through Economic Power, in *University of Pennsylvania Law Review*, Vol.100, 1952, p.933.

de libres choix) qui pose des limites relativement importantes sur les manières d'imaginer le monde et d'imaginer comment le changer.[117]

Prenons un autre exemple, peut-être légèrement moins abstrait, dont j'espère qu'il pourra illustrer quelques-unes des différences entre les styles fonctionnaliste et critique dans l'explication historique. Un Etat du dix-neuvième siècle, que l'on appellera le « Wisconsin » fait une loi sur « le privilège du bûcheron » – c'est-à-dire qu'il pose que les forestiers qui coupent le bois sont créanciers prioritaires pour leurs salaires sur la vente des produits de leur travail.[118] Comment un historien peut-il procéder à une interprétation de ce morceau de droit ?[119]

Une bonne approche fonctionnaliste, pure, chercherait dans le contexte un « problème » social auquel le droit était un essai de réponse ou de solution. Supposons qu'un historien fonctionnaliste découvre un tel problème dans le fait que les scieries manquaient de liquidités pour payer les salaires mais avaient besoin d'attirer de la main-d'oeuvre dans les forêts pour un long hiver de travail. La solution à ce problème était de donner une assurance complémentaire sur les salaires par le privilège, qui était plus facile à appliquer juridiquement et moins susceptible de se voir opposer d'autres créances qu'une action ordinaire pour rupture de contrat.

Il n'y a rien à objecter à cette explication, semble-t-il, jusque-là. Mais peut-on se demander alors : pourquoi cette solution plutôt que d'autres auxquelles on peut penser – d'autres qui ont, en fait, été adoptées à peu près à la même époque en des lieux proches ? Voici une liste rapide de solutions potentielles, qui est loin de seulement commencer à épuiser les possibilités : (1) la pratique de l'esclavage dans les forêts ; (2) le recours à des conscrits – soit au titre du service militaire, obligatoire, soit en tant que corvée pour tout homme de l'Etat en bonne santé ; (3) la constitution d'un fond en capital pour le paiement des salaires, à partir des impôts ; (4) refuser d' « intervenir dans les contrats privés » entre le bûcheron et son employeur et laisser les bûcherons contracter, s'ils le peuvent, pour l'intérêt de sécurité qu'ils ont dans la négociation de leur salaire ; (5) faire

[117] En réalité, la séparation du droit et de la société dans ce que j'ai appelé la conception dominante de la théorie du droit est *elle-même* un produit de la distinction public-privé. Peu importe la mesure dans laquelle les théoriciens réalistes et post-réalistes estompent la distinction dans leurs travaux empiriques sur le « droit en action », ils finissent en général par la réaffirmer quand ils décrivent les « limites de l'action juridique efficace ». Voir note 26 *supra*.

[118] Comme le choix de cet exemple l'indique probablement, il provient d'une conversation avec Willard Hurst.

[119] Le paragraphe suivant n'est pas l'histoire que je propose pour le privilège du bûcheron mais simplement un exemple de comment on peut aborder la tâche d'interpréter son histoire.

de la coupe du bois une entreprise étatique, avec des bûcherons payés sur l'ensemble des revenus ou par une taxe sur la vente de bois ; (6) faire des bûcherons des associés dans l'entreprise, habilités à gérer les soucis de l'entreprise et à partager les profits qu'elle fait.

Dans la perspective créée par quelques-unes de ces alternatives, le privilège du bûcheron paraît avoir été le produit d'une conscience politique pour laquelle, par exemple, l' « entreprise » est « privée », bien qu'on puisse s'attendre à ce que l'Etat l'aide à s'en sortir et même « réglemente » un peu et dans laquelle la main-d'oeuvre est « libre » mais, par définition, subordonnée. Ma thèse principale ici est que cette loi n'a pas seulement été le *produit* d'une telle conscience mais qu'elle a aidé à reproduire cette conscience en la confirmant. L'adoption de la loi a rendu certaines alternatives politiques, que la société avait déjà écartées comme mauvaises ou inapplicables (l'esclavage, la conscription, l'entreprise d'Etat), juste encore un peu plus impensable et elle a rendu un peu plus difficile d'imaginer quelque chose qui sorte vraiment du champ des possibilités familières (telles que l'option que les ouvriers soient associés à parité). En bref, les formes juridiques que nous utilisons, posent des bornes à ce que nous pouvons imaginer comme options possibles : nos désirs et nos plans tendent à être façonnés par le stock restreint de formes que nous avons sous les yeux. Les formes conditionnent ainsi non seulement notre capacité à obtenir ce que nous désirons mais même déjà ce que nous désirons (ou pensons que nous pouvons obtenir).[120] Cette perspective est fatale pour la distinction que

[120] Incidemment, je n'ai aucune raison de penser qu'Hurst lui-même serait en désaccord avec cette analyse, dès lors que son travail a toujours été consacré à montrer que les notions qu'ont les législateurs du pratique et du fonctionnel sont forgées et contraintes par les catégories de base de la conscience politique. Je pense que la différence importante entre lui et les représentants des *Critical Legal Studies* est quelque chose de ce genre : il prend la conscience des législateurs du dix-neuvième siècle – faite d'éléments tels que la défiance vis-à-vis de l'exécutif, la confiance dans le marché, la volonté prométhéenne de dominer la nature, etc... – pour le produit d'un état d'esprit libéral de classe moyenne, forgé à travers les conflits historiques, en Europe, au dix-septième siècle et au dix-huitième siècle et qui s'est maintenu ensuite. Disons-le d'une façon peut-être trop grandiloquente : pour lui, la conscience s'arrête d'avoir une histoire après avoir atteint les rivages américains ; elle n'a plus qu'une série d'instantiations. Pour de nombreux représentants des *Critical Legal Studies*, par contre : (a) aucune conscience politique ne peut persister par inertie ; une énergie et un effort énormes (bien qu'il s'agisse, c'est certain, d'un effort rarement pleinement conscient) doivent être mis à la reproduire et à la protéger contre la concurrence et le risque de désintégration ; (b) en tout cas, le contenu de l'idéologie libérale, américaine de base n'a pas été constant au cours des deux derniers siècles, elle a, tout au contraire, subi des transformations importantes, et (c) même dans ce qui semble avoir été ses moments de plus grande stabilité et d'adoption consensuelle la plus étendue, l'idéologie libérale a été traversée de tant de contradictions, de tant d'implications conduisant la société dans des directions opposées, que le maintien du consensus ne peut pas s'expliquer simplement par la

font souvent les théoriciens du droit – que j'ai faite plus haut dans cet article quand j'ai discuté des variations – entre les usages instrumentaux et symboliques du droit. On n'a jamais plus de pouvoir que lorsqu'on s'est approprié avec tant de succès les symboles de l'autorité que ses actions ne sont pas du tout perçues comme des exercices de pouvoir mais simplement comme des expressions de solide bon sens pragmatique.[121]

Une autre manière d'envisager ce qui semble être la différence clé d'approche entre les « fonctionnalistes » et leurs adversaires des *Critical Legal Studies* est de considérer que le fonctionnaliste se penche sur ce qui s'est actuellement passé et explique comment tout cela « fonctionne », comment chaque développement s'inscrit dans le modèle créé par tous les autres, alors que le critique considère cet événement comme situé non pas sur un chemin de développement unique mais sur des trajectoires de possibilités multiples, la route empruntée ayant été choisie non pas parce qu'elle devait l'être mais parce que les gens qui défendaient les autres solutions étaient moins forts et qu'ils ont perdu leur combat ou parce que vainqueurs et vaincus partageaient une conscience commune qui déterminait leur programme à tous, mettant en lumière certaines possibilités et en faisant disparaître complètement d'autres. Comment peut-on identifier les trajectoires abandonnées, les routes délaissées ? De l'expérience des autres sociétés, des espoirs de ceux qui ont échoué dans leur lutte, des pratiques routinières que la même société a tentées dans les autres sphères de la vie sans jamais rêvé de les appliquer à la situation présente et de l'imagination disciplinée, peut-on espérer, par la connaissance des erreurs passées.

Je considère que Karl Klare pratique quelque chose comme cette méthode dans son histoire des interprétations conservatrices du Wagner Act, données par la Cour Suprême.[122] On a reproché à Klare de sembler supposer que le Wagner Act était une législation radicale au départ. C'était, disent ceux qui sont en désaccord avec lui, une loi aussi modérément réformiste dans son inspiration que dans son interprétation

---

domination de cette idéologie. Ces représentants des *Critical Legal Studies* se donnent pour mission d'expliquer comment l'idéologie politique de base, l'arrière-plan non exploré de bon sens de l'époque, a été reproduit et transformé et ses tendances centrifuges contrôlées et ils voient les formes et les pratiques juridiques comme centrales dans ces processus. En bref, Hurst considère le droit comme le *produit* d'une conscience idéologique appliquée à la résolution de problèmes pratiques, alors que les représentants des *Critical Legal Studies* voient en lui le premier *producteur* de cette conscience. La différence est pour partie une question d'accent, de conceptions divergentes sur ce qu'il est le plus urgent d'expliquer.

[121] Voir Lukes (S.), *Power : A Radical View*, 1974.

[122] Klare, « Judicial Deradicalization of the Wagner Act and Modern Legal Consciousness, 1937-1941, in *Minnesota Law Review*, Vol.62, 1978, p.265 et suiv.

ultérieure. Ou, si vous préférez, destinée à coopter une interprétation modérément réformiste.[123] Dans la mesure où le compte rendu de Klare dit que la vision radicale a été corrompue, la critique a quelque prise. Cependant le problème principal avec cette critique est qu'elle prend pour acquise la conception d'une trajectoire unique du changement historique; elle suppose que les choses doivent évoluer en suivant leur rail de départ. Dans le cas de la législation, le tracé de cette trajectoire est quelquefois identifié par une méthode curieusement formaliste comme « l'intention » du législateur agissant comme si cette construction juridique avait à la fois une substance définie et la possibilité de prétendre de façon privilégiée à fixer le cours de l'histoire ! Cependant Klare situe le Wagner Act à la jonction d'une myriade de piste de départ potentielles – certaines pourraient s'identifier aux programmes de leaders syndicaux de l'époque, d'autres aux expériences des mouvements de travailleurs ailleurs, et d'autres encore aux modèles « corporatistes » pratiqués dans les grands pays européens et dans certaines industries américaines – et montre ensuite comment les décisions de la Cour Suprême, informées par la conscience générale d'après-guerre, largement partagées, sur comment assurer les conditions de la « paix dans l'industrie », a aidé systématiquement la société à privilégier une voie parmi tous les chemins possibles.[124]

Les critiques partielles s'attaquent aux deux déterminismes fonctionnaliste et évolutionniste essentiellement en brandissant des contre-exemples tirés du réalisme juridique et du mouvement Droit et Société dans le cas du fonctionnalisme (en pratique, l'effet du droit varie considérablement en fonction des différences de politique de pouvoir, de

---

[123] Comment, « The Radical Potential of the Wagner Act : The Duty to Bargain Collectively, in *University of Pennsylvania Law Review*, Vol.129, 1981, p.1392 et suiv.

[124] Une autre question, distincte, soulevée par cet article est de savoir si les décisions de la Cour Suprême révèlent véritablement une part importante de l' « histoire des relations du travail : ces diktats mandarinaux ne seraient-ils pas totalement éloignés du monde « réel » des luttes du travail ? J'essaierai de traiter le problème en termes généraux, voir notes 127-40 *infra* ; pour le moment, je préciserai simplement que Klare ne prétendrait pas avoir fait autre chose que d'explorer une contribution fragmentaire à la formation des modes conventionnels de pensée parmi les élites à propos du « problème du travail ». Les juges de la Cour Suprême ont emprunté quelques-uns des aspects de la mentalité qui prévalait à leur époque et les ont ainsi solidifiés en exemple par leur autorité. Avec des centaines d'autres actes formateurs de conscience, ceux-ci ont fixé le programme adopté par de nombreux décideurs de cette génération, concernant les façons de traiter les questions relatives au travail. Si l'on voulait étendre le travail de Klare, on pourrait rechercher d'autres manifestations de la mentalité qu'il décrit à la Cour dans le cadre d'autres institutions et rechercher mêmement les mentalités opposées ou déviantes. Kelman, « Trashing », in *Stanford Law Review*, Vol.36, 1984, p.293 recèle une sociologie spéculative de valeur sur la doctrine juridique de haut niveau.

prédisposition culturelle à l'accepter, de force de la coutume locale, etc...) et de l'historiographie comparative pour ce qui est de l'évolutionnisme (il existe différents chemins de développement et de réponse juridique ; en fait, les variations en matière de chemin de développement sont en partie fonction des variations en matière juridique). Envisagées globalement ces critiques partielles aboutiront à la proposition que lorsque vous situez le droit dans le contexte social, il varie avec les variations dans ce contexte. Quelques écrits représentants des C.L.S. parmi les plus originaux et les plus forts, cependant, font un pas de plus dans l'affirmation de la relation indéterminée du droit par rapport à la vie sociale. Le même corpus juridique, dans le même contexte, peut toujours conduire à des résultats contraires parce que le droit est indéterminé en son noyau, à la base et pas seulement dans ses applications. Cette indétermination existe parce que les règles de droit dérivent de structures de la pensée, les construits collectifs de nombreux esprits, qui sont fondamentalement contradictoires. La théorie poursuit en disant que nous sommes constamment tiraillés entre notre besoin des autres et notre crainte vis-à-vis d'eux et que le droit est un des instruments culturels que nous inventons afin d'établir les conditions auxquelles nous pouvons nous réunir avec les autres sans détruire notre identité, notre liberté et nos vies. Une façon, donc, d'écrire l'histoire des systèmes juridiques est d'examiner les tentatives successives faites pour construire des structures qui faciliteront la bonne fusion et éviteront la mauvaise. On peut s'attendre à ce que de telles histoires présentent deux propriétés. Tout d'abord, parce que les structures sont souvent construites par les élites dominantes (avec, cependant, un support de ceux qui luttent du dessous), leur contenu sera idéologique, c'est-à-dire que leurs méthodes pour trier entre les bonnes et les mauvaises interactions seront affectées d'un préjugé en faveur des ordres existants. Ensuite et d'une plus grande importance, parce que la contradiction fondamentale entre le besoin de fusion et le besoin d'individualité n'a jamais été surmontée (et peut-être ne pourra jamais l'être ?), les structures juridiques représentent des médiations défaillantes et inhérentement instables de cette contradiction. Avec le temps, en conséquence, ces structures juridiques auront tendance à se délabrer et à s'écrouler.

Dans cette perspective, l'histoire juridique américaine, moderne est pour partie l'histoire de comment la toute dernière de ces grandes constructions culturelles, le « légalisme libéral » est apparu et a développé son propre ensemble caractéristiques de moyens de médiation (le principal d'entre eux étant la division de la vie sociale en une sphère privée d'individus co-contractants [ex. : « le marché »] et la sphère strictement délimitée pour la coercition collective constitutionnelle/démocratique ; [« l'Etat »]) ;

comment le construit a été purifié de ses éléments prélibéraux et a atteint son degré de raffinement le plus élevé à la fin du dix-neuvième siècle ; comment, parvenu ainsi à la perfection, il a commencé à se délabrer sous l'effet des attaques venues de l'extérieur et sous la pression de ses propres contradictions internes – nous laissant finalement là où nous en sommes maintenant, vivant dans ses ruines, ne croyant plus à ses pouvoirs de médiation et nous y accrochant cependant encore parce que nous n'avons rien trouvé pour le remplacer et modernes désespérés, doutant de pouvoir le faire un jour. La charpente générale de cette histoire sert à un nombre croissant d'histoires de corps particuliers de doctrine et de théorie juridiques dont chacune situe son ensemble original de règles et de principes au sein de la contradiction fondamentale et montre comment les essais pour surmonter la contradiction échouent l'un après l'autre.[125]

Le fil commun de ces histoires est l'observation que la contradiction offre pour la résolution de chaque cas une paire d'arguments assortis qui sont parfaitement plausibles l'un et l'autre dans la logique du système mais qui pointent dans des directions diamétralement opposées. Ceux qui gèrent le système juridique conservent l'impression que le droit est en réalité relativement ordonné et prévisible en recourant à un ensemble de procédés qui empêchent ces oppositions de devenir trop fortement évidente (même pour eux). Ils cataloguent certaines de ces oppositions comme « des anomalies et des exceptions ». Ils en font entrer d'autres dans des catégories distinctes (par exemple : droit et équité). Ils en excluent d'autres encore (la négociation capitaliste du salaire est invalide, au moins en période de taux de chômage élevé, parce que le marché a été conclu dans une situation de contrainte ; la clause d'égale protection interdit le rationnement des biens sociaux à l'aune de l'aptitude à payer)

---

[125] Kennedy, « The Structure of Blackstone's Commentaries », in *Buffalo Law Review*, Vol.28, 1979, p.205 et suiv. [Nd.t. : repr. in op. cit. supra note 101, p.3 et suiv.]. L'aventure pionnière dans cette direction peut être considérée comme ayant fondé toute une école. Voir, par exemple, Kainen, « From Vested to Substantive Rights », in *Buffalo Law Review*, Vol.31, 1982 ; Olsen, « The Family and the Market : A Study of Ideology and Legal Reform », in *Harvard Law Review*, Vol.96, 1983, p.1497 ; Singer, « The Legal Rights Debate in Analytical Jurisprudence from Bentham to Hohfeld », in *Wisconsin Law Review*, 1982, p.975 et suiv. ; Vandevelde, « The New Property of the Nineteenth Century : The Development of the Modern Concept of Property », in *Buffalo Law Review*, Vol.29, 1980, p.325 et suiv.; Note, « Tortious Interference with Contractual Relations in the Nineteenth Century : The Transformation of Property, Contract and Tort », in *Harvard Law Review*, Vol.93, 1983, p.1510 et suiv.
Pour ceux qui ne seraient pas familiers avec la méthode, je signale un travail qui constitue une introduction notable pour sa lucidité et sa clarté de ligne : l'essai d'Elizabeth Mensch sur le droit des contrats comme médiateur entre les désirs contradictoires de promotion de la liberté d'action et de garantie de la sécurité dans les attentes. Voir Mensch, *op. cit. supra* note 53.

en séparant le droit de la politique ou simplement par diktat idéologique, arbitraire (les interprétations de règles qui altèreraient par trop le *statu quo* sont mauvaises en soi). Cependant, ces mécanismes d'escamotage sont sujets à des tensions qui éventuellement les font craquer. Les ennemis du *statu quo* dénoncent les inventions idéologiques à l'évidence pour ce qu'elles sont et développent des arguments fondés sur les contre-possibilités utopiques du système. (« La liberté contractuelle » telle qu'elle fonctionne n'est que la règle du plus fort ; les contrats ne peuvent pas être réellement libres, s'ils ne sont pas souscrits par des parties qui ont le « même pouvoir de marchandage » ; en conséquence, les normes de « la liberté contractuelle » exigent des schèmes régulateurs, rendant égales les capacités de marchandage.) Des avocats et des juges ordinaires, qui n'ont aucun désir de détruire le système, mettent à nu ces contradictions dans des contre-arguments ou des opinions dissidentes. Et les juristes, dont l'ambition principale est de justifier le système – en montrant combien il est clair et ordonné en son fond, finissent par si bien l'exposer que ses défaut apparaissent en pleine lumière[126].

Toute personne qui en est venue à adopter cette approche a laissé le fonctionnalisme loin derrière elle. En effet, s'il s'avère exact que le droit est fondé sur des contradictions, il ne peut pas être également vrai que n'importe quelle forme juridique distincte répond aux exigences d'un ensemble particulier de pratiques sociales ou en est la condition. Et, en fait, l'une des habiletés que les fans de cette méthode ont développées démesurément consiste à avancer, chaque fois que quelqu'un affirme une relation fonctionnelle entre une règle juridique et une pratique sociale, l'assertion standard, contraire, assortie de contre-exemples, défendant la négation même de cette relation.

V. Critique des C.L.S. : Quelques points de controverse

L'une des tristes vérités à propos des CLS semble généralement être que leurs tenants, bien que nombre d'entre eux s'efforcent vigoureusement à écrire sans jargonner, ont, pour l'essentiel, échoué à communiquer leurs idées assez clairement pour s'attirer une bonne dose de critique pertinente de la part d'opposants extérieurs. La plupart des controverses

[126] Il serait incompatible avec la tendance des représentants des CLS à relativiser toutes les histoires, qu'ils prétendent à un statut privilégié pour la leur et ils ne le font pas. Il est à supposer que cette histoire est aussi liée à l'époque dans ses hypothèses et aussi sujette à être remplacée par d'autres histoires plus convaincantes comme tout autre compte-rendu historique.

intéressantes, dont j'ai eu connaissance, se sont déroulées au sein même des C.L.S., entre gens qui se considèrent comme faisant partie du mouvement. Je consacrerai l'espace restant ici à un bref compte rendu de certaines de ces controverses et j'introduirai ici et là des remarques pour indiquer où je me situe par rapport à elles. Ces débats tendent à tourner autour de la validité de l'approche décrite au paragraphe précédent : l'histoire du droit comme histoire intellectuelle de l'émergence et de la disparition de structures de pensée paradigmatiques, destinées à surmonter les contradictions.[127] Ce type particulier d'histoire doctrinale est sûrement la contribution la mieux distinctive des C.L.S., en même temps que celle qui a été la plus débattue.

A) Argument n°1 : L'histoire de la DOCTRINE ? C'est le grand mouvement libérateur ? Sûrement vous plaisantez !

Cet argument est plus complexe qu'il n'y paraît au premier abord et, en général, il s'avère recouvrir plusieurs thèses différentes :
(1) « Vous ne faites que de l'histoire des idées ; ce qu'il nous faut, c'est l'histoire des effets du droit sur les vrais comportements dans le monde réel. » Je pense que ce point a été déjà suffisamment examiné : c'est une autre version de la fausse dichotomie droit/société. L' « économie » n'est pas plus « réelle » que les « idées juridiques ». C'est un asssemblage de conventions dans lequel les « idées juridiques » telles que la propriété, le contrat, les promesses, l'obligation fiduciaire et l'argent lui-même constituent des éléments et des propagateurs indispensables.
(2) « Mais à supposer que vous ayez raison, que le Matériel soit inextricablement mélangé à l'Idéal, toute cette histoire doctrinale n'est-elle pas encore excessivement idéaliste ? Ne serait-ce qu'une chose : elle semble si abstraite et sans vie, tellement éloignée du monde de l'expérience sociale, concrète. Et puis, la méthode donne l'impression que l'histoire de ces structures intellectuelles, juridiques a été d'une certaine façon auto-déterminante – comme si les structures émergeaient et disparaissaient en raison de quelque dynamique interne, objective sans rapport avec le monde de la lutte sociale ou même avec des gens réels

[127] A nouveau, ce n'est pas la seule façon qu'ont les C.L.S. d'écrire l'histoire. Tout type de comportement des C.L.S., limité ou plus répandu, que j'ai mentionné dans cet article a des défenseurs et des adhérents et le principal rival de l'approche-histoire-intellectuelle-des contradictions-doctrinales est probablement l'exposé histoire-de-la–base-au-sommet des groupes opprimés luttant contre les versions du droit de la classe dominante et pour leurs propres thèses, inspiré principalement par l'exemple brillant de l'oeuvre de E. P. Thompson. Voir Thompson (E. P.), *The Making of the English Working Class*, 1963 ; Thompson (E. P.), *op. cit. supra* note 88.

quels qu'ils soient. N'est-ce pas simplement substituer un nouvel ensemble de déterminismes évolutionnistes à l'évolutionnisme social qui est rejeté ? »

Cet argument est troublant, bien qu'il porte peut-être davantage sur l'apparence que sur le fond. Il est vrai, selon moi, que le type d'histoire structuraliste que certains représentants des C.L.S. ont écrit, donne l'impression que ces structures impersonnelles ont leur vie propre et que les êtres humains sont esclaves des besoins de ce cycle de vie, construisant et démolissant selon ce que dicte l'Esprit du Monde. Cette apparence est tout à fait regrettable parce que je ne crois pas que ces critiques veulent séparer le cycle de vie de leurs structures des agents humains. Au contraire, ce qu'ils prétendent, c'est que les gens construisent ces systèmes pour satisfaire leurs besoins de coopération entre eux tout en se protégeant contre leur terreur mutuelle. Au fur et à mesure qu'ils construisent, les gens réifient, attribuant à leurs propres créations une force déterminante, impersonnelle (« la logique de la liberté contractuelle exige que les limites juridiques soient tracées strictement pour limiter le pouvoir de l'Etat d'interférer avec les conditions substantielles du marchandage »). Cependant les représentants des C.L.S., loin de croire que ces structures déterminent tout, passent tout leur temps à montrer combien elles sont indéterminées – comment elles conduisent toujours à des conséquences contradictoires. Ce que les structures « déterminent » n'est pas un ensemble particulier de conséquences sociales mais les catégories de pensée et de discours à l'intérieur desquelles le conflit politique va se jouer.

Si vous acceptez, ou tout au moins êtes prêt à écouter avec sympathie un moment cette défense de la méthode structuraliste, vous verrez pourquoi il serait difficile aux représentants des C.L.S. de faire ce que leurs opposants demandent – lier l'histoire de l'émergence et de la disparition des structures aux narrations de luttes sociales, particulières entre intérêts concrets. Les tenants des C.L.S. cherchent à décrire quelque chose qui transcende en partie l'intérêt concret parce que cette chose aide à créer l'univers conceptuel partagé par toutes les parties au conflit. L'enjeu de la lutte des parties est le pouvoir d'interpréter et de faire appliquer en leur faveur les implications (contradictoires) de l'ensemble commun de prémisses. Par exemple, parce que l'essentiel du travail réel pour élaborer les conditions de base du discours politique est fait par les personnes au sommet de la pyramide sociale, un historien serait capable, *dans une certaine mesure*, de dire l'histoire de l'émergence d'une structure en tant que tentative de l'élite pour rationaliser les privilèges de l'élite et l'histoire de sa disparition comme l'effondrement de l'Empire de la

Raison de l'élite assiégé par ses ennemis du bas. Ainsi, la pensée juridique « classique » à la fin du dix-neuvième siècle *était* la création de l'élite pour l'essentiel des personnages importants, des juges républicains ou conservateurs. Les critiques qui l'ont dénoncée comme idéologie *étaient* souvent issus de mouvements réformistes très à gauche par rapport à cette élite (du progressivisme urbain de gauche, du libéralisme universitaire de gauche, du populisme, de l'aile prônant la planification sociale du New Deal), qui exprimaient les intérêts et les programmes de classes et de groupes un peu plus bas dans la structure sociale. Néanmoins, comme cet exemple particulier le démontre vivement, une telle narration simpliste serait incomplète et fondamentalement trompeuse si elle faisait des membres de l'élite conservatrice les seuls architectes de la mystification idéologique et de leurs critiques de gauche ou des représentants des classes sociales inférieures les vrais porteurs de la vérité critique. Un tel compte rendu laisserait dans l'ombre la mesure dans laquelle les gauchistes et les classes sociales, inférieures *partageaient* les prémisses fondamentales de la structure idéologique. Et il ferait l'impasse sur le rôle que des membres de l'élite conservatrice ont joué – pensez au cas de Holmes, pas vraiment un réfomateur social – dans la démolition de cette structure.

Cependant les historiens structuralistes sont en partie blâmables pour la façon dont leur travail a été incompris. Ils écrivent parfois l'histoire des idées (« *Ideengeschichte* ») la plus sèche possible des concepts doctrinaux qui évoluent et se dissolvent à travers le temps, sans prêter assez attention aux applications qui ont été faites de ces doctrines dans le raisonnement pratique ordinaire ou aux controverses spécifiques et aux événements politiques qui ont soudain fait douter de ces doctrines. Les structuralistes répondraient à nouveau, je crois, qu'en raison de leur indétermination, on ne peut pas s'attendre à ce que les structures juridiques relaient de façon prévisible les intérêts d'une classe ou d'un groupe particulier. Ainsi, un auteur ne pourrait pas écrire l'histoire des structures dans le contexte des événements politiques de façon qui permette une narration cohérente. La doctrine de la « contrepartie » (« considération »), par exemple, joue un rôle dans la construction des structures du droit privé anglo-américain[128] mais il serait difficile d'attribuer les développements de la doctrine de façon vraiment convaincante aux intérêts politiques d'un côté ou de l'autre.[129] (Personne n'écrirait : les radicaux agrariens ont invité à la prise

---

[128] Sur « les fonctions latentes » de la contrepartie, voir, par exemple, Davis (D.), *The Problem of Slavery in the Age of Revolution*, 1975, p.1770-1823.

[129] Cela *ne* signifie *pas*, bien que les gens que j'ai appelés les désengagés le pensent, que la doctrine de la « contrepartie » n'a aucune importance sociale et devrait être traitée uniquement comme un échantillon d'ésotérisme juridique ; l'approche structuraliste dit que

de contrôle des banques par le peuple et à l'abolition immédiate de la règle de l'obligation pré-existante (« *Pre-existing Duty Rule* »). Il est possible de concéder ce point aux structuralistes et de leur demander néanmoins d'implanter leur histoire dans un contexte narratif qui fournirait au moins des *sujets* et des *circonstances* à la narration pour montrer que ce sont des êtres humains avec des motifs et des mobiles, non des Esprits désincarnés qui dirigent la fabrication des concepts juridiques : Qui a avancé quels arguments dans quelles circonstances et pourquoi ? Qu'est-ce qui a suscité les arguments ? Qu'est-ce qui a déstabilisé les conventions établies auparavant ?[130] Nous devrions avoir pour règle de style : aucune phrase sans un sujet ; aucun mouvement intellectuel qui n'ait sa raison – même si le sujet ou la raison particuliers peuvent parfois être anecdotiques par rapport aux grands thèmes de l'histoire de la conscience juridique.[131]

(3) « D'accord alors, je vois très bien pourquoi vous voulez écrire l'histoire du droit comme histoire de la conscience juridique et je pense même comprendre pourquoi vous pensez que, même si cette histoire est faite par des personnes réelles dans la vie sociale, elle peut être racontée sans faire référence aux pressions des intérêts immédiats. Cependant, ce que je ne saisis pas, c'est pourquoi vous choisissez d'écrire en premier lieu à propos de ces formes particulières de la conscience juridique – la jurisprudence et la littérature des traités, produite par les grands mandarins du système juridique. Après tout, votre théorie ne dit-elle pas

---

cela importe bien, non pas en soi, c'est bien certain, mais comme un morceau d'une structure, d'un code culturel complexe.

[130] Joseph Singer fait très bien cette contextualisation – par exemple, au milieu d'une histoire extrêmement abstraite de la théorie analytique moderne, il utilise le contexte du droit des injonctions pour montrer pourquoi il peut être important, en matière de travail, pour tout le monde que les « droits » impliquent ou non des « devoirs »corrélatifs (Singer, *op. cit. supra* note 125, p.989. Un modèle pour cette sorte d'approche à l'histoire des idées est fourni par Skinner (Q.), *The Foundations of Modern Political Thought*, 1978, qui examine des arguments anciens sur l'autorité, son exercice légitime, ses limites propres et les réparations pour leur violation, etc... à travers les crises et les controverses qui se sont succédées et dans lesquelles ces arguments ont été déployés, gauchis, déformés et finalement complètement remaniés par les stratégies des protagonistes.

[131] Quand je dis « sujets », il devrait être clair que je n'entends pas juste par là des sujets individuels ; les concepts juridiques sont élaborés collectivement et ceux qui les créent peuvent être des agents publics, des juges, des sous-cultures professionnelles ou intellectuelles, des idéologies de factions politiques, des associations de travailleurs, des groupes religieux, des présidents du Conseil de l'industrie lourde, des mouvements de masse ou d'autres collectifs dont l'existence a échappé à nos catégorisations limitées.

Je suis mal à l'aise avec cette formulation alors même que je l'énonce. Mon collègue Tom Heller a vigoureusement argumenté que mon attachement aux narrations avec sujets était l'expression d'une nostalgie envers un passé pré-structuraliste. Pour sa réaction dans le détail, voir Heller, « Structuralism and Critique », in *Stanford Law Review*, Vol.36, 1984, p.127 et suiv.

que tous ceux qui font partie de la société – et pas seulement les juristes et certainement pas seulement la doctrine et les juges d'appel produisent, appliquent et interprètent le « droit ». Et n'est-il pas, en conséquence, pervers de votre part de vous en tenir à l'oeuvre mandarinale chère aux plus réactionnaires des formalistes ? »

Ce n'est pas une critique facile à contrer mais pour commencer, je dirais que je n'ai jamais entendu un représentant des C.L.S. prétendre (à l'instar de ce que sont réputés avoir fait certains historiens du droit traditionnels), que les histoires écrites par les tenants des C.L.S. devraient se focaliser *exclusivement* sur l'oeuvre mandarinale. Cependant pour une pratique d'écriture de l'histoire qui ne fait que démarrer, le choix de ce matériau est sensé pour plusieurs raisons. Premièrement, la jurisprudence et les traités sont relativement disponibles. Ainsi vous n'avez pas à faire beaucoup de recherches préalables pour trouver le matériau auquel appliquer votre méthode et les nouveaux venus, vos étudiants par exemple, peuvent apprendre la méthode et boucler des travaux de recherche dans un temps raisonnable (Dans un domaine tel que le droit, qui ne leur donne pas un long temps pour faire leurs recherches et développer leurs idées, c'est un avantage réel.)

Deuxièmement, l'oeuvre mandarinale fait partie des artefacts les plus riches de la conscience juridique d'une société, étant composée des produits juridiques les plus élaborés et rationalisés, elle fournit une version de la conscience juridique exceptionnellement raffinée et concentrée. De plus, si vous parvenez à déchiffrer les codes de ces textes mandarinaux, vous vous serez en général ouvert un accès à une structure qui n'est pas du tout propre aux juristes mais qui est le prototype du langage qui se profile derrière les multiples dialectes de la société.[132] Pour prendre un exemple, la pensée juridique de l'élite à la fin du dix-neuvième siècle (parfois désignée comme la pensée juridique « classique ») présente un parallélisme frappant dans sa structure de base avec l'économie politique classique.[133] Autre exemple, les transformations dans la structure de la pensée juridique qui ont finalement conduit au Réalisme et à l'idéologie juridique de l'Etat administratif ont des analogies très proches dans l'émergence de l'économie institutionnelle.[134] Cependant la question cruciale est de savoir si étudier

---

[132] Tushnet (M.), *op. cit. supra* note 101 expose une telle construction.

[133] Voir Atiyah (P.), *op. cit. supra* note 53, p.660-69 ; Balbus, « Commodity Form and Legal Form : An Essay on the « Relative Autonomy » of the Law », in *Law and Society Review*, Vol.11, 1977, p.571 et suiv.

[134] Voir Heller, « The Political Economy of American Federalism », in Cappelletti (M.) (ed.), *European Integration in the Light of the American Federal Experience,* 1984.

la pensée juridique de l'élite ne vous permettra que d'accéder à d'autres dialectes de l'élite ou si cela vous aidera aussi à comprendre la langue vernaculaire, les formes courantes du discours juridique. Il faudrait beaucoup d'audace pour y répondre avec une forte assurance, parce que je connais très peu de tentatives faites à ce jour pour appliquer la méthode structuraliste au discours juridique au niveau des agents publics, des praticiens ou des législateurs privés, de rang inférieur mais il semble plausible de supposer que la méthode fonctionnerait aussi à ce niveau.[135] Mon intuition est que les études à la base révèleraient un tas de retombées – beaucoup d'idéologie mandarinale, reproduite dans des formes vulgarisées,[136] et sans doute aussi mélangée à une quantité d'éléments étrangers (comme les organisateurs du travail aux Etats-Unis au dix-neuvième siècle, par exemple, assimilèrent les idéologies dominantes de leur culture mais les combinèrent avec des éléments qu'on trouvait plus rarement au niveau des élites – religion évangélique, conceptions précapitalistes du travail, du temps et de la communauté –et avec quelques tendances solidaristes du socialisme européen.).[137]

En fait, ces effets peuvent ne pas être du tout des retombées mais plutôt la réfraction d'effets de re*montées* – c'est-à-dire que l'idéologie mandarinale peut ne représenter qu'une version formalisée, purifiée, raffinée d'une conscience dont les premiers producteurs se trouvent répartis dans toute la société. Si l'une ou l'autre de ces suppositions est, ne serait-ce qu'en partie, correcte, quel que soit le sens réel dans lequel s'exercent les influences, ceux qui s'intéressent à la conscience juridique, populaire feraient une grave erreur s'ils dédaignaient les études portant sur les élites.

---

[135] Voir, par exemple, Simon, « Legality, Bureaucracy and Class in the Welfare State », in *Yale Law Journal*, 1983 (analyse structurale originellement développée dans le contexte de la doctrine du droit privé, appliquée à l'étude des bureaucrates de rang inférieur de l'Etat providence) ; voir aussi Reid (J.), *Law for the Elephant : Property and Social Behavior on the Overland Trail*, 1980 (éléments de base des règles juridiques formelles de la propriété et des contrats intériorisées par le public et appliquées de façon routinière dans des contextes éloignés des agents publics et des cours ; Katz and Teitelbaum, « PINS Juridiction, the Vagueness Doctrine, and the Rule of Law », in *Indiana Law Journal*, Vol.53, 1977-78, p.1 et suiv. (traitement des mineurs délinquants) ; Weisberg, « Deregulating Death », in *Supreme Court Review*, 1983, p.303 et suiv. (l'argumentation des conseils face aux jurés dans les affaires où la peine de mort est en jeu).

[136] Le discours ordinaire des gens pratiques, selon la remarque célèbre de Keynes, se compose souvent largement de théories d'intellectuels morts depuis longtemps. (Keynes (J.), *General Theory of Employment, Interest and Money*, 1936.

[137] Voir, par exemple, Gutman (H.), *op. cit. supra* note 74, p.3-117 ; Montgomery (D.), *Beyond Equality : Labor and the Radical Republicans*, 1967, p.237-41.

Troisièmement, dans le contexte particulier des écoles de droit, il est stratégiquement sensé pour les représentants des C.L.S. de dépenser toute leur énergie à déconstruire l'oeuvre mandarinale, parce que leur méthode donne à chacun et à leurs étudiants des façons alternatives de penser le matériau même auquel les professeurs de droit se sont traditionnellement intéressés : les thèmes doctrinaux, centraux du programme de première année. Bien que le mouvement Droit et société ait essayé pendant des années de convaincre les professeurs de droit traditionnels que ces sujets centraux n'étaient « pas pertinents », parce qu'ils « n'avaient rien à voir avec le monde réel », ils ont eu peu d'impact sur ce qui s'enseigne et ce qui s'écrit dans les écoles de droit. Les représentants des C.L.S., par contre, se sont confrontés aux représentants de la doctrine traditionnelle sur leur propre terrain et ont, par là-même, suscité une fabuleuse bagarre. Mon pronostic cependant est que cette utilité stratégique ne durera pas beaucoup plus longtemps ; je crois que les forces de l'orthodoxie abandonneront leur terrain doctrinal, traditionnel aux représentants des C.L.S., en prétendant que « cela n'a rien à voir avec le monde réel ». Les arguments empiriques qui constituaient le trésor des réformateurs libéraux de gauche, lorsqu'ils essayaient d'exposer le fossé séparant les principes juridiques dans leur prétention théorique de haut vol et dans leur fonctionnement boîteux, se retrouveront de plus en plus dans la bouche des conservateurs déclarant qu'il n'y a « aucune preuve » que l'idéologie juridique de l'élite influence la « conduite » de quiconque. L'anti-intellectualisme ordinaire, l'affirmation que toutes ces querelles académiques à propos de la doctrine sont sans aucun doute fascinantes pour les Rapunzel dans leur tour d'ivoire mais qu'elles n'ont rien à voir avec les tâches pratiques des juristes, sera également adopté par ces conservateurs. Quand cela arrivera, les représentants des C.L.S. auront à trouver de nouvelles façons de faire comprendre au gros des juristes, l'historicité et la nature idéologique de ses manières habituelles de penser et cette nécessité conduira les représentants des C.L.S. à tenter de décoder le langage vernaculaire.

Ils devraient le faire de toute façon. J'aime le travail que les historiens de la doctrine, représentants des C.L.S., font. Je pense qu'il se situe parmi les oeuvres intellectuelles les plus excitantes qui soient faites où que ce soit et qu'il a révolutionné notre conception de notre passé juridique. Cependant, je crois aussi que, tout comme le mode narratif de l'histoire des idées dans les C.L.S. a conduit les lecteurs à se méprendre en supposant que les tenants des C.L.S. avaient mordu à l'idéalisme des formalistes d'antan, qui pensaient que les idées juridiques ne faisaient qu' « évoluer » selon quelque mystérieuse dynamique interne, leur focalisation sur les productions mandarinales induit les lecteurs à imaginer que les représentants des C.L.S. sont pris au piège de la croyance formaliste d'autrefois, selon laquelle le matériau juridique spécialisé, séparé-de-la-politique *est* le droit. Je prétends – et j'espère que cet article aura été persuasif à cet égard – que les tenants de C.L.S. ne conçoivent pas du tout le droit ainsi. Comme E. P. Thompson l'a dit à propos de son propre travail :

> « J'ai découvert que le droit ne s'en tient pas poliment à un « niveau » mais qu'il se retrouve à *tous* les niveaux ; il est impliqué dans le monde de la production et dans les relations de production elles-mêmes (telles que les droits de propriété, la définition des pratiques agricoles) et il est simultanément présent dans la philosophie de Locke ; il pénètre brusquement des catégories étrangères, réapparaît en perruque et en robe sous forme d'idéologie ; il dance un cotillon avec la religion, moralise sur le théatre de Tyburn ; il est un bras de la politique et la politique est un de ses bras ; il est une discipline académique, sujette aux rigueurs de sa propre logique autonome ; il contribue à la définition de l'identité propre des gouvernants et des gouvernés ; par-dessus tout, il se fait l'arène de la lutte des classes à l'intérieur de laquelle des notions alternatives du droit se combattent jusqu'à ce qu'elles s'éliminent. »[138]

Les élites spécialisées peuvent exercer une influence disproportionnée sur la fabrication des formes qui interviennent dans la constitution des relations juridiques mais les formes sont façonnées, reproduites et modifiées pour des buts spécifiques par chacun, à chaque niveau, tout le temps. Les représentants des C.L.S. ne percevront pas cela s'ils ne changent pas leur focalisation.[139]

---

[138] Thompson (E. P.), *The Poverty of Theory*, 1978, p.96

[139] Quelques exemples de ce que la recherche sur la conscience juridique à la base pourrait produire sont déjà disponibles. L'étude de Leon Litwack sur les relations des planteurs du Sud avec leurs esclaves qui venaient d'être émancipés après la Guerre civile contient une richesse de preuves sur comment à la fois les planteurs et les hommes libérés pensaient la « liberté », la « propriété » et le « contrat » et sur comment ils tentaient de mettre en pratique leurs idées. Par exemple, Litwack décrit, de façon très détaillée, les types de contrats que les planteurs utilisaient pour lier leurs hommes affranchis à la terre, sur comment les planteurs, les affranchis, les juridictions locales et le Bureau de affranchis interprétaient ces contrats et sur ce que l'on pensait de ces contrats de part et d'autre. Il montre, en bref, les relations socio-juridiques du contrat de travail dans l'acte même de leur fabrication (Litwack, *Been in the Storm So Long : the Aftermath of Slavery*, 1979, p.336-449. L'étude de William Sewall sur les mouvements français des travailleurs au début du dix-neuvième siècle montre comment les travailleurs français ont transposé de l'Ancien Régime différentes idées sur les « corporations » de travail fondées sur un sens de communauté de talents et comment, dans les convulsions des crises économiques et juridiques successives, les mouvements post-

Il y a déjà des signes qu'un tel travail est fait au sein des C.L.S.[140] et il ne fait aucun doute qu'il y en a plus à venir. Plus il y en a de fait, mieux c'est, *non pas* parce que la conscience des travailleurs et la conscience des affranchis sont d'une certaine manière plus « réelles » que la conscience de Samuel Williston (cette croyance est une sentimentalisation qui obscurcit la mesure dans laquelle la conscience de tous ces gens jaillit des mêmes racines culturelles) mais parce que nous ne comprendrons jamais l'emprise des forces juridiques sur nos esprits si nous ne les voyons pas fonctionner très près, dans les situations les plus ordinaires.

B) Argument n°2 : Les critiques qui font de l'histoire-intellectuelle-sur-les-structures-doctrinales n'ont pas de théorie des relations causales entre un changement juridique, doctrinal et les autres changements sociaux, si ce n'est leur affirmation que les contradictions à l'intérieur des structures juridiques rendent de telles relations totalement indéterminées. Cependant cette prétention à l'indétermination est sûrement exagérée –

---

révolutionnaires ont converti les idées traditionnelles en idéologies, républicaine, puis révolutionnaire. C'est, en réalité, une étude du contenu socio-idéologique de la forme juridique de la « corporation » sous un angle nouveau, l'angle de ceux qui empruntaient certaines formes et pratiques de ceux qui les gouvernaient mais les refaçonnaient et les combinaient avec les leurs pour servir leurs propres buts et leur vision particulière de leur situation. (Sewall (W.), *Work and Revolution in France : The language of Labor from the Old Regime to 1848*,1980. Et l'étude extraordinaire de Michael Burawoy en tant qu'observateur participant dans une usine de l'industrie moderne présente, dans leurs moindres détails, les processus qui engagent le consentement et la loyauté des travailleurs envers la façon dont le lieu de travail est géré. L'un des nombreux ensembles de tels processus est ce qu'il appelle l' « Etat interne », l'équivalent interne à l'entreprise (la gestion des litiges et la négociation collective) du règne du droit (« *rule of law* ») dans la société plus large – des institutions apparemment impersonnelles à travers lesquelles les travailleurs se voient attribuer une part limitée dans le gouvernement et aux règles desquelles tous les « citoyens » de l'entreprise, travailleurs et dirigeants, sont tenus pareillement d'adhérer pour le bien commun (Burawoy (M.), *Manufacturing Consent : Changes in the Labor Process Under Monopoly Capitalism*, 1979, p.109-20.

[140] Kennedy (D.), *Legal Education and the Reproduction of Hierarchy : A Polemic Against the System*, 1983, par exemple, est une anthropologie polémique, brillamment décrite sur la micro-société des écoles de droit aux Etats-Unis, qui prétend que les modes hiérarchiques de la micro-société reproduisent et par-là même renforcent des modèles de hiérarchie structurés de façon similaire dans d'autres « cellules » sociales. Mensch (Elizabeth), « The Colonial Origins of Liberal Property Rights », in *Buffalo Law Review*, Vol.31, 1982, p.635 et suiv. est une étude des applications pratiques des idéologies en matière de relations de propriété juridique à tous les niveaux de la société coloniale new-yorkaise, du niveau le plus élevé et le plus abstrait de la théorie politique, générale aux contextes les plus ordinaires des débats juridico-politiques, en passant par la doctrine juridique mandarinale.

il existe beaucoup de régularité dans les relations socio-juridiques.

Cet argument doit être un peu fragmenté pour pouvoir y répondre. Je pense que, à ce stade, la réponse peut être très courte, parce que j'y ai déjà beaucoup répondu. Il est vrai que, par exemple, les représentants des C.L.S. n'ont pas produit une analyse suivant les lignes des historiens formalistes, traditionnels ou du marxisme occidental qui relie les changements dans le système juridique aux changements dans l'économie. Rappelez-vous : toute la thèse de la critique du mouvement des C.L.S. n'est pas que l' « économie » n'est pas quelque chose de séparé du « droit » qui réagit sur le droit et subit des réactions en retour ; l'idée de leur séparation est une hallucination provoquée par la réification libérale de l' « Etat » et du « marché » (ou du « public » et du « privé ») en entités distinctes. Parce que l'économie est en partie faite de relations juridiques, les histoires du droit et de l'économie ne sont pas les histoires d'entités séparées et en interaction mais simplement différentes tranches d'intersection, découpées au sein d'un même tissu organique. De nouveau, si les tenants des C.L.S. veulent être convaincants sur ce point, ils vont devoir se mettre à faire porter leurs narrations sur les usages du droit à la base.

L'autre argument repose, je crois, sur une incompréhension de ce que les représentants de C.L.S. entendent par indétermination. Il ne s'agit pas pour eux de dire – bien que quelquefois ils en aient l'air – qu'il n'y a jamais de relations causales, prévisibles entre les formes juridiques et quoi que ce soit d'autre. Comme je l'ai défendu plus haut dans ce article, il existe plein de régularités stables à court et moyen terme dans la vie sociale ; y compris des régularités dans l'interprétation et dans l'application des règles juridiques dans des contextes donnés. Les avocats sont occupés, en fait, à faire des prédictions pour leurs clients sur le fondement de telles régularités. La prétention des tenants des C.L.S. quant à l'indétermination consiste simplement à affirmer qu'aucune de ces régularités n'est une conséquence *nécessaire* de l'adoption d'un régime de règles donné. Le système de règles pourrait aussi bien avoir généré un ensemble différent de conventions stabilisatrices, conduisant aux résultats diamétralement opposés et peut, à l'occasion d'un changement de direction des vents politiques, se mettre à soutenir brusquement, n'importe quand, les conventions opposées.

VI. Conclusion

A l'issue de cette visite guidée, que dire de la contribution des historiens, représentants des C.L.S. ? Peut-être ceci : qu'ils ont contribué puissamment à la critique de la conception fonctionnaliste, évolutionniste qui a si longtemps été prédominante dans les études juridiques et qu'ils ont produit leur propre variété distincte et stimulante d'histoire de la doctrine et enseigné avec succès à d'autres comment appliquer leur méthode. Les tenants des C.L.S. ont encore un long chemin à faire avant de pouvoir réaliser les promesses les plus éclatantes de leur programme : rendre compte dans des descriptions denses de la façon dont le droit est impliqué dans les pratiques de la vie sociale les plus routinières et participe à leur structuration. Mais ils s'y essaient et ils en arrivent là.

Robert W. Gordon* « Préface : L'arrivée de l'historicisme critique » Préface au Symposium « The Critical Use of History » (« L'usage critique de l'histoire »)

(trad. de Robert W. Gordon, « Foreword : The Arrival of Critical Historicism », Symposium : The Critical Use of History, in *Stanford Law Review*, Vol.49, 1997, p.1023-1029.)

* Professeur de droit, Titulaire de la chaire Johnston à l'Université de Yale.

Ce symposium marque un évènement significatif : la reconnaissance de l' « histoire critique » comme catégorie de la pratique intellectuelle concernant le droit, comme ambassadrice, accréditée par d'Autres Genres, auprès de la Cité du Droit.

Pourquoi cela constitue-t-il une nouvelle ? Après tout, les juristes ont reconnu l'histoire depuis des siècles et l'ont utilisée dans leurs arguments, dans leurs justifications, dans leurs rationalisations. Cependant, dans la plupart des cas, les juristes ne l'emploient pas d'une manière qu'on pourrait qualifier de « critique », quel que soit le sens qu'on donne à ce terme. Pour les juristes, le passé est essentiellement une source d'autorité – si nous l'interprétons correctement, il nous dira comment nous conduire maintenant. L'histoire n'est pas seulement source d'autorité mais de légitimité : elle nous assure que ce que nous faisons aujourd'hui découle naturellement de notre passé par le biais des précédents, des traditions, de la fidélité aux textes constitutionnels et législatifs et à leur signification.

En puisant l'autorité et la légitimité dans l'expérience historique, les juristes abordent le passé à la fois de façon statique et dynamique. Du point de vue statique, ils traitent le passé comme existant sur un plan horizontal. Du point de vue dynamique, les juristes reconnaissent le changement historique mais établissent des liens entre le passé et le présent à travers les histoires qui les intègrent l'un à l'autre dans une narration rassurante de continuité. Dans la pratique juridique américaine, l'approche dynamique emprunte habituellement des narrations de relèvement, de progrès (l'histoire des Whigs) ou des narrations téléologiques. Une narration de relèvement, qui s'accompagne de jérémidades sur les défaillances et les corruptions récentes, présente un système juridique comme prêt à renouer avec la pureté de ses principes d'origine. Par contraste, une narration de progrès perçoit le système juridique comme obéissant à un processus de transformation historique sur le long terme – par exemple du féodalisme au capitalisme libéral, du statut au contrat, de la subordination à l'égalité. Enfin, une narration téléologique montre les formes juridiques se purifiant à travers le temps pour révéler le principe immanent qui en constitue le coeur.

Certains arguments au sein de ces modes juridiques, conventionnels sont nécessairement « critiques » au sens qu'ils cherchent à saper l'autorité et la légitimité de pratiques juridiques, de précédents ou d'interprétations bien établis. Souvenez-vous, par exemple, de la dénonciation de grande ampleur, portée par les juristes révolutionnaires, américains contre l'essentiel des réalisations juridiques, anglaises, en tant qu'elles auraient été une version corrompue, sous l'influence du droit canon et du droit féodal, de l'ancienne constitution anglo-saxonne.[1] Pensez à la condamnation par les originalistes, conservateurs de ce temps de pratiquement toute la jurisprudence constitutionnelle depuis John Marshall à ce jour en tant qu'elle serait une usurpation du pouvoir des majorités.[2] De façon moins dramatique, les juristes parlent de manière critique à chaque fois qu'ils prétendent qu'une pratique juridique, ancienne, un précédent bien établi ou une interprétation couramment admise devrait faire l'objet d'un abandon en raison d'une obsolescence due au changement de circonstances ou de valeurs.[3] De tels mouvements critiques se placent le plus souvent sous la bannière d'un discours protecteur plus général qui nous assure que nous nous inscrivons dans un processus de devenir historique qui préserve la continuité avec le meilleur du passé et en rejette les impuretés.

---

[1] Voir, par exemple, Adams (John), « A Dissertation on the Canon and Feudal Law », N°1-4, in Taylor (Robert J.), Kline (Mary-Jo) and Lint (Gregg L.) (eds.), *Papers of John Adams*, 1977, p.111 et suiv., à p.111-28.

[2] Voir, par exemple, Bork (Robert), *The Tempting of America : The Politcal Seduction of Law*, 1990, p.20-28.

[3] Voir, par exemple, *Brown v. Board of Education*, 347 U.S. 483 (1954), à p.492-93 (revenant sur l'interprétation du Quatorzième amendement dans l'affaire *Plessy v. Ferguson* qui permettait aux Etats d'instituer une éducation « séparée mais égale » pour les élèves de race noire et les élèves de race blanche et la déclarant obsolète parce que la signification de la scolarisation avait changé.

Quelle est donc cette « histoire critique » dont ce symposium célèbre l'arrivée dans le domaine du droit ? Je dirais que c'est une approche du passé qui produit des remous dans le champ juridique – qui inverse ou embrouille les narrations familières de stase, de guérison ou de progrès ; tout ce qui avance des perspectives rivales (telles que celles des perdants plutôt que des gagnants) pour rendre compte des développements ou qui suppose des trajectoires autres qui auraient pu produire un présent très différent – en bref, toute approche qui perturbe les stratégies habituelles que nous utilisons pour dompter le passé de façon à normaliser le présent.

S'exposer à l'historicisme critique, c'est comme aller vivre dans un pays étranger. Quiconque vit dans une culture autre que la sienne peut toujours trouver des moyens de le faire qui confirment et renforcent ses croyances et ses identités établies. A Bangkok, vous pouvez résider au Hilton et ne manger que dans les McDonald. Vous pouvez scruter la culture étrangère pour y rechercher tous les signes qui semblent la rendre identique à la vôtre – découvrant partout « le calcul rationnel de l'intérêt personnel » ou « le racisme et le patriarcat ». Ou bien vous pouvez vous intéresser, au contraire, aux différences qui en font le caractère autre, à ses qualités « pré-modernes », barbares ou exotiques en opposition auxquelles notre propre culture s'est définie ou qu'elle prétend avoir bien enterré dans un passé révolu. Mais, à la longue, de telles stratégies de réassurance tendent à se dégrader : voir que les gens prennent totalement pour acquises des choses qui, à vos yeux, sont étranges, finit par attaquer votre idée de ce que c'est qu'une personne ordinaire, humaine, réelle et vous amène à imaginer la contingence et la construction des identités – toutes les influences qui doivent avoir contribué à constituer la culture qui vous a fait.

Virtuellement toute l'histoire, telle que la pratiquent les historiens modernes, s'avère, dans une certaine mesure, critique lorsqu'on l'introduit dans le discours juridique, parce que ses finalités et ses hypothèses de travail sont si souvent en conflit avec celles des juristes. Les communications présentées dans le cadre de ce symposium et en particulier celles de William Fisher et de Jack Rakove, illustrent certains de ces conflits.[4] Les juristes sont monistes, les historiens pluralistes – c'est-à-dire que les juristes désirent trouver une seule signification qui

[4] Voir, en général, Fisher III (William W.), « Texts and Contexts : The Application to American Legal History of the Methodologies of Intellectual History », in *Stanford Law Review*, Vol.49, 1997, p.1065-1110 [N.d.t. : texte traduit *infra* p. °] ; Rakove (Jack N.), « Origins of Judicial Review : A Plea for a New Subject », in *ibid.*, p.1031 [N.d.t. : texte traduit *infra* p. 175 et suiv.].

fasse autorité d'un acte ou d'une pratique du passé, alors que les historiens sont en quête de significations plurielles, contestées ou ambiguës. Les juristes sont ouvertement présentistes : ils veulent importer des pratiques passées dans le présent pour les mettre au service de finalités présentes, alors que les historiens considèrent l'obsession du présent comme un péché. « Ce qui intéresse les historiens, c'est le passé mort ; un passé différent du présent. La *differentia* de ce passé historique repose dans ses disparités par rapport à ce qui est contemporain. »[5]

Les historiens engagés dans la contextualisation des pratiques passées vont, comme le dit Fisher, mettre l'accent sur toutes les manières dont leur signification dépend des conditions matérielles, des systèmes symboliques et des hypothèses tacites dans lesquelles elles s'inscrivent. Par exemple, la « liberté » (« *liberty* ») au dix-huitième siècle présupposait un monde dans lequel les esclaves ou les serviteurs domestiques ou les apprentis et les femmes accomplissaient les tâches serviles libérant le maître de maison pour sa participation à la politique ou pour l'exploitation d'occasions économiques nouvelles ; la liberté d'un petit nombre reposant sur la subordination de la multitude. En même temps, la « liberté » présupposait plus, plutôt que moins d'égalité que dans le présent, parce que la propriété était divisée à peu près également entre ceux qui avaient le droit de vote. L'égalité républicaine empêchait la corruption des faibles par la domination des forts. Finalement, la « liberté », à cette époque, n'avait aucune des connotations de ce qui allait venir plus tard, une liberté (« *freedom* ») abstraite de faire comme on veut. Au lieu de cela, la liberté (« *liberty* ») se distinguait de la « license » ; la liberté était à la fois sujette aux restrictions juridiques et constituée par elles.[6]

Les juristes se préoccupent de trouver des continuités entre le passé et le présent, alors que les historiens employant ce que Fisher décrit comme les approches « contextualistes » ou « structuralistes », vont souligner les ruptures, les grands changements épistémiques dans les façons qu'ont les acteurs sociaux de construire leurs mondes.[7]

---

[5] Oateshott (Michael), *Experience and Its Modes*, 1933, p.106 (repr. photographique, 1966).
[6] Sur la liberté au dix-huitième siècle, voir, en général, Morgan (Edmund S.), *American Slavery, American Freedom : The Ordeal in Colonial Virginia*, 1975, p.295-387 ; Reid (John Philip), *The Concept of Liberty in the Age of the American Revolution*, 1988 ; Wood (Gordon), *The Radicalism of the American Revolution*, 1992.
[7] Fisher, *op. cit. supra* note 4, à p.1067-68 (définissant les approches contextuelles et structuralistes).

Les juristes ont une réponse standard, tout au moins au départ assez plausible, aux critiques qui opposent les interprétations contextualisées, plurielles, faites de ruptures des textes passés aux interprétations « présentistes » des juristes. Nous, juristes, sommes conduits par des finalités différentes de celles des historiens ; notre travail est d'importer le passé dans le présent et de l'utiliser pour les fins d'aujourd'hui ; cette tâche est non moins importante et légitime que celle de l'histoire et elle emploie nécessairement des critères et des méthodes différents. Une forme particulièrement forte de cet argument a été récemment avancée par John Reid qui veut protéger les juristes des débuts de la modernité (« *early-modern lawyers* ») contre les accusations des historiens qui leur reprochent d'avoir « inventé » une ancienne constitution saxonne « fictive » et « mythique » comme dépositaire des libertés anglaises.[8] Reid entend nettement distinguer les entreprises des juristes de celles des historiens, en particulier des historiens modernes ; les juristes, dit-il, faisaient un autre type d'histoire, l'histoire des praticiens du droit pour les besoins de l'argumentation juridique :

> « L'histoire des praticiens du droit... cherche dans le passé des matériaux applicables aux problèmes actuels. Le but de l'avocat, à la différence de celui de l'historien, est d'utiliser le passé pour élucider le présent, pour résoudre un problème contemporain ou, le plus souvent, pour appuyer un argument. C'est le passé utilisé pour l'emporter à la barre. »[9]

Bien sûr, à un certain niveau, la réponse de Reid peut être juste sinon le passé ne pourrait jamais être invoqué pour un usage pratique dans le débat politique ou juridique contemporain ; et il est à peu près impossible d'imaginer le débat politique et juridique sans son invocation. *Tout* texte juridique est un artefact historique qui doit être amené dans le présent pour être appliqué ; à chaque application, il doit être arraché à son contexte précédent et utilisé de façon nouvelle, mis à contribution pour répondre à des situations souvent insoupçonnées de ses auteurs. Tout argument politique ou juridique important est un argument soit pour changer, soit pour conserver ou retrouver quelque chose du passé, qui, à son tour, s'appuie sur une narration de ce qui a été et de ce qui a (ou n'a pas) changé et pourquoi. Nous construisons souvent des argumentations comme celle-ci : « Il fut un temps où les familles restaient (ne restaient

---

[8] Reid (John Philip), « The Jurisprudence of Liberty : The Ancient Constitution in the Legal Historiography of the Seventeenth and Eighteenth Centuries », in Sandoz (Ellis) (ed.), *The Roots of Liberty : Magna Carta, Ancient Constitution, and the Anglo-American Tradition of Rule of Law*, 1993, p.147, à p.158.

[9] *ibid.*, p.167.

pas) unies et où les pères prenaient soin (ou ne prenaient pas soin) des enfants ; maintenant, par suite des valeurs de la contre-culture défendues par les juridictions, les media et la nouvelle classe d'intellectuels (les ébranlements sociaux et l'éthique de consommation favorisés par le capitalisme), les valeurs familiales ont été (n'ont pas) été ruinées ».

Cette réaction est d'autant plus facile pour les juristes qu'ils s'appuient sur les textes et les pratiques du passé en faisant usage de méthodes ou de critères qui sont formellement et profondément différents de ceux des autres disciplines – telle que la règle anglaise que les juristes, dans l'interprétation des lois doivent s'en tenir aux simples mots du texte et rejeter les preuves extrinsèques que pourraient fournir le contexte et l'intention, tels les débats au parlement,[10] ou la règle ancienne du « sens clair », excluant de la preuve les paroles et les actes des cocontractants qui n'ont pas trouvé place à l'intérieur de l'instrument écrit, pour interpréter la signification de ce sur quoi il se sont mis d'accord.[11] Les juristes travaillant sous un tel régime formel peuvent encore s'opposer sur la signification que les mots revêtaient mais, comme Fred Schauer l'a montré, les arguments qui ne portent que sur les mots prennent une forme très différente de ceux qui abordent le contexte du point de vue des buts ou des intentions originelles.[12] Les problèmes surgissent quand les juristes transgressent de telles limites évidemment artificielles, mises à leur mode d'investigation et commencent à imiter des modalités d'investigation plus libres, telles que celles des historiens ou à les emprunter : par exemple, s'ils commencent à se demander qu'est-ce que la clause des soustractions « signifiait réellement » pour les générations qui l'ont conçue, utilisée dans leur argumentation, façonnée et ratifiée. Ayant alors expressément adopté les buts et les méthodes de l'historien, ayant mélangé les genres et créé un chevauchement des champs, ils ouvrent une porte d'entrée aux tendances subversives de l'histoire critique.

Dans ce symposium, nous pouvons voir ce processus de subversion clairement à l'oeuvre dans l'essai de Jack Rakove. Rakove modestement se défend de toutes intentions critiques, autres que celles impliquées par l'engagement de l'historien professionnel s'attachant à scruter soigneusement les sources et à jeter un regard neuf sur les interprétations

---

[10] Voir Calamari (John D.) et Perillo (Joseph M.), *The Law of Contracts*, 3rd ed., 1987, p.166-67.

[11] Cette méthode prévaut encore devant les cours britanniques. Voir Nutting (Charles), « The Relevance of Legislative Intention Established by Extrinsic Evidence », in *2A Sutherland Statutory Construction*, 5th ed.,1991, p.689 et suiv., à p.689.

[12] Schauer (Frederick), *Playing by the Rules : A Philosophical Examination of Rule-Based Decision-Making in Law and Life*, 1991, p.218-21.

reçues.[13] Cependant, son article est potentiellement très perturbant quant aux manières qu'ont les juristes de concevoir leur monde. Il commence en suggérant de remettre *Marbury v. Madison*, le point d'origine mythique pour le pouvoir de contrôle de constitutionnalité sur les lois, à sa juste place, qui est celle d'un point négligeable sur une trajectoire longue, comportant des moments décisifs plus importants, venus bien avant lui.[14] Bien plus encore, l'article de Rakove prétend que, restauré dans son contexte original, le contrôle fédéral de constitutionnalité n'est pas principalement conçu comme une doctrine de séparation des pouvoirs mais comme une doctrine du fédéralisme : le contrôle de constitutionnalité (par les cours fédérales et les cours des Etats) était un mécanisme adopté pour protéger la suprématie fédérale contre l'action des Etats et ne fut adopté qu'après le rejet par la Convention du procédé du veto du Congrès qui avait la préférence de Madison.[15] Le problème posé par le contrôle de constitutionnalité ainsi réimaginé n'est pas tellement une « difficulté contre-majoritaire » à la manière dont les constitutionnalistes modernes l'ont perçu[16] mais de déterminer quel niveau de gouvernement, le Peuple lui ayant remis sa souveraineté, doit prévaloir. Enfin, Rakove déstabilise ce que les débats habituels sur le contrôle de constitutionnalité tiennent pour acquis et constant, la signification des termes les plus fondamentaux du débat : « législatif » (« *legislature* ») et « cour », des institutions qu'il décrit comme subissant une évolution rapide. Il se demande comment le rôle du juge est arrivé à un point où le judiciaire en est venu à être un candidat plausible pour un mécanisme de contrôle institutionnel, au lieu de n'être que celui qui préside aux décisions des jurys et les ratifient.[17] L'article s'inscrit dans une perspective que l'on retrouve partout dans l'oeuvre de Rakove, notamment dans son magistral *Original Meanings* (N.d.t. : « Significations d'origine »)[18], à savoir que les textes juridiques sont l'incarnation (« *embodiment* ») contingente, fragile et ambiguë de compromis politiques, momentanés dans un flux rapide de perceptions qui se modifient avec ce qu'expérimentent les acteurs sociaux et avec leurs bonnes ou mauvaises fortunes ; une perspective pour laquelle, à peine les mots ont-ils été lancés dans le monde dans une forme juridique, qu'ils servent à produire des conséquences qui amènent à leur

---

[13] Voir Rakove, *op. cit. supra* note 4, p.1031-34, .trad. *infra* p.175-180.
[14] Voir *ibid.*, à p.1041, trad. p.189.
[15] Voir *ibid.*, à p.1046., trad. p.195.
[16] Voir la formulation d'Alexandre Bickel, *The Least Dangerous Branch : The Supreme Court at the Bar of Politics*, 1962, p.16-23.
[17] Voir Rakove, *op. cit. supra* note 4, à p.1050-63, *trad.* infra p.202-220.
[18] id., *Original Meanings : Politics and Ideas in the Making of the Constitution*, 1996.

réévalutation et à leur réinterprétation.[19] Dès lors que nous sommes en présence de ce tourbillon d'une grande fluidité, composé de significations multiples, profondément controversées et rapidement reconsidérées, la notion selon laquelle nous pouvons nous saisir du construit qu'une faction a produit à un instant isolé dans le temps et le déclarer être valable pour tous les temps, cette « signification originale », devient complètement absurde.

Mais il serait très trompeur de laisser l'impression que la différence entre les histoires du droit conventionnelles et critiques est que les juristes orthodoxes inventent des continuités pour les besoins du présent, alors que les historiens critiques donnent l'image de discontinuités dans le passé, en contextualisant celui-ci. Tout d'abord, la pratique des historiens est, bien sûr, aussi orientée vers le présent, à sa façon, que celle des juristes et des juges, dans la leur.[20] Ensuite, plus immédiatement proche des buts présents, les juristes orthodoxes sont eux aussi engagés mais de manière plus sélective, dans l'établissement de discontinuités. L'un des principaux usages de l'histoire dans l'argumentation juridique est d'en reléguer les mauvais aspects, les aspects dont nous ne voulons plus ou dont nous n'avons plus besoin – le passé de l'esclavage et de la subordination des femmes, consacrés par le droit, par exemple – dans un passé totalement mort, révolu et abandonné. En réponse à cette utillisation de l'histoire, un historicisme critique révèle les traces de passé de ce type continuant à envahir le présent. Ainsi fait Reva Siegel, dans son article pour ce symposium.[21] Siegel décrit une espèce de régime juridique qui vise à la « conservation à travers la transformation », un régime qui discrédite et consigne aux poubelles de l'histoire les justifications anciennes données à l'inégalité de statut, tout en en inventant de nouvelles.[22] A la fin du dix-neuvième siècle, les tribunaux, qui ne pouvaient plus justifier qu'un mari batte sa femme ou s'approprie tous les gains acquis au cours de leur mariage comme incidents à ses droits de domination sur elle, affirmaient, au lieu de cela, que le système juridique ne pouvait pas intervenir (pour protéger l'épouse) dans le domaine privé de l'amour et de l'affection.[23] Les tribunaux privés de l'explication de la

[19] Voir, en général, *ibid.*

[20] Peter Novick apporte des preuves dramatiquement concrètes et détaillées de ce truisme en montrant comment des soucis actuels ont influencé l'agenda et les interprétations des historiens au long du siècle dernier. Voir Novick (Peter), *That Noble Dream : The « Objectivity » Question and the American Historical Profession*, 1988.

[21] Voir Siegel (Reva), « Why Equal Protection No Longer Portects : The Evolving Forms of Status-Enforcing State Action », in *Stanford Law Review*, Vol.49, 1997, p.1111.

[22] *ibid.*, à p.1113.

[23] *ibid.*, à p.1118.

subordination raciale par l'infériorité naturelle des noirs par rapport aux blancs, ont façonné des distinctions entre les droits «civiques», « politiques » et « sociaux » qui laissaient aux Etats la décision en matière de ségrégation raciale dans la sphère sociale (éducation, mariage, droit d'association dans les lieux publics). Récemment, après que le motif des « droits sociaux » pour l'apartheid se soit écroulé, les cours ont commencé à avancer que le mal dans la discrimination raciale se situe dans le « but discriminatoire » de l'Etat – un critère qui rend difficile pour les plaideurs de s'opposer à des pratiques sociales et gouvernementales facialement neutres mais qui, en réalité, aident à perpétuer l'inégalité raciale et qui, par contre (ironiquement), rend les attaques contre les mesures de discrimination positive, plus faciles.[24] Au fur et à mesure que les cours inventent de nouveaux motifs, elles leur imaginent de nouvelles origines fictives dans l'histoire et la tradition en affirmant, par exemple, que le mal dans l'esclavage et la ségrégation ne réside pas dans ce qu'elle sont des pratiques sociales, systématiques, de subordination de la race noire mais dans les classifications volontairement fondées sur la race, qui violent la norme de refus d'envisager la couleur. L'article d'historicisme critique présenté par Siegel, démolit ces continuités fictives ; mais il révèle, en même temps, des continuités plus profondes et plus troublantes – des pratiques continues de subordination, fondées sur la race ou le sexe, justifiées par le recours fréquent à des modes historiquement familiers de rhétorique juridique, nominalement réformistes, qui justifient les traces du passé mauvais en fournisssant des raisons nouvelles pour ne pas y toucher. *Plessy v. Ferguson*[25] n'est pas mort mais survit sous la forme de la doctrine du but discriminatoire.

Les défis que les travaux de Rakove et de Siegel illustrent, se multiplient et se généralisent dans les articles merveilleusement instructifs et éclairants de William Fisher et de Guyora Binder and Robert Weisberg, qui, ensemble, dressent le tableau d'une riche corne d'abondance, un véritable catalogue universel, de nouvelles approches du droit qui sont critiques au sens où j'ai utilisé ce terme. L'essentiel de l'histoire critique portant sur le droit, comme le souligne Fisher, emploie l'approche de la contextualisation.[26] Cependant ces auteurs signalent les corpus grandissants de travaux critiques, conduits sous d'autres modes également et, parmi eux, les formes d'histoire structuraliste, textualiste, d'historicisme nouveau et de critique culturelle. Ils fournissent des exemples détaillés de la façon dont elles peuvent être appliquées et dont

---

[24] *ibid.*, p.1130-31.

[25] 163 U.S. 537 (1896).

[26] Voir Fisher, *op. cit. supra* note 4, à p.1076 trad. *infra* p.125.

elles l'ont été pour produire des réinterprétations d'importance majeure de phénomènes appartenant au champ du droit. Ce qui est commun à nombre de ces approches, c'est qu'elles traitent le droit – entendu non pas seulement comme textes juridiques mais comme intruments, processus, rituels, interactions et discours juridiques – comme des artefacts culturels, des construits imaginés, historiquement contingents et perpétuellement contestés et renégociés. Soumis à ces modes de traitement, le droit apparaît comme « le moyen par lequel nous refaçonnons sans cesse à la base la société et [comme] l'un des supports de nos représentations et de nos critiques de ce que nous avons produit ».[27] Les intuitions que présentent ces travaux (quelquefois celles des auteurs eux-mêmes) sont beaucoup trop variées et compliquées pour que j'essaie de les résumer ici. Je me contenterai de dire ; « Lisez ces essais : vous ne trouverez nulle part ailleurs un compte rendu plus lucide et plus impressionnant de ce qui peut bien constituer le travail le plus passionnant réalisé actuellement sur le droit. »

---

[27] Binder (Guyora) & Weisberg (Robert), « Cultural Criticism of Law », in *Stanford Law Review*, Vol.49, 1997, p.1149 et suiv., à p.1219.

William W. Fisher III* « Textes et Contextes : l'application à l'histoire du droit américain des méthodologies de l'histoire intellectuelle »

(trad. de : William W. Fisher III, « Texts and Contexts: The Application to American Legal History of the Methodologies of Intellectual History », in *Stanford Law Review*, Vol.49, 1997, p.1065-1110.)

* Professeur de droit à l'Université de Harvard, Directeur du Programme sur l'histoire du droit de Harvard. Une version préliminaire de cet article a été présentée à la réunion de la Société Américaine pour l'Histoire du Droit. Des versions plus développées ont fait l'objet d'une présentation à une conférence sponsorisée par la Fondation Olin pour l'histoire du droit qui s'est tenue à Florence, en Italie, en juin 1995 ; dans le cadre des Harvard Legal History Speaker Series en avril 1996 ; à l'atelier d'Histoire du Droit à l'Université de Chicago en octobre 1996 ; et au Symposium sur l'Utilisation Critique de l'Histoire qui s'est tenu à l'Ecole de Droit de Stanford en novembre 1996. Les commentaires variés des participants à ces réunions ont été d'une aide précieuse.

Introduction

Cet article affirme et décrit le récent accroissement de l'utilisation par les historiens du droit américain de méthodes de lecture et d'analyse originellement développées par les historiens des idées. La première partie donne un aperçu de la tourmente méthodologique qui, au cours des vingt dernières années, a caractérisé le champ de l'histoire intellectuelle. Dans la deuxième partie est envisagée l'influence des quatre méthodologies assez distinctes qui ont émergé de cette agitation – le structuralisme, le contextualisme, le textualisme et le nouvel historicisme – sur l'étude et le développement de la doctrine et de la pensée juridiques, américaines. Enfin, je défends, dans la troisième partie, l'idée que ces innovations méthodologiques s'apprécient le mieux du point de vue de la finalité ou du point de vue pragmatique. J'y passe en revue neuf utilisations possibles de l'histoire en général et de l'histoire juridique en particulier et j'examine laquelle des quatre méthodologies, s'il en est une, est susceptible d'y répondre davantage.

1) L'histoire intellectuelle, américaine, moderne

L'histoire intellectuelle, c'est, à peu près, l'histoire de ce que les peuples ont pensé ou cru – inférée, le plus souvent, de ce qu'ils ont écrit. Elle est conventionnellement juxtaposée à l'histoire des institutions politiques, à l'histoire des systèmes économiques et à l'histoire de la vie sociale.

Aux Etats-Unis, l'histoire intellectuelle a acquis son prestige et son influence maxima parmi les disciplines historiques pendant le second quart du vingtième siècle. Les trois volumes des « Main Currents in American Thought » de Vernon Parrington ont donné le ton pour cette génération.[1] Les grands historiens des idées qui ont suivi Parrington – Merle Curti,[2] Ralph Gabriel[3] et Perry Miller[4] - ont, de façon caractéristique, peint sur de plus petites toiles et partagé l'ambition centrale de Parrington, à savoir de dresser une carte « des rêves et des finalités recherchés... au travers des aventures turbulentes du peuple américain ».[5]

Encouragés par les succès de ces entreprises et par la confiance d'après-guerre de la nation dans son ensemble, la cohorte suivante d'historiens des idées, sous la conduite de Louis Hartz et Daniel Boorstin, a cherché à construire « une vision nouvelle de ce que signifie l'Amérique... Selon

---

[1] Parrington (Vernon Louis), *Main Currents in American Thought : An Interpretation of American Literature from the Beginning to 1920*, 1930.
[2] Voir, par exemple, Curti (Merle), *The Growth of American Thought*, 1943.
[3] Voir, par exemple, Gabriel (Ralph Henry), *The Course of American Democratic Thought : An Intellectual History Since 1815*, 1940.
[4] Voir, par exemple, Miller (Perry), *The New England Mind : the Seventeenth Century*, 1939. Deux grands historiens de la même génération, dont le travail fait le pont entre les deux disciplines que sont l'histoire intellectuelle et l'histoire politique, sont Richard Hofstadter (voir, par exemple, Hofstadter (Richard), *The American Political Tradition and the Men Who Made It*, 1948) et Arthur M. Schlesinger, Jr. (voir, par exemple, Schlesinger (Arthur M.), *The Age of Jackson*, 1945).
[5] Higham (John), « Introduction » to Higham (John) & Conklin (Paul K.), eds., *New Directions in American Intellectual Theory*, p.xi ; voir aussi Skotheim (Robert Allen), *American Intellectual Histories and Historians*, 1966, p.124-49 (qui détaille les apports de Parrington dans le domaine de l'histoire intellectuelle) ; Higham (John), The Rise of American Intellectual History, in *American Historical Review*, Vol.56, 1951, p.453 et suiv., à p.459-61 (qui fait l'éloge des « merveilleux portraits intellectuels » dressés par Parrington, tout en notant ses erreurs et ses défauts).

cette approche, une structure unificatrice d'idées et de valeurs... a créé un peuple américain distinct et explique la résistance de cette société et de ses institutions ».[6] La synthèse Hartz-Boorstin était populaire et s'imposait au cours des années 1950 mais elle s'est avérée finalement désastreuse.[7] Ses prémisses, d'après lesquelles la société tendait à s'intégrer et une culture partagée soutenait cette intégration, n'ont pas tardé à être mises à mal par les sociologues et les anthropologues. Et sa thèse principale, qui veut qu'il existe un « caractère américain » cohérent et persistant, a été invalidée par un énorme volume de travaux en histoire sociale, exposant la variété des groupes et des idéologies qui ensemble ont composé la culture américaine.[8] Ceci a abouti au résultat malheureux d'un discrédit, qui a duré de longues années, portant non seulement sur l'interprétation du consensus d'après-guerre mais aussi sur tout le domaine de l'histoire intellectuelle.

A la fin des années 1970, après une période morne d'environ quinze années, le champ a repris vie et s'est transformé sous l'impulsion d'un changement méthodologique, connu sous le nom de « tournant linguistique ».[9] S'inspirant des avancées récentes en linguistique (en particulier des travaux de Saussure, Whorf et Sapir), en anthropologie (en particulier l'oeuvre de Geertz), en histoire des sciences (tout spécialement les recherches de Kuhn) et en philosophie (surtout l'oeuvre de Wittgenstein), les historiens des idées, ont re-conçu leur tâche comme étant l'étude de la production culturelle de sens (en particulier, de « la formation de la signification dans et à travers le langage »).[10] Répudiant les présupposés positivistes et empiristes qui, jusqu'alors avaient dominé l'histoire intellectuelle (et qui continuent à s'imposer dans les champs de l'histoire politique, économique et sociale), ils ont reconstruit leur travail sur l'hypothèse que les langages sont en partie « des systèmes autonomes

---

[6] Higham, *op. cit. supra* note 5, p.ix-xii.

[7] Voir Rodgers (Daniel T.), « Republicanism : the Career of a Concept », in *Journal of American History*, Vol.79, 1992, p.11, à p.12-25 (qui fournit de brefs synopses des approches de Hartz et Boorstin.

[8] Voir Diggins (John P.), « Consciousness and Ideology in American History : The Burden of Daniel J. Boorstin, in *American Historical Review*, Vol.76, 1971, p.99, à p.111-12 ; Fisher (William W., III), « The Defects of Dualism », in *The University of Chicago Law Review*, Vol.59, 1992, p.955 et suiv., à p.972-74 ; Higham (John), « The Cult of the 'American Consensus' : Homogenizing Our History », in *Commentary*, Vol.27, 1959, p.93 et suiv., à p.98-99.

[9] Toews (John E.), « Intellectual History after the Linguistic Turn : the Autonomy of Meaning and the Impredictability of Experience », in *American Historical Review*, Vol.92, 1987, p.879, à p.881 et suiv. (compte-rendu de lecture).

[10] *ibid.*

de signes, dont les significations sont déterminées par leurs relations entre eux » plutôt que par leur correspondance à des références extérieures.[11]

L'enthousiasme avec lequel, dans les récentes années, la plupart des historiens des idées ont pris ce « tournant » n'a pas, cependant, éliminé la controverse méthodologique dans ce domaine. Au contraire, les discussions sur la méthodologie sont plus dures que jamais. La plupart des intervenants dans ces débats se répartissent entre quatre catégories approximatives. Décrire ces quatre groupes comme des « écoles » différentes serait une exagération. Néanmoins, ils sont cohérents et assez stables pour permettre leur description comme approches alternatives.

Le premier de ces quatre groupes est constitué des historiens fortement influencés par le structuralisme.[12] Parmi les auteurs relativement peu nombreux qui ont adopté cette voie, de loin le plus sophistiqué et le plus célèbre a été Michel Foucault.[13] Les idées de Foucault sont impossibles à résumer brièvement. Cependant la plupart de ses travaux (en particulier les premiers) illustrent et défendent les principes méthodologiques suivants. Toute pensée humaine est structurée par le langage. Le rôle de l'histoire consiste à cartographier la structure profonde du système linguistique qui a fourni le vocabulaire et, en conséquence, a organisé la pensée des membres d'une culture (ou d'une discipline à l'intérieur d'une culture) dans le passé. Chaque système linguistique et conceptuel aura « ses propres objets d'étude particuliers (« empiricités ») et sa propre stratégie unique pour déterminer les relations (« positivités ») existant entre les objets à l'intérieur de ce domaine » – de même que ses propres mécanismes pour réprimer ou faire passer dans l'ombre les choses dont il

[11] *ibid*, p.881-882. Voir aussi Ermath (Michael), « Mindful Matters : The Empire's New Codes and the Plight of European Intellectual History », in *Journal of Modern History*, Vol.57, 1985, p.506 et suiv., p.510-12 (compte-rendu de lecture) ; Jay (Martin), « Should Intellectual History Take a Linguistic Turn ? Reflections on the Habermas-Gadamer Debate », in LaCapra (Dominick) & Kaplan (Steven L.), eds., *Modern European Intellectual History : Reappraisals and New Perspectives* ; 1982, p.86 et suiv., à p.87-88.

[12] Ce n'est pas le lieu pour tenter un synopsis du structuralisme. Pour des études utiles, voir Hawkes (Terence), *Strucuralism and Semiotics*, 1977 ; Pettit (Philip), *The Concept of Structuralism : A Critical Analysis*, 1975 ; Scholes (Robert), *Structuralism in Literature : An Introduction*, 1974.

[13] Foucault lui-même a constamment nié être un structuraliste ou un historien. Voir Foucault (Michel), *Archéologie du savoir* ; id., « History, Discourse, and Discontinuity, in *Salmagundi*, Summer-Fall 1972, p.225 et suiv., à p.235 n.4 (trad. de Anthony M. Nazzoro). Cependant, au moins ses premiers travaux sont en général – et à juste titre – considérés comme à la fois structuralistes et constituant une espèce d'histoire intellectuelle. Voir, par exemple, Hollinger (Davaid A.), « Historians and the Discourse of Intellectuals », in *New Directions in American Intellectual Theory*, *op. cit. supra* note 5, p.42, 58.

n'est pas possible de parler.[14] Les histoires existantes exagèrent les continuités entre les langages et les perspectives des différentes époques ; ces comptes rendus doivent être remplacés par des études qui mettent en lumière « les disjonctions, les discontinuités radicales dans l'histoire de la conscience.[15] Les histoires existantes dirigent aussi à tort l'attention des lecteurs sur les « contextes politiques, économiques et sociaux » des textes ou les biographies de leurs auteurs. Rien de tout cela n'est éclairant. Un texte est utile seulement en tant que symptôme ; il permet à l'historien de diagnostiquer la maladie (le système linguistique qui limite l'esprit) dont est affligée la culture d'où il émane.[16]

Les membres du second groupe se présentent en général comme des « contextualistes ». Ils adoptent le point de vue selon lequel, parce que la signification d'un document dépend radicalement des systèmes de mots et de concepts dans lesquels l'auteur évoluait quand il ou elle écrivait, la tâche essentielle de l'historien des idées est de reconstruire le contexte et ensuite d'interpréter le texte à la lumière de celui-ci. Ce qu'ils écrivent de façon caractéristique (et considèrent le plus valable d'écrire), ce sont des histoires des « discours » (ce par quoi ils entendent les systèmes de langage et les systèmes de croyances qui y sont associés) de communautés singulières. Ce qui les fascine, est la façon dont les conversations entre les membres d'un tel groupe s'organisent et sont liées à un ensemble de présupposés communs dont les membres eux-mêmes n'ont souvent pas conscience.[17] Pour certains, tels que J. G. A. Pocock, la recherche de ces présupposés a pour objet de comprendre les manières de penser et de se comporter des membres de la communauté – d'après la théorie selon laquelle « les hommes ne peuvent pas faire ce qu'ils n'ont pas le moyen de dire qu'ils l'ont fait ; ce qu'ils font doit être en partie ce qu'ils peuvent dire et concevoir que c'est ».[18] Pour d'autres, comme

---

[14] White (Hayden V.), « Foucault Decoded : Notes from Underground », in *History and Theory*, Vol.12, 1973, p.23 et suiv., à p.27.

[15] *ibid.*

[16] Voir *ibid.*, p.27-31 ; voir aussi Poster (Mark), *Foucault, Marxism, and History : Mode of Production versus Mode of Information*, 1984, p.70-94.

[17] Voir, par exemple, Ross (Dorothy), *The Origins of American Social Science*, 1991 (soulignant le pouvoir d'emprisonnement de l'engagement commun des spécialistes des sciences sociales américaines envers un ensemble d'hypothèses exceptionnalistes) ; Hollinger, *op. cit. supra* note 13 (expliquant le rôle du discours dans l'histoire intellectuelle). David Rodgers est le plus éloquent des critiques de cet aspect de l'histoire intellectuelle, contextualiste. Voir Rodgers, *op. cit. supra* note 7, p.11 ; Rodgers (Daniel T.), « Fine for Our Time », in *Intellectual History Newsletter*, N°13, 1991, p.41 et suiv., à p.43-44.

[18] Appleby (Joyce), « Ideology and the History of Political Thought », in *Intellectual History Newsletter*, N°2, 1980, p.10 et suiv., à p.15 (citant J. G. A. Pocock). Pour un travail qui se fonde sur cette théorie, voir Pocock (J. G. A.), *The Machiavellian Moment : Florentine Political Thought and the Atlantic Republican Tradition*, 1975.

Quentin Skinner, il s'agit de pouvoir interpréter avec exactitude et « authenticité » un grand texte qui est né d'une telle communauté – sur la base de la théorie selon laquelle sa signification équivaut à l'intention de son auteur, celle-ci ne pouvant être définie qu'une fois connus le vocabulaire conceptuel de l'auteur, ce qu'il considérait comme acquis, ce qui demeurait pour lui problématique et comment il cherchait à modifier ou à transcender les conventions avec lesquelles il travaillait.[19] Les recherches importantes, entreprises sur le second ensemble de prémisses incluent l'étude de Skinner sur Machiavel,[20] les explications de Locke par John Dunn et Peter Laslett[21] et l'effort d'Allan Janik et Stephen Toulmin pour situer la philosophie de Wittgenstein au sein de la culture intellectuelle de la Vienne de la fin du siècle.[22]

Les membres du troisième groupe se nomment postmodernistes ou « textualistes ». Leurs travaux s'inspirent d'objections au contextualisme et sont modelés par elles. Ils considèrent – à juste titre – le contextualisme comme leur principal rival méthodologique. Leurs objections contre lui sont les suivantes. Tout d'abord, les langages ne sont pas les systèmes hermétiques de signes en réseau que les contextualistes supposent ; en conséquence, tout document produit, non pas une seule signification déterminée mais une multitude de significations. Comme David Harlan, invoquant Derrida, le dit : « le langage... est un jeu d'auto-transformations non intentionnelles et de mises en avant sans limites ».[23] Il en résulte que les textes se déroberont toujours aux efforts à la fois des auteurs et des historiens des idées qui veulent les fixer.[24] Ensuite, il est futile d'essayer de donner un sens à un texte ambigu en examinant son contexte, dès lors

[19] Voir, par exemple, Skinner (Quentin), *The Foundations of Modern Political Thought*, 1978 ; id., « Meaning and Understanding in the History of Ideas », in Tully (James) (ed.), *Meaning and Context : Quentin Skinner and His Critics*, 1988, p.29, à p.30-67 ; voir aussi Hollinger (David A.), *In the American Province : Studies in the History and Historiography of Ideas*, 1989, p.3-4

[20] Voir Skinner (Quentin), *Machiavelli*, 1981.

[21] Voir Dunn (John), Locke, 1984 ; Laslett (Peter), *John Locke : Two Treatises of Government*, 1967, p.92-120.

[22] Voir Janik (Allan) & Toulmin (Stephen), *Wittgenstein's Vienna*, 1973.

[23] Harlan (David), « Intellectual History and the Return of Literature », in *American Historical Review*, Vol.94, 1989, p.581, à p.585.

[24] Voir Keane (John), « More Theses on the Philosophy of History », in *Meaning and Context : Quentin Skinner and his Critics*, *op. cit. supra* note 19, p.204 et suiv., à p.211-12 (reconnaissant les « conséquences inattendues » de la communication et, en conséquence, l'impossibilité de parvenir à une « connaissance absolue » d'un texte) ; LaCapra (Dominick), « Rethinking Intellectual History and Reading Texts », in *Modern European Intellectual History : Reappraisals and New Perspectives*, in *op. cit. supra* note 11, p.47 et suiv., à p.79-80.

que le contexte dépend aussi, pour sa signification, de l'interprétation.[25] Dominick LaCapra explique : « Pour l'historien, la reconstruction elle-même d'un « contexte » ou d'une « réalité » se fait sur la base de restes « textualisés » du passé ».[26] Troisièmement, les lectures contextualistes des grandes oeuvres sont trop souvent réductrices, les traitant comme rien de plus que l'expression des idées des contemporains de leurs auteurs ou comme une réponse à celles-ci et évacuant leur potentiel transcendant. [27]Quatrièmement, un historien ne peut jamais faire abstraction de ses propres préoccupations ou des couches d'interprétation antérieures qui se sont incrustées sur tous les textes substantiels – et ainsi la redécouverte du sens ou du contexte « originel » de n'importe quel texte donné est impossible. L'historien complète ce texte, au moins provisoirement, et ne peut éviter sa responsabilité de l'avoir fait en invoquant son contexte.[28] Enfin, le contextualisme court le risque de dépolitiser l'histoire des idées, à la fois en rejetant dans l'ombre la mesure dans laquelle les textes et leurs interprétations conventionnelles sont faits de privilèges politiquement marqués, accordés à certains points de vue par rapport à d'autres et en abandonnant l'effort pour permettre aux textes anciens de venir éclairer les préoccupations contemporaines, comme l'exprime John Keane :

> « L'histoire nouvelle (contextualiste) veut ignorer l'affirmation importante selon laquelle le pouvoir non reconnu est partout, que (au moins dans toutes les sociétés qui ont existé jusqu'à ce jour) les relations de commandement et d'obéissance ont tourné à la routine ou se sont « sédimentées » dans les formes de vie institutionnelles à l'intérieur desquelles des sujets parlants et agissants sont formés... Le but [de la nouvelle histoire] de produire une « histoire réelle » des idéologies politiques ressemble davantage à une histoire officielle qui défend, sans s'en rendre compte, l'emprise des idéologies passées sur le présent. En dépit de ses intentions détachées et modestes, la nouvelle histoire s'accroche au vieux motto suspect : « Tout comprendre, c'est tout pardonner ».[29]

[25] Voir LaCapra, *op. cit. supra* note 24, p.80-84.
[26] LaCapra (Dominick), *Rethinking Intellectual History : Texts, Contexts, Language*, 1983, p.27.
[27] Voir, par exemple, *ibid.*, p.87 (critiquant *Wittgenstein's Vienna*, *op. cit. supra* note 22, en ce qu'elle serait une « interprétation extrêmement réductrice » à la fois du texte et du contexte de l'oeuvre du philosophe).
[28] Voir Harlan, *op. cit. supra* note 23, p.587-89 ; LaCapra (Dominick), « Canons and their Discontents », in *Intellectual History Newsletter*, N°13, 1991, p.3, à p.10.
[29] Keane, *op. cit. supra* note 24, p.213 et suiv., à p.217.

Comment, alors, les textualistes pensent-ils que l'histoire des idées devrait être pratiquée ? Au minimum, prétendent-ils, les historiens devraient changer de ton – devraient tenir compte davantage des perspectives, reconnaître qu'il y a de nombreuses interprétations plausibles de n'importe quel document.[30] Ensuite, les historiens devraient assumer une posture vis-à-vis du passé qui ne soit ni positiviste, ni nihiliste – ils devraient s'efforcer de parvenir, en d'autres termes, à une « interaction entre une reconstruction du passé fondée empiriquement et un échange dialogique ».[31] Une telle attitude libère les historiens pour poser aux textes anciens des questions franchement anachroniques – des questions qui sont liées aux préoccupations actuelles des historiens et qui n'auraient pas signifié grand-chose pour les auteurs de ces textes. Comment les théories économiques de Thorstein Veblen illuminent-elles le caractère du capitalisme dans le cadre de l'Etat-providence (« *welfare capitalism* ») de la fin du vingtième siècle ?[32] Qu'est-ce que Kant, une fois son oeuvre purgée de ses « folies démodées », nous dit à propos de notre situation aujourd'hui ?[33] Quelle est la signification contemporaine de la grammaire philosophique du dix-septième siècle ?[34] Enfin, les historiens des idées devraient « prendre l'histoire à rebrousse-poils », faisant venir en surface des interprétations critiques et transformatrices des textes canoniques, y compris les façons selon lesquelles ils peuvent avoir subverti les contextes idéologiques dans lesquels ils ont été écrits.[35]

---

[30] Voir, par exemple, Megill (Allan), « Recounting the Past : 'Description', Explanation, and Narrative in Historiography, in *American Historical Review*, Vol.94, 1989, p.627 et suiv., à p.636 ; White (Hayden), « The Burden of History », in id., *Tropics of Discourse : Essays in Cultural Criticism*, 1978, p.27 et suiv., à p.47-48 (encourageant l'utilisation des « modes de représentation impressionnistes, expressionnistes, surréalistes et... même actionnistes » pour enrichir « le commentaire créatif sur le passé et le présent.

[31] LaCapra (Dominick), « Intellectual History and its Ways », in *American Historical Review*, Vol.97, 1992, p.425 et suiv., à p.427.

[32] Voir, par exemple, Diggins (John P.), *The Bard of Savagery : Thorstein Veblen and Modern Social Theory*, 1978, p.218-25.

[33] Voir Rorty (Richard), « The Historiography of Philosophy : Four Genres », in Rorty (Richard, Schneewind (J. B.) & Skinner (Quentin) (eds.), *Philosophy in History*, 1984, p.49 et suiv., à p.52, cité in Harlan, *op. cit. supra* note 23, p.603 ; vois aussi Strawson (P. F.), *The Bounds of Sense : An Essay on Kant's Critique of Pure Reason*, 1966, p.15-17 (qui essaie d'insuffler une vie nouvelle dans les théories de Kant).

[34] Voir, en général, Chomsky (Noam), *Cartesian Linguistics : A Chapter in the History of Rationalist Thought*, 1966 (qui note les parallèles entre le temps de la linguistique cartésienne et le nôtre).

[35] Voir LaCapra, *op. cit. supra* note 31, à p.435-37 (attribuant la formule à Walter Benjamin).

La quatrième approche, le Nouvel Historicisme, a commencé à se développer dans les années 1980, au sein d'un groupe de critiques littéraires (dont la plupart se trouvaient être des spécialistes de la Renaissance anglaise). Ils cherchaient une alternative méthodologique à la fois à la Nouvelle Critique et à la Déconstruction. Très récemment leurs écrits ont capté l'attention d'un groupe grandissant d'historiens des idées. Le nouvel historicisme n'est pas aussi nouveau que son nom le suggère (ou que le prétendent certains de ses représentants) ; à bien des égards, il ressemble aux autres approches dont on vient de discuter. Comme les textualistes, les nouveaux historicistes tendent à se montrer très sensibles à l'ambiguïté de tous les textes, à leurs possibles lectures multiples. Toujours comme les textualistes, ils adoptent une posture farouchement (même obsessionnellement) anti-fondements pour la lecture des documents ; ils insistent sur « notre non-accès au passé plein et authentique... hors la médiation des traces textuelles survivantes de [nos propres] sociétés ».[36] Toute histoire est une perspective ; sa « réalité factuelle » est une illusion.[37] Comme les contextualistes (à la différence des textualistes), les nouveaux historicistes sont intensément intéressés par le cadre culturel et idéologique de tous les textes – par leurs relations avec « les institutions sociales et les pratiques non-discursives de l'époque ».[38]

Trois aspects de la méthodologie nouvelle historiciste sont néanmoins vraiment nouveaux. Le premier tient aux genres de matériaux qu'il jugent dignes d'analyse. Alors que les textualistes, de façon caractéristique, se concentrent sur les « grands » textes ou les textes canoniques (lus non canoniquement) et qu'il est typique des contextualistes de chercher à identifier les thèmes ou les hypothèses partagés dans les écrits des

---

[36] Montrose (Louis A.), « Professing the Renaissance : The Poetics and Politics of Culture », in Veeser (H. Aram) (ed.), *The New Historicism*, 1989, p.15 et suiv., à p.20.

[37] *ibid.*, p.23, à p.29-30 (sur l'incapacité de l'érudit à produire des histoires dépourvues de préjugés dès lors qu'il ne peut pas faire appel à un cadre de référence totalement objectif qui « transcende...le genre, l'ethnie, la classe, l'âge et la profession ») ; voir aussi Garber (Marjorie), « Descanting on Deformity : Richard III and the Shape of History » , in Dubrow (Heather) & Strier (Richard) (eds.), *The Historical Renaissance : New Essays on Tudor and Stuart Literature and Culture*, 1988 (qui met l'accent sur « la façon qu'a 'la main déformée du temps' d'écrire et ainsi de fausser l'histoire ») Cette conviction permet d'expliquer la post auto-critique, agaçante des nouveaux historicistes. Ils insistent régulièrement sur le caractère nécessairement partial de leurs critiques et sur le fait que « toute tentative pour démasquer, tout acte de critique ou d'opposition utilise les outils qu'il condamne et court le risque de se faire la proie de la pratique qu'il expose ». Veeser (H. Aram), «Introduction » à *The New Historicism*, *op. cit. supra* note 36, p.xi.

[38] Montrose, *op. cit. supra* note 36, p.17 ; voir aussi Kershner (R. B.), « Dances with Historians », *Georgia Review*, Vol.45, 1991, p.581 et suiv., à p.583-84 (compte-rendu de lecture).

membres d'une communauté discursive (et d'ensuite interpréter les différents textes à la lumière de ces présupposés), les nouveaux historiens se distinguent par la focalisation sur des événements de détail et des anecdotes (que souvent ils ont découverts à l'improviste) et qu'ils croient être suggestifs des « codes de comportement, de la logique ou des forces motrices à l'oeuvre dans la société toute entière. »[39] Ces anecdotes suggestives ou « historèmes »[40] font typiquement le pont entre littérature et histoire ; chacune à « quelque chose de littéraire, mais... pointe cependant directement vers le réel ou est ancrée en lui ».[41]

Deuxièmement, les nouveaux historicistes sont autant concernés par les façons qu'ont les textes d'influencer leurs contextes culturels que par les façons dont les textes sont façonnés par leurs contextes. Une causalité multiple – une « circulation » complexe des artefacts littéraires et non-littéraires – est ce qu'ils s'attendent à trouver quand ils analysent n'importe quel phénomène culturel.[42] Une manifestation de cette perspective est qu'alors que les contextualistes s'intéressent prioritairement à l'utilisation des contextes discursifs et idéologiques pour donner sens aux textes ambigus, les nouveaux historicistes renversent quelquefois le chemin de l'enquête, se demandant quelles conditions culturelles ont eu à prévaloir quand un texte particulier a été écrit.[43] En d'autres termes, la signification du contexte est quelquefois inférée du texte, plutôt que le contraire.

Enfin, les nouveaux historicistes sont beaucoup plus susceptibles que leurs rivaux du point de vue méthodologique d'indiquer des contextes

---

[39] Veeser, *op. cit. supra* note 37, p.xi.

[40] Fineman (Joel), « The History of the Anecdote : Fiction and Fiction », in *The New Historicism, op. cit. supra* note 36, p.49 et suiv., à p.57.

[41] *ibid.*, p.56-57. Stephen Greenblatt, par exemple, commence chaque chapitre de ses deux livres avec une anecdote. Voir Greenblatt (Stephen), *Renaissance Self-Fashioning : From More to Shakespeare*, 1980 ; id., *Shakespearian Negotiations : The Circulation of Social Energy in Renaissance England*, 1988. De même, dans un récent essai, Greenblatt emploie le compte-rendu évocateur d'une promenade aux Chutes du Niagara dans le Parc National Yosémite pour véhiculer une vaste analyse sur les rapports entre l'art et le capitalisme. Voir Greenblatt (Stephen), « Towards a Poetics of Culture », in *The New Historicism, op. cit. supra* note 36, p.1, à p.8-10 [ci-après désigné par Greenblatt, « Towards a Poetics of Culture »]

[42] Greenblatt, *Shakespearian Negotiations, op. cit. supra* note 41, p.10-11. Pour une bonne illustration d'une analyse inspirée par cette attente, voir Helgerson (Richard), « Barbarous Tongues : The Ideology of Poetic Form in Renaissance England », in *The Historical Renaissance : New Essays on Tudor and Stuart Literature and Culture, op. cit. supra* note 37, p.273-74.

[43] Levinson (Marjorie), Butler (Marilyn), McGann (Jerome) and Hamilton (Paul), *Rethinking Historicism : Critical Reading in Romantic History*, 1989, p.59 n.21.

multiples, conflictuels et polyphoniques entourant tout texte donné. Ce penchant est sous-tendu par des convictions fondamentales : les cultures sont rarement cohérentes et unifiées ; les groupes luttent pour un pouvoir discursif tout comme ils se battent pour la domination politique. Pour à peu près la même raison, on ne devrait pas s'attendre à trouver, dans quelque société que ce soit, une idéologie « fermée et statique, unique et homogène »[44] ; les conceptions du monde qui circulent, seront typiquement « hétérogènes et instables, perméables et mobiles ».[45] Un système de croyances unique peut parvenir à un certain degré d'hégémonie mais son emprise sur la population sera inévitablement limitée par « les positions sociales spécifiques mais multiples des spectateurs, des auditeurs et des lecteurs qui consomment de façons différentes les productions culturelles » et par « l'autonomie relative – les propriétés, les possibilités spécifiques » du medium culturel » à travers lequel le système de croyances est transmis.[46]

En résumé, depuis les années 1970, quatre méthodologies assez distinctes ont été discutées et appliquées par les historiens des idées : le structuralisme, le contextualisme, le textualisme et le nouvel historicisme. La première des quatre a peu de représentants et peu de crédit aujourd'hui, les trois autres continuent à faire preuve de vitalité.

---

[44] Montrose, *op. cit. supra* note 36, p.22.

[45] *ibid.* Un des terrains majeurs sur lesquels la première vague du nouvel historicisme a critiqué l'interprétation en vogue de la Renaissance anglaise (illustrée par l'oeuvre de E. M. Tillyard) a été qu'elle affirmait à tort l'existence d' « une culture unifiée, et donc 'hégémonique' dont il était à présumer qu'elle réduisait au silence toute contestation dans [sa] quête d'une 'cohérence' illusoire ». Zammito (John H.), « Are We Being Theoretical Yet ? The New Historicism, the New Philosophy of History, and 'Practicing Historians' », in *Journal of Modern History*, Vol.65, 1993, p.783 et suiv., à p.786.

[46] Montrose, *op. cit. supra* note 36, p.22. En prenant ainsi leurs distances par rapport à une version forte de la théorie de l'hégémonie culturelle, les nouveaux historicistes empruntent la même direction que les historiens de la politique qui travaillent sur le concept d'idéologie. Voir, par exemple, Appleby (Joyce), « The American Heritage : The Heirs and the Disinherited », in *Journal of American History*, Vol.74, 1987, p.798 et suiv. ; Countryman (Edward), « Of Republicanism, Capitalism, and the 'American Mind' », in *William and Mary Quarterly*, Vol.44, 1987, p.556 et suiv., à p.557 (qui fait la louange de *The Creation of the American Mind, 1776-1787* de Gordon Wood pour avoir analysé « non seulement la complexité d'un langage et d'une mentalité partagés mais aussi les transformations subies par cette mentalité ») ; Lerner (Ralph), « The Constitution of the Thinking Revolutionary », in Beeman (Richard), Botein (Stephen) & Carter (Edward C., II) (eds.), *Beyond Confederation : Origins of the Constitution and American National Identity*, 1987, p.38 et suiv., à p.66.

2) L'histoire du droit comme histoire intellectuelle

Depuis les années 1950, la plupart des études d'histoire du droit américain ont pris la forme d'une histoire sociale, politique et économique – des études sur la façon dont le développement de systèmes particuliers de règles juridiques reflétaient ou affectaient les fortunes variables des classes socio-économiques (par exemple, des entrepreneurs, des travailleurs, des fermiers), des partis politiques (par exemple, les Fédéralistes, les Jacksoniens) ou des systèmes économiques (par exemple, l'esclavage, le capitalisme du libre marché, le capitalisme dans le cadre de l'Etat-providence).[47] Au cours des vingt dernières années, cependant, un groupe grandissant d'historiens du droit a employé des modes d'investigation et d'analyse mieux décrits comme histoire intellectuelle. Dans ces études, le droit est caractérisé, non pas comme une arme dans la guerre entre les partis et les groupes d'untérêts mais comme un système discursif, lié d'innombrables façons au développement des autres systèmes discursifs (aux théories économiques, aux théories politiques, à l'idéologie politique, etc...).

Les historiens du droit poursuivant dans cette voie ont adopté des postures très variées à l'égard des débats méthodologiques décrits en 1). Certains ont conduit leurs travaux (souvent excellents) dans l'apparente ignorance de la controverse qui faisait rage. D'autres, conscients de la controverse méthodologique se sont explicitement alignés sur l'un des camps en conflit. D'autres encore ont cherché à contribuer à la discussion, suggérant des façons qu'avaient leurs monographies de confirmer la valeur d'approches particulières ou, au contraire, de jeter le doute sur elles.[48]

---

[47] Les essais classiques d'histoire du droit américain ont tous été écrits selon un de ces modèles. Voir, par exemple, Friedman (Lawrence M.), *A History of American Law*, 1973 ; Horwitz (Morton J.), *The Transformation of American Law, 1780-1860*, 1977 ; Hurst (James Willard), *Law and the Conditions of Freedom in the Nineteenth-Century United States*, 1956. Nombre des meilleures monographies continuent à se présenter sous ces formes. Voir, par exemple, Rosen (Christie), « Differing Perceptions of the Value of Pollution Abatement Across Time and Place : Balancing Doctrine in Pollution Nuisance Law, 1840-1906 », in *Law and History Review*, Vol.11, 1993, p.303 et suiv.; Welke (Barbara Y.), « When All the Women Were White, and All the Blacks Were Men : Gender, Class, Race, and the Road to Plessy, 1855-1914 », in *Law and History Review*, Vol.13, 1995, p.261 et suiv.

[48] Les ruminations méthodologiques des auteurs de ce dernier groupe se colorent souvent de défi – ou de bravade. Les historiens du droit (en particulier ceux qui enseignent dans les écoles de droit) sont typiquement mal à l'aise à cause de leur statut provincial. Méthodologiquement, ils se sentent dans la position des Bostoniens ou des habitants de

J'envisage maintenant le corpus grandissant d'études d'histoire du droit qui prend la forme d'une histoire intellectuelle, mettant en lumière les façons dont il a été affecté, consciemment ou non, par les théories méthodologiques en question.

2-1) L'histoire du droit structuraliste

Des quatre approches, le structuralisme a, de façon surprenante, eu le plus gros impact évident sur l'histoire du droit. Comme je l'ai suggéré plus haut cette approche n'a eu que peu de disciples parmi les historiens des idées en général. Par contre, le structuralisme a profondément influencé les études d'un groupe conséquent d'historiens du droit. Les travaux féconds dans cette veine sont deux essais de Duncan Kennedy : un manuscrit monumental, largement non publié *The Rise and Fall of Classical Legal Thought*[49] et un article de 1979 qui y est faiblement relié « The Structure of Blackstone's Commentaries ».[50] Kennedy décrit la méthode sous-jacente à ses études comme étant « soit structuraliste, soit phénoménologique, soit néo-marxiste, soit les trois à la fois ». [51] La prémisse centrale en est que le but principal de la pensée juridique est « de nier la vérité de nos sentiments douloureusement contradictoires à propos de l'état actuel des relations entre les personnes dans notre monde social »[52] – en d'autres termes, de déguiser ou de relativiser une « contradiction fondamentale »[53] qui affecte la culture américaine dans son ensemble et marque la vie de tous ses membres. Kennedy décrit cette contradiction comme suit :

Chicago par rapport aux mondes de la mode ou du théâtre. La sophistication et l'innovation sont censés venir d'ailleurs. Se présenter comme quelqu'un « d'initié » (ou, plus courageusement encore, comme capable d'apporter quelque chose de nouveau) suppose une assurance – l'assurance que seuls quelques historiens du droit à la fois ont et sont prêts à reconnaître. (Une variante de cette analogie m'a été suggérée par Duncan Kennedy.)

[49] Kennedy (Duncan), *The Rise and Fall of Classical Legal Thought*, 1975 [ci-après désigné par Kennedy, Classical Legal Thought] (manuscrit non publié, enregistré à la Stanford Law Review). Seule une portion hautement concentrée de ce manuscrit a été publiée à ce jour. Voir Kennedy (Duncan), « Toward an Historical Understanding of Legal Consciousness : The Case of Classical Legal Thought in America, 1850-1940 », in *Research in Law and Society*, Vol.3, 1980, p.3 [ci-après désigné par Kennedy, Toward a Historical Understanding of Legal Consciousness »] (N.d.t. : cet article a été reproduit in :.Boyle (James) (ed.), Critical Legal Studies, Aldershot, Dartmouth, p.193-214).

[50] Kennedy (Duncan), « The Structure of Blackstone's Commentaries, in *Buffalo Law Review*, Vol.28, 1979, p.205 et suiv. (N.d.t. : cet article a été reproduit in : *op. cit. supra* note 49, p.3 et suiv.

[51] *ibid.*, p.209.

[52] *ibid.*, p.210.

[53] *ibid.*, p.213.

> « La plupart des participants à la culture juridique américaine croient que le but de la liberté individuelle est à la fois dépendant de l'action coercitive commune qui est nécessaire pour l'atteindre et incompatible avec elle. Les autres (la famille, les amis, les bureaucrates, les personnalités culturelles, l'Etat) sont nécessaires pour que nous devenions des personnes. Mais, en même temps qu'il nous forme et nous protège l'univers des autres... menace de nous anéantir et nous incite à des formes de fusion qui sont carrément plutôt mauvaises que bonnes... Le problème est que l'abolition de ces structures illégitimes, le façonnement d'une existence collective non-aliénante, semble impliquer un tel accroissement massif du contrôle collectif sur nos vies qu'il irait à l'encontre de la finalité recherchée ».[54]

Les systèmes développés par Blackstone pour classifier et analyser les règles juridiques, fonctionnaient efficacement, prétend-t-il, pour dissimuler cette contradiction au regard des Anglais et des Américains au dix-huitième siècle.[55] Les générations suivantes de penseurs du droit ont critiqué certaines des stratégies de Blackstone, tout en en conservant et en en généralisant d'autres. L'effet net, sur un siècle et demi, a été l'abstraction et le raffinement d'un système distinctement « libéral » de pensée juridique – appelé ainsi parce qu'il établit une subdivision de l'univers social en deux systèmes radicalement opposés : « la société civile » et « l'Etat ».[56] La première est « un domaine de libre interaction entre particuliers qui ne se menacent pas les uns les autres parce que l'autre entité, « l'Etat », les contraint à respecter les droits les uns des autres ».[57] Une fois perfectionné, cependant, ce style libéral a été de courte durée ; au début du vingtième siècle, il a succombé au même processus de critique corrosive qui avait contribué auparavant à le purifier et à libérer le paysage de ses rivaux.

Dans son manuscrit non publié, Kennedy utilisait ce grand récit pour donner sens aux histoires de plusieurs champs doctrinaux, y compris le droit constitutionnel, le droit du fédéralisme, des contrats et de la responsabilité.[58] Dans les années 1980, une cohorte importante d'historiens du droit – nombre d'entre eux étant affiliés à la Conférence

---

54 *ibid.*, p.211-12.
55 Voir *ibid.*, p.218-19.
56 *ibid.*, p.217.
57 *ibid.*
58 Voir Kennedy, *Classical Legal Thought*, *op. cit. supra* note 49.

sur les *Critical Legal Studies* – a appliqué sa méthode interprétative à d'autres champs encore. Les essais de ce groupe ne se contentaient pas de répliquer l'argumentation de Kennedy ; chacun était, à de nombreux égards, original. Cependant, les thèmes centraux de l'approche de Kennedy – l'ubiquité des conflits profonds dans la culture occidentale et la théorie libérale ; le présupposé que les systèmes d'argumentation et de pensée juridiques sont grandement façonnés par le besoin de moduler ces conflits et la tendance de ces systèmes à se briser à la longue – se retrouve en tous.[59]

Gregory Alexander, par exemple, a affirmé que le droit des trusts dans la culture anglo-américaine a longtemps été affecté par une contradiction fondamentale : il est impossible de simulanément protéger à la fois la liberté du testateur de contrôler l'usage qui sera fait de sa propriété après sa mort et la liberté des légataires d'user et de disposer de leur héritage comme ils le souhaitent.[60] Les juristes américains du dix-neuvième siècle, obsédés par le souci de libérer la propriété des restrictions féodales sur la libre disposition de celle-ci ont développé différentes doctrines visant à estomper cette contradiction, y compris l'idée d' « incompatibilité » (le principe que les restrictions sont nulles quand elles sont incompatibles avec la « nature » du bien sur lequel elles sont imposées) et la séparation du droit et de l'équité.[61] A la fin du siècle, a prétendu Alexander, les efforts des juristes savants pour rationaliser le droit des trusts et, en particulier, pour régler le problème des trusts dépensiers – ont discrédité ces moyens d'intervention.[62] La génération suivante de juristes a cherché à nouveau à masquer la contradiction sous-jacente (invoquant, par exemple, le test de l'équilibre ou la critique de l'efficacité économique), cependant ces moyens avaient toutes les chances de ne pas s'avérer plus durables.[63]

L'étude d'Elizabeth Mensch sur le développement du droit de propriété dans la New York de l'époque coloniale s'inscrit dans la même veine. Deux conceptions opposées des droits de propriété, prétend-t-elle, s'affronaient dans les procès coloniaux et le discours populaire : le

---

[59] En plus des essais discutés ci-dessous, voir Kainen (James L.), « Nineteenth Century Interpretation of the Federal Contract Clause », in *Buffalo Law Review*, Vol.31, 1982, p.381 et suiv. ; Singer (Joseph William), « The Legal Rights Debate in Analytical Jurisprudence from Bentham to Hohfeld », in *Wisconsin Law Review*, 1982, p.975 et suiv.

[60] Voir Alexander (Gregory S.), « The Dead Hand and the Law of Trusts in the Nineteenth Century », in *Stanford Law Review*, Vol.37, 1985, p.1189 et suiv. , à p.1189.

[61] *ibid.*, p.1224-27.

[62] Voir *ibid.*, p.1208-09.

[63] Voir *ibid.*, p.1254.

« volontarisme » (pour lequel les titres dérivent de l'usage et de l'occupation ou de la distribution des terres par les villes) et la « hiérarchie » (pour laquelle les titres dérivent du roi et sont protégés par des principes de sécurité).[64] Les juristes se débatttaient pour trouver des doctrines qui atténueraient la tension entre ces principes. L'emportant pour un temps, ces mécanismes se sont désintégrés pendant la période de la révolution américaine.[65]

En 1984, Duncan Kennedy, l'initiateur à ce mode d'analyse, renonce à l'un de ses traits principaux. Dans une conversation publiée, avec Peter Gabel, il affirma avec insistence que sa conception originelle de la « contradiction fondamentale » était devenue inutile – qu'elle était devenue un « pur slogan » et que (chose plus grave) des théoriciens libéraux et conservateurs s'en étaient emparés pour justifier leurs propres programmes soit de changement social, progressif, soit de défense du *statu quo*.[66] En partie à cause de cela, à la fin des années 1980, la production de travaux dans cette veine diminue considérablement. Un petit nombre d'historiens du droit fait encore un usage explicite de la méthode pour laquelle Kennedy fut un pionnier mais, de façon caractéristique, uniquement comme une composante d'une méthodologie davantage inspirée du post-modernisme ou comme prélude à une telle méthodologie.[67]

---

[64] Mensch (Elizabeth V.), « The Colonial Origins of Liberal Property Rights », in *Buffalo Law Review*, Vol.31, 1983, p.635 et suiv., à p.652-60.

[65] Voir *ibid.*, p.647.

[66] Voir Gabel (Peter) & Kennedy (Duncan), « Roll Over Beethoven », in *Stanford Law Review*, Vol.36, 1984, p.1, à p.15-16. Kennedy soutient avec force cependant que la renonciation à la contradiction fondamentale n'implique pas l'abandon de la méthode structuraliste en général. Voir ibid., p.15 (« Je demeure, insiste-t-il, dans une conversation avec l'auteur, « un structuraliste... »)

[67] Voir, par exemple, Jaszi, « Toward a Theory of Copyright : The Metamorphoses of Authorship, in *Duke Law Journal*, 1991, p.455, à p.463-66 (déployant brièvement une analyse structuraliste de l'histoire des droits d'auteur mais pour la rejeter au motif qu' « elle ne va pas assez loin et ne nous permet pas d'avancer dans la compréhension des traits de la doctrine des droits d'auteur – tels que le principe quelque peu usé de la « non-discrimination esthétique », la loi kaléidoscopique des « travaux faits à la commande » ou sur la curieuse tradition du renouvellement - qui ne sont de toute évidence pas concernés par la distinction des sphères publiques et privées » ; Peller (Gary), « The Metaphysics of American Law », in *California Law Review*, Vol.73, 1985, p.1151, à p.1154-1178 (qui emploie une méthodologie structuraliste aux premiers stades de l'analyse mais l'abandonne finalement comme limitée et « malencontreuse »). Pour une exception possible à cette généralisation, voir Peritz (Rudolph J.), « A Counter-History of Antitrust Law », in *Duke Law Journal*, 1990, p.263 et suiv., à p.268 (s'appuyant sur Foucault et Hayden White pour offrir « une analyse structurée du discours antitrust, qu'[il appelle] une « généalogie » ou une « contre-histoire »).

2-2) L'histoire du droit contextualiste

L'impact sur l'histoire du droit du contextualisme a été moins explicite mais plus étendu et apparemment plus durable. Très peu d'historiens du droit citent les écrits méthodologiques de Quentin Skinner ou de J.G.A. Pocock[68] ou semblent en avoir connaissance mais un large corpus rapidement grandissant de travaux sur l'histoire du droit américaine incorpore nombre des traits du mode d'analyse dont ils ont été les pionniers.

Un exemple récent et remarquable est le livre très en vogue d'Herbert Hovencamp, *Enterprise and American Law*. Dans ses lignes introductives, Hovencamp insiste pour qu'on le lise comme un ouvrage d' « histoire intellectuelle et non d'histoire politique, économique et sociale ».[69] Sa thèse principale est que les développements considérables en matière de constitution aux Etats-Unis, de droit du travail et de droit antitrust, intervenus entre 1836 et 1937, se comprennent mieux, non pas comme le résultat de batailles entre groupes d'intérêts égoïstes (comme on le pense traditionnellement) mais comme le précipité d'une « manière [générale] de penser les problèmes politiques »,[70] qui, à son tour, était dérivée, non pas des théories générales du droit mais du discours économique. Plus spécialement, Hovencamp affirme que les leaders de l'establishment juridique, au milieu et à la fin du dix-neuvième siècle, étaient imprégnés de l'économie politique classique dont les principaux dogmes étaient : le marché laissé à lui-même fonctionne bien ; l'Etat doit être neutre ; les bonnes lois sont celles qui augmentent la taille du gâteau de la société ; et l'Etat ne doit pas intervenir dans la détermination de la division et de la distribution du gâteau.[71] Ces convictions et non le désir de protéger les intérêts de leur propre classe expliquent le contenu des lois et des opinions judiciaires qu'ils ont produites et la terminologie dans laquelle ces édits ont été exprimés.[72]

---

[68] William Novak est un rare contre-exemple. Dans le chapitre d'ouverture de son beau livre sur l'histoire du concept de pouvoir de police, il s'associe lui-même à Skinner, Pocock, Dunn et Wood, glanant dans leur oeuvre le principe que « le langage n'est pas un épiphénomène ; c'est une part importante et inséparable de la structure sociale ». Novak (William J.), *The People's Welfare : Law and Regulation in the Nineteenth-Century America*, 1996, p.24 et n.24.

[69] Hovencamp (Herbert), *Enterprise and American Law, 1836-37*, 1991, p.ix.

[70] *ibid.*, p.1.

[71] Voir *ibid.*, p.3.

[72] Pour un essai antérieur utilisant la même méthodologie pour atteindre des conclusions similaires à propos des fondements du droit antitrust, voir May (James), « Antitrust in the

Une application plus nuancée et multidimensionnelle de la même méthodologie sous-tend l'essai de Reva Siegel, « Home as Work ».[73] L'objet principal de son étude est l'effort infructueux d'un groupe de féministes d'antan pour persuader les législatifs d'Etats de reconnaître le travail domestique des femmes en leur accordant des droits juridiques sur une partie des biens matrimoniaux auxquels leurs époux avaient droit.[74] Siegel prétend, de façon convaincante, que trois traditions sociales et intellectuelles fournissaient à ces féministes les ressources rhétoriques pour mener leur campagne : le communautarisme utopique (en particulier, les conceptions de l'égalité des sexes et du féminisme matérialiste qui figuraient dans nombre d'expériences utopiques d'avant-guerre) [75]; l'abolitionnisme (en particulier, l'idéologie de la liberté du travail et le principe de la propriété de soi développés et popularisés dans certains secteurs du mouvement abolitionniste) [76] ; et l'idéologie des sphères séparées (en particulier, la conception de la responsabilité de la femme pour le bien-être spirituel de son mari, de ses enfants et, par extension, de toute la société et la proposition associée que le travail d'une épouse dans la sphère privée est aussi valable socialement que le travail politique et économique d'un mari dans la sphère publique).[77] L'invocation par les féministes de chacun de ces langages et de chacune de ces attitudes était en partie – mais seulement en partie – transformatrice ; pour faire avancer leur cause, elles s'appuyaient sur les composantes les plus égalitaires et les plus libératrices de chaque système de croyances, cependant leur incapacité à se libérer des dimensions plus conservatrices de ces discours explique largement les limites de leur mouvement et son échec ultime.[78] En bref, Siegel déploie effectivement tous les traits de la méthode contextualiste : un historicisme intense[79] ; une exploration approfondie des concepts et des présupposés qui façonnaient le discours d'une communauté particulière ; et l'examen minutieux des égards auxquels les membres de la communauté dépendaient des langages et des croyances

Foramtive Era : Political and Economic Theory in Constitutional and Antitrust Analysis, 1880-1918 », in *Ohio State Law Jourrnal*, Vol.50, 1989, p.257 et suiv.

[73] Siegel (Reva B.), « Home as Work : The First Woman's Rights Claims Concerning Wives' Household Labor, 1850-1880 », in *Yale Law Journal*, Vol.103, 1994, p.1073 et suiv.

[74] Voir *ibid.*, p.1086-91.

[75] Voir *ibid.*, p.1094-98.

[76] Voir *ibid.*, p.1098-108.

[77] Voir *ibid.*, p.1108-12.

[78] Voir *ibid.*, 1189.

[79] « [T]ransformer l'histoire en grain à moudre pour la théorie – de sorte que les actes et les revendications deviennent des instances et des exemples – obscurcirait ce qu'il y a finalement de plus remarquable à propos de la tradition de la propriété commune, le simple fait qu'elle existait. » *ibid.*, p.1081.

des autres communautés discursives, contemporaines et étaient capables de partiellement les transcender.[80]

Ces dernières années, des histoires du droit contextualistes, semblables (bien que pas toujours aussi finement forgées) sont apparues avec une fréquence toujours plus grande.[81] Nathaniel Berman, par exemple, prétend que, pour comprendre la transformation du droit international pendant la période entre la Première et la Seconde guerre mondiale, il faut « expliquer la structure sous-jacente de présupposés » – une charpente qui n'a pas toujours été pleinement apparente pour les auteurs de l'entre-deux-guerres eux-mêmes et encore moins pour leurs successeurs d'après la Seconde guerre mondiale ».[82] Cette charpente (que Berman appelle « le modernisme en droit international ») s'avère avoir été dérivée, à un degré important, d' « un ensemble de mouvements du vingtième siècle pour le renouveau culturel dans d'autres domaines ».[83] De même, Stephen Siegel affirme que, pour déchiffrer les écrits de Joel Bishop, un auteur de traité de la fin du dix-neuvième siècle, l'on doit non seulement s'immerger dans

---

[80] L'approche contextualiste inspire aussi l'étude minutieuse de Siegel sur les relations pendant le dix-neuvième siècle entre les conceptions évolutives des origines de la vie humaine et l'intensification de la criminalisation de l'avortement. Voir Siegel (Reva), « Reasoning form the Body : A Historical Perspective on Abortion Regulation and Questions of Equal Protection », in *Stanford Law Review*, Vol.44, 1992, p.261 et suiv., à p.280-323. La même méthode sous-tend (même si c'est moins ouvertement) nombre des meilleures histoires du droit de la famille. Voir, par exemple, Basch (Norma), *In The Eyes of the Law : Women, Marriage, and Property in Nineteenth-Century New York*, 1982 (liant les origines des lois sur la propriété des femmes mariées à New York en partie à une combinaison d'égalitarisme jacksonien, de culte de la domesticité et d'un besoin perçu de clarifier les droits des créanciers) ; Salmon (Marylynn), *Women and the Law of Property in Early America*, 1986 (reliant le statut juridique des femmes dans la Nouvelle-Angleterre du dix-huitième siècle et du début du dix-neuvième en partie à la tradition de protestantisme radical dans la région.

[81] En plus des études discutées ci-dessus, voir Fried (Barbara), *Robert Hale and Progressive Legal Economics*, 1998 ; Clark (Elizabeth B.), « ' The Sacred Rights of the Weak ' : Pain, Sympathy, and the Culture of Individual Rights in Antebellum America », in *Journal of American History*, Vol.82, 1995, p.463 et suiv.; Ernst (Daniel R.), «Common Laborers ? Industrial Pluralists, Legal Realists, and the Law of Industrial Disputes, 1915-1943 », in *Law and History Review*, Vol.11, 1993, p.59 et suiv. ; Green (Steven K.), «The Blaine Amendment Reconsidered, in *American Journal of Legal History*, Vol.36, 1992, p.38 et suiv.; Klarman (Michael), *Judicial Review, the Court's Countermajoritarian Capacity, and the Future of Constitutional History* (Nov. 15, 1994) (manuscrit non publié, enregistré auprès de la Stanford Law Review).

[82] Berman (Nathaniel), « 'But the Alternative is Despair' : European Nationalism and the Modernist Renewal of International Law", in *Harvard Law Review*, Vol.106, 1993, p.1792 et suiv., à p.1795.

[83] *ibid.*, p.1798 (sans la note) ; voir aussi Berman (Nathaniel), « Modernism, Nationalism, and the Rhetoric of Reconstruction », in *Yale Journal of Law and Humanities*, Vol.4, 1992, p.351 et suiv. (à propos de la méthodologie).

les écrits des contemporains savants de Bishop (c'est-à-dire des autres théoriciens du droit classiques) mais aussi localiser les racines des concepts et des termes que Bishop a employés. Seule une évaluation de la dette de Bishop envers la version américaine de la philosophie morale écossaise peut, par exemple, permettre de déterminer précisément ce que Bishop entendait quand il suggérait que Dieu participe aux prises de décision des juges qualifiés et impartiaux.[84] Dans un récent essai, Martha Lees défend l'idée que les vocabulaires et les concepts avec lesquels les cours des Etats ont un temps cherché à résoudre le problème de la constitutionnalité des zones résidentielles[85] peuvent être rattaché en grande partie aux trois ensembles d'attitudes communément en circulation au début du vingtième siècle : le « culte de la domesticité » ; l'idéal pastoral et les croyances liées au mouvement de santé publique naissant.[86]

Un autre groupe important d'essais contextualistes cherche un guide pour l'interprétation du remplacement (quelquefois situé au dix-neuvième siècle) de l'idéologie du républicanisme classique par celle du libéralisme classique.[87] Ces articles prétendent que la forme et le contenu de nombreuses normes juridiques – allant du contenu des dispositions constitutionnelles d'Etats gouvernant les confiscations de propriété individuelle aux réponses apparemment incohérentes du Président de la Cour Suprême Shaw aux problèmes des accidents du travail et des « ateliers fermés » – sont mieux compris lorsqu'on s'est assuré si les législateurs pertinents ont été mus principalement par la vision globale du républicanisme, la vision globale du libéralisme ou une certaine combinaison des deux.[88]

---

[84] Siegel (Stephen A.), « Joel Bishop's Orthodoxy », in *Law and History Review*, Vol.13, 1995, p.215 et suiv., à p.244-50.

[85] In *Village of Euclid v. Ambler Realty Co.*, 272 U.S. (1926), p.365 et suiv., à p.389-95. La Cour Suprême des Etats-Unis a résolu cette question une fois pour toutes, établissant que les zones cumulatives sont bien constitutionnelles.

[86] Lees (Martha A.), « Preserving Property Values ? Preserving Proper Homes ? Preserving Privilege ? The Pre-Euclid Debate over Zoning for Exclusively Private Residential Areas, 1916-1926 », in *University of Pittsburgh Law Review*, Vol.56, 1994, p.367 et suiv., à p.369.

[87] Pour une critique sceptique de cette caractérisation de l'histoire de la culture politique américaine, voir Rodgers, *op. cit. supra* note 7, à p.32-37.

[88] Voir, par exemple, Forbath (William E.), *Law and the Shaping of the American Labor Movement*, 1991 (dont je discute à la note 157 *infra*) ; Konefsky (Alfred S.), «'As Best to Subserve their Own Interests' : Lemuel Shaw, Labor Conspiracy, and Fellow Servants », in *Law and History Review*, Vol.7, 1989, p.219 et suiv. ; Treanor (William Michael), « The Origins and Original Significance of the Just Compensation Clause of the Fifth Amendment », in *Yale Law Journal*, Vol.94, 1985, p.694 et suiv.

Une grande part de mon propre travail a pris des formes similaires. Par exemple, j'ai prétendu que les déclarations et les règles disparates, en apparence contradictoires, émanant des législatifs d'Etats et des tribunaux au début du dix-neuvième siècle concernant le statut juridique des esclaves s'interprétaient le mieux comme résultant des désaccords dans le Sud d'avant-guerre, à propos de trois questions : le caractère et les tendances du noir typique ; la justification la plus convaincante pour l'institution de l'esclavage ; et si la chrétienté ou le code de l'honneur fournissait le guide moral le meilleur pour l'homme blanc.[89]

La popularité de la méthode contextualiste parmi les historiens du droit est susceptible de croître dans l'avenir immédiat. Les projets, pour leurs travaux futurs, de nombreux historiens s'en inspirent. Et deux manifestes récents cherchant à structurer l'orientation des travaux dans le domaine recommandent implicitement l'approche contextualiste.[90]

2-3) L'histoire du droit textualiste

L'impact du textualisme sur l'histoire du droit a jusqu'à maintenant été moins important, cependant son crédit et son influence semblent s'accroître. A ce jour, seul un auteur américain a explicitement évoqué l'approche textualiste lors de l'examen du développement d'une doctrine ou d'une pensée juridique.[91] Dans un article carrément intitulé « The

[89] Voir Fisher (William W., III), « Ideology and Imagery in the Law of Slavery, in *Chicago-Kent Law Review*, Vol.68, 1993, p.1051, à p.1057-80. une méthodologie similaire sous-tend Fisher (William W., III), « Ideology, Religion, and the Constitutional Protection of Private Property : 1760-1860 », in *Emory Law Journal*, Vol.39, 1990, p.65 et suiv.

[90] Voir Berman, « Modernism », *op. cit. supra* note 83, p.354 (cherchant à transformer « la pratique courante en histoire du droit international » au moyen d'un exemple d'investigation contextualiste) ; Ross (Richard J.), « The Legal Past of Early New England : Notes for the Study of Law, Legal Culture, and Intellectual History », in *William and Mary Quarterly*, Vol.50, 1993, p.28 et suiv., à p.40 (appelant à une « histoire des idées » à propos du droit de la période coloniale, qui explorerait « les grands changements dans les tendances intellectuelles et les concepts de base qui ont affecté le système juridique et la perception du droit par les colons »).

[91] Un essai récent de Saul Cornell pourrait être considéré comme une exception à cette généralisation . Voir Cornell (Saul), « Moving Beyond the Canon of Traditional Constitutional History : Anti-Federalists, the Bill of Rights, and the Promise of Post-Modern Historiography », in *Law and History Review*, Vol.12, 1994, p.1. Cependant la méthodologie de Cornell est moins innovante que son titre le suggèrerait. Certains aspects du textualisme – en particulier, l'impatience vis-à-vis de la recherche de l'intention de l'auteur et la sensibilité de l'auteur aux façons dont les « noeuds de contradiction » à l'intérieur des textes canoniques fournissent « un espace culturel de résistance et de contestation » – marquent son exposé sur les antifédéralistes (*ibid.*, p.22). Néanmoins d'autres aspects du textualisme – et notamment la valorisation de l'ambiguité sémantique des textes et la relation tendue entre le présentisme et la fidélité au passé – sont notablement absents. Dans l'ensemble, il est

Metaphysics of American Law », Gary Peller commence par esquisser une théorie herméneutique post-moderne qui suit de près les arguments des historiens des idées textualistes.[92] Il est fondamentalement trompeur, insiste Peller, de concevoir le discours juridique – et en réalité toute forme de discours – « comme un médium neutre qui ne fait que refléter des événements sociaux » ; [93] les mots et les concepts que nous employons, en droit comme dans la conversation ordinaire, limitent ce que nous pouvons dire et, par là, limitent ce que nous pouvons penser. Une implication de ce fait est qu'une quête de « l'intention » de l'auteur est chimérique – en partie parce que « les conventions linguistiques limitent l'intention subjective par des formes objectivement données » et plus gravement encore parce qu' « il n'y a pas d'intention privée ou individuelle, séparable des pratiques de représentation sociale ».[94] Il est également fallacieux, affirme Peller, de penser que « les termes de la représentation, les « signifiants », aient un lien direct avec les conceptions représentées, avec leur sens « signifié ».[95] « La conception signifiée est elle-même jamais présente mais toujours déjà une re-présentation. Cette re-présentation est un « signifiant » contenant des traces qui renvoient à d'autres signifiants dans une chaîne de différenciation ? »[96]

> « Cette analyse suggère que la signification est créée socialement à travers l'économie de la différence au sein de contextes de représentation. Ainsi, il n'y a pas représentation, seulement interprétation. Et la signification est indéterminée dans la mesure où elle n'est jamais positivement présente dans une expression, elle est toujours différenciée ou absente. La tentation pour fixer la signification d'une expression conduit à une régression à l'infini. Il faut suivre des traces qui vont de l'expression à d'autres termes qui, eux-mêmes, contiennent des traces conduisant vers d'autres traces encore et ainsi de suite. La signification n' « existe » nulle part, elle est construite à partir des relations de différence, dans les espaces vides et les silences de la communication. »[97]

---

préférable de percevoir cet article comme une manifestation de plus de la méthodologie contextualiste, discutée plus haut, en 2-2), dont la domination est croissante.

[92] Peller, *op. cit. supra* note 67, p.1154-58.

[93] *ibid.*, p.1159.

[94] *ibid.*, p.1162 et note 9 (citation omise).

[95] *ibid.*, p.1163.

[96] *ibid.*, p.1165.

[97] *ibid.*, p.1167-68.

Il n'est pas possible, prétend Peller, de remédier à l'indétemination d'un texte individuel en se référant à son *con*texte discursif. « Tout essai pour fixer la signification d'un texte en décrivant son contexte se heurte au problème que tout contexte donné est ouvert à une prolongation de la description. Le contexte n'existe pas quelque part. Le contexte est construit par l'interprète en fonction de ses calculs de pertinence et de non-pertinence. »[98] Il n'est pas non plus possible d'y pallier en dressant la carte des « structures de représentation sous-jacentes qui sont supposées faire vivre le texte » (c'est-à-dire au moyen d'une investigation structuraliste), parce que ces « structures de représentation ne peuvent jamais être déterminées de façon concluante ; leur signification relationnelle dépend de la pratique de représentation dans laquelle elles se trouvent ».[99] Finalement il n'est pas possible non plus de résoudre le problème par l'invocation des conventions herméneutiques développées par une « communauté d'interprétation » parce qu'un tel groupe n'a pas de contenu positif, arrêté.[100] Une communauté interprétative, en d'autres termes, doit être construite tout comme la signification du texte lui-même doit l'être.[101]

Armé de ces intuitions, Peller tourne son attention vers un problème historique, particulier : le remplacement dans la pensée juridique américaine du début du vingtième siècle du classicisme par le réalisme juridique. Cette transition est conventionnellement appréhendée, note Peller, comme ayant été « radicale ».[102]

La naïveté épistémologique et le conservatisme politique des classiques a été exposé et discrédité. A leur place, les réalistes ont établi la sophistication du pragmatisme, inauguré une reconnaissance franche du caractère politique de toute décision juridique et un programme social progressiste.[103] Aux yeux de Peller, cependant, cette interprétation méconnaît l'étroitesse, à vrai dire le conservatisme, de la vision du réalisme. « Il a réduit la conception de la politique d'une vaste notion de lutte à propos de l'exercice d'un pouvoir social, contingent à la conception étroite de l'adaptation aux possibilités limitées, présentées par

---

[98] *ibid.*, p.1172.
[99] *ibid.*, p.1173.
[100] *ibid.*
[101] *ibid.*, p.1174-75.
[102] *ibid.*, p.1154.
[103] Pour une interprétation du réalisme dans cette veine, voir Fisher (William W., III), Horwitz (Morton J.) & Reed (Thomas A.) (eds.), « Introduction » to *American Legal Realism*, p.x.

les nécessités fonctionnelles de la vie sociale. »[104] La cause ultime de cette perspective réduite est une structure conceptuelle profonde et profondément contraignante – une structure que le réalisme partage avec le classicisme. Peller parle, à propos de cette structure, de « la dichotomie sujet/objet, de la notion qu'il est sensé de décrire le monde social en séparant les sphères subjectives et objectives de la vie sociale ».[105] La façon de figurer de cette structure dans le réalisme, concède Peller, diffère quelque peu de la façon dont elle figurait dans le classicisme. Cependant le réalisme ne s'est pas opposé à cette structure elle-même, ni même à la mettre en lui-même.[106] La révéler – et révéler sa contingence – devrait aider à la transcender.

Sur un point crucial, l'étude par Peller de ce moment de transition important dans l'histoire du droit américain est conforme aux recommandations méthodologiques des historiens des idées textualistes : il a abandonné l'obsession historiciste de l'apparence contextualiste au profit d'une « interaction tendue entre la reconstruction du passé empiriquement fondée et l'échange dialogique ».[107] Son analyse du réalisme oscille entre les explications des textes eux-mêmes et les réflexions sur la façon dont ces textes illuminent les défauts de la pensée et de la pratique juridiques du présent et sont illuminés par elles. Cet enchevêtrement d'investigations historicistes et actuelles est encore plus évident dans un essai que Peller a écrit quelques années plus tard sur la « théorie du processus juridique », le style dominant dans la théorie du droit américaine pendant les années 1950.[108] Cet article commence par la lecture minutieuse des principaux textes sur le processus juridique,[109] détaillant les efforts faits par les auteurs pour différencier les compétences entre législatif, tribunaux, agences administratives et personnes privées et pour associer chacune de ces instances à un type particulier de problème juridique.[110] Peller prétend ensuite, de façon persuasive, que cette approche est née – et a dérivé une grande part de son attrait – de sa consonance avec les efforts faits par des penseurs américains dans d'autres domaines académiques, au début des années 1950, pour façonner les distinctions « entre problèmes controversés de valeurs et questions non-controversées de cadre et de structure à l'intérieur desquels le conflit

---

104 Peller, *op. cit. supra* note 67, p.1153.
105 *ibid.*, p.1154.
106 Voir *ibid.*
107 Voir LaCapra, *op. cit. supra* note 31, p.427.
108 Peller (Gary), « Neutral Principles in the 1950s. », in *University of Michigan Journal of Legal Reform*, 1988, p.561 et suiv.
109 Voir *ibid.*, p.566-72.
110 Voir *ibid.*, p.591-99.

substantiel s'inscrivait ».[111] Peller révèle ensuite un défaut fondamental de l'argumentation des tenants du processus juridique. Selon ces théoriciens, la raison pour laquelle les cours devraient s'en remettre aux législatifs quand les controverses ne peuvent pas être résolues par des principes neutres est que les législatifs sont démocratiquement élus ; que ce qu'ils déterminent est ainsi le reflet de la volonté du peuple.[112] Cette motivation rend logiquement nécessaire qu'une cour contrôlant la résolution d'une controverse particulière par le législatif, prenne au sérieux une plainte avancée par la partie perdante qu'une certaine pratique sociale ou politique, telle que la discrimination raciale ou sexuelle, empêche le législatif d'être démocratique. Dans les années 1970, les théoriciens du droit (tels que John Ely et Jesse Choper) poursuivant des recherches analogues l'ont fait précisément,[113] mais aucun des théoriciens du processus juridique dans les années 1950 ne voulait faire cela. Aux yeux de Peller, ce désintérêt provient, en partie, du fait qu'ils étaient tous des hommes blancs de l'élite intellectuelle du Nord-Est qui, en raison de leur position de classe, voyaient le monde comme essentiellement juste et équitable.[114] En dépit des jugements qu'elle porte manifestement, cette lecture s'impose, donnant du crédit à la défense par les textualistes d'une telle posture délibérément « présentiste » de compromis.

Un article récent de Mark Barenberg sur les origines du Wagner Act (la loi fondatrice pour le droit du travail américain moderne) combine explication et évaluation d'une façon aussi éclairante.[115] L'article recherche les idées de Robert Wagner et de ses contemporains à propos de la manière dont le droit peut et doit répondre aux conflits du travail. Barenberg dessine méticuleusement le cadre économique et idéologique de l'entreprise de Wagner – y compris l'agitation chez les ouvriers, les autres formes variées de perturbation politique et la confrontation de pouvoirs au Congrès dans les années 1930. Dans ce décor, Barenberg essaie de comprendre la perspective de Wagner, soutenant que plusieurs tendances de la pensée progressiste s'y enchevêtrent, y compris l'(anti)-épistémologie du pragmatisme popularisé de Dewey, la notion du droit et de la sociologie défendue par le réalisme juridique, la psychologie sociale des progressistes communautariens et l'économie politique des

[111] *ibid.*, p.565.
[112] Voir *ibid.*, p.561.
[113] Voir Choper (Jesse), *Judicial Review and the National Political Process : A Functional Reconsideration of the Role of the Supreme Court*, 1980 ; Ely (John Hart), *Democracy and Distrust*, 1980.
[114] Voir Peller, *op. cit. supra* note 108, p.563-66.
[115] Barenberg (Mark), « The Political Economy of the Wagner Act : Power, Symbol, and Workplace Cooperation », in *Harvard Law Review*, Vol.106, 1993, p.1379, à p.1381 et suiv.

économistes institutionnalistes de la seconde génération.[116] Finalement, Barenberg montre comment le contenu du Wagner Act procède de ces engagements. Pocock et Skinner trouveraient tout cela familier et recommandable. Barenberg, cependant, ne s'arrête pas là. Il continue en interrogeant Wagner sur des questions qu'un historien contextualiste condamnerait comme désespérément anachroniques. Barenberg, cependant, ne s'arrête pas là. Toutes les innovations coopérationnistes » sont-elles mauvaises ? Le « rationnalisme égoïste » ou « le reconstructionnisme » sont-ils une meilleure méthodologie pour suivre les relations du travail ? Barenberg reconnaît que Wagner n'a pas traité de ces questions dans des termes qui nous paraîtraient familiers. De manière plus importante encore, il concède que le contexte historique dans lequel Wagner travaillait était substantiellement différent du nôtre. Les défis principaux auxquels était confronté Wagner consistaient à faire sortir le pays de la Grande Dépression et à « reconstruire » un ordre capitaliste, démocratique, alors qu'émergeait une économie de consommation de masse, avec fragmentation en classes.[117] Les problèmes auxquels nous sommes confrontés, au contraire, comprennent « l'accroissement de la compétition et de la mobilité du capital au niveau international, la croissance de la productivité affligée de mollesse chronique et le recul de la main-d'oeuvre organisée ».[118] Néanmoins, Barenberg défend l'argument que la vision de Wagner « vient éclairer les théories économiques et sociales, actuelles de la coopération ouvriers-direction ».[119] Reformulée dans les termes de la théorie moderne, la perspective de Wagner peut servir (1) à mieux faire sentir la capacité du droit du travail (et du droit en général) à façonner plutôt que simplement gérer les préférences et les intérêts de toutes les parties concernées[120] et (2) à révéler des solutions plus aptes que le système d'ancienneté et de compensation différée, par exemple, à résoudre les problèmes identifiés par les économistes contemporains qui s'intéressent aux « marchés du travail internes ».[121] En bref, Barenberg adopte vis-à-vis de Wagner l'attitude recommandée par LaCapra : « Réveillez les morts pour les interroger sur les problèmes qui sont les nôtres... »[122]

---

[116] Voir *ibid.*, p.1403-10.
[117] *ibid.*, p.1388.
[118] *ibid.*
[119] *ibid.*, p.1389.
[120] Voir *ibid.*, p.1462-65.
[121] *ibid.*, p.1465-89. Il est vrai que Wagner ne s'en sort pas indemne. Barenberg lui reproche un certain nombre d'aveuglements – le plus sérieux étant d'avoir sous-estimé « la conscience des dirigeants et la peur du potentiel du processus même du changement culturel qu'exaltait Wagner. (*ibid.*, p.1495.)
[122] LaCapra, *op. cit. supra* note 28, p.9.

Dans leur effort pour combler le fossé entre présentisme et historicisme, les deux articles de Peller et celui de Barenberg semblent authentiquement innovateurs du point de vue de la méthode. Au moins dans le cas de Peller, cette innovation semble découler naturellement d'une théorie de l'histoire postmoderne ou textualiste. A d'autres points de vue, cependant, les trois articles ne parviennent pas à exploiter totalement le potentiel méthodologique du textualisme. Plus important encore, aucun de ces trois exposés n'adopte la position de mise clairement en perspective quand ils interprètent des textes ; au contraire, tous les trois font montre d'une confiance aveugle dans la justesse, la vérité des interprétations qu'ils fournissent. Dans « Metaphysics of American Law », cette confiance semble dériver (en dépit des dénégations de Peller) d'une approche structuraliste. Dans les deux autres articles, elle est le produit des efforts réussis pour situer les textes dans leurs contextes discursifs. Il n'y a rien de nécessairement faux dans ces démarches mais on ne peut pas les reconnaître comme des textualistes.

On ne trouve pas non plus, que ce soit dans le travail de Barenberg ou dans ceux de Peller, une trace significative de la troisième des recommandations des textualistes, que les historiens « écrivent l'histoire à rebrousse-poil » en montrant comment les documents canonisés peuvent être interprétés pour subvertir le canon lui-même.[123] Un seul travail d'historien du droit semble assez bien correspondre à cette description : le manuscrit de Clare Dalton, « Losing History ».[124] Dans le cas de 1868, *Rylands v. Fletcher*, la Chambre des Lords anglaise avait affirmé que le constructeur d'un réservoir devait être tenu strictement responsable vis-à-vis du concessionnaire d'une mine proche si l'eau contenue dans le réservoir envahissait un puits de mine abandonné et inondait la propriété du concessionnaire.[125] Que le constructeur n'ait pas eu connaissance de l'existence du puits et du risque qu'il présentait n'avait aucune importance. Cette décision semble incohérente par rapport à la conception orthodoxe de la tendance du droit de la responsabilité en Angleterre (et aux Etats-Unis) au cours du dix-neuvième siècle – à savoir, vers une application toujours plus générale du principe de négligence. La façon selon laquelle *Rylands* a été concilié pendant longtemps avec l'exposé orthodoxe (et utilisé en réalité pour le conforter) a été d'interpréter ce cas comme pertinent seulement pour les circonstances dans lesquelles le

[123] Voir note 35 *supra*.
[124] Dalton (Claire), « Losing History : Tort Liability in the Nineteenth Century and the Case of *Rylands v. Fletcher*, 1987 (manuscrit non publié, enregistré à la Stanford Law Review).
[125] *Rylands v. Fletcher*, in *Law Reports*, Vol.3 (House of Lords, 1868), p.330.

défendeur s'est lancé dans une « activité ultrahasardeuse ». Dans son manuscrit, Dalton s'efforce soigneusement d'expliquer les opinions des six juges qui ont siégé en appel, montrant que seul l'un des six a avancé carrément une conception de la responsabilité civile, cohérente avec le principe de négligence.[126] Trois autres ont adhéré à une conception opposée de la responsabilité, une « conception de la responsabilité fondée sur l'activité ». Les deux juges restants se sont ralliés à une approche plus ancienne qui tentait de déterminer la responsabilité civile des défendeurs en se référant aux formes d'action de *common law* qui se détérioraient.[127] Elle poursuit en montrant que les positions prises par les juges n'étaient pas anormales.[128] L'interprétation du cas par Dalton ébranle effectivement l'histoire traditionnelle du droit de la responsabilité sur deux points. Tout d'abord, elle montre que l'influence du principe de négligence n'était pas fortement ancrée en 1868, contrairement à ce que l'on suppose généralement et, ensuite, elle montre que le triomphe ultime de ce principe n'était pas aussi assuré qu'on le croit ordinairement. Dalton ne rattache pas son argumentation à une quelconque méthodologie générale mais le fait que dans un essai antérieur, non historique, elle ait défendu et appliqué une théorie de l'interprétation explicitement postmoderne[129] suggère que sa lecture délibérément subversive de *Rylands* se fonde bien sur une variante du textualisme.

En bref, un petit groupe d'historiens du droit a commencé à déployer des arguments qui incorporent des éléments du style textualiste de l'histoire des idées mais aucun travail n'en a encore explicité tout le potentiel.

2-4) L'histoire du droit nouvelle historiciste

Jusqu'à maintenant, l'application du Nouvel Historicisme à l'histoire du droit américaine a été encore plus limitée que l'application des autres méthodologies. Seules deux études – toutes deux d'Hendrik Hartog – suivent de près cette méthodologie.[130] Dans la plus récente, Hartog

---

[126] Voir Dalton, *op. cit. supra* note 124, p.19-27.
[127] Voir *ibid.*, p.4.
[128] Voir *ibid.*, p.96-160. Ainsi, les trois juges qui ont cherché à justifier leurs votes sur la base de la « conception fondée sur l'activité » ont pu invoquer et intégrer une part plus large du corpus confus du droit de la responsabilité anglais existant que le seul juge qui s'est appuyé sur le principe de négligence.
[129] Voir Dalton (Clare), « An Essay in the Deconstruction of Contract Doctrine », in *Yale Law Journal*, Vol.94, 1985, p.9 et suiv. [N.d.t. : article repr. in Levinson (Stanford) and Mailloux (Steven) (eds.), *Interpreting Law and Literature. A Hermeneutic Reader*, Evanston, IL, Northwestern University Press, 1988, p.285-318].
[130] Voir Hartog (Hendrik), « Mrs Packard on Dependency », in *Yale Journal of Law and the Humanities*, Vol.1, 1988, p.79 et suiv. [ci-après désigné par Hartog, « Mrs Packard on

examine la carrière et les écrits d'Elizabeth Packard, une réformatrice du dix-neuvième siècle que son mari avait faite interner au motif que sa résistance à son autorité était la preuve de son dérangement mental.[131] A sa sortie, Packard se consacra au changement des lois sur la propriété maritale et sur l'internement civil aux Etats-Unis.[132] Hartog tire de l'histoire de Madame Packard les intuitions suivantes : (1) aussi tard que le troisième quart du dix-neuvième siècle, le dur compte rendu donné par Blackstone des traits oppressifs du droit marital décrivait mieux le statut juridique des femmes mariées aux Etats-Unis que ne l'ont suggéré nombre de révisions apportées à l'histoire du droit de la famille ; (2) la fidélité de Packard au culte domestique et une conception qui y est (vaguement) reliée de « virilité » limitaient le radicalisme de ses propositions de réforme de la loi mais fournissaient des arguments stratégiques puissants à l'appui des changements qu'elle revendiquait ; et (3) le parcours de Packard est exemplaire en ce qui concerne la « capacité psychologiquement coercitive » des règles de droit (c'est-à-dire la mesure dans laquelle les Américains pendant cette période se constituaient à travers le droit).[133]

A beaucoup d'égards, la méthodologie de cet article ressemble à celle employée par les critiques littéraires et par la critique culturelle, nouvelles historicistes. Tout d'abord, un petit événement, découvert par hasard, [134] est exploité pour en tirer des intuitions sur des thèmes majeurs de l'histoire américaine. Ainsi, aux mains d'Hartog, le parcours relativement obscur et tristement inefficace de Packard devient « un « lieu » (« *site* ») par lequel passe nombre des voies les plus importantes de l'histoire culturelle américaine. »[135] Ensuite l'article reflète le sentiment que les écrits de Packard sont ambigus. Totalement dépourvu de la confiance des contextualistes dans leur aptitude à discerner les intentions des auteurs, Hartog se contente d'explorer avidement les significations potentiellement protéiformes d'expressions (telles que « le droit d'être une femme mariée ») autour desquelles tournent les arguments de

---

Dependency »] ; Hartog (Hendrik), « Pigs and Positivism », in *Wisconsin Law Review*, 1985, p.85 et suiv. [ci-après désigné par Hartog, « Pigs »].

[131] Voir Hartog, « Mrs Packard on Dependency », *op. cit. supra* note 130, p.81. Après trois années d'internement, Madame Packard s'opposa à sa propre libération qui avait été subordonnée à son retour au domicile conjugal. Voir *ibid.*, p.81-82.

[132] Voir *ibid.*, p.82-83.

[133] Voir *ibid.*, p.87-101.

[134] Comme Hartog le raconte : « Je suis tombé sur le dossier judiciaire à propos de son cas alors que j'étudiais les dossiers de procès en matière de droit de la famille. » (Voir *ibid.*, in p.83.)

[135] *ibid.*

Madame Packard.[136] Troisièmement, Hartog situe les textes de Madame Packard dans une variété de contextes discursifs, polyphoniques – allant du « culte domestique » à l' « obsession républicaine du détournement de la puissance publique ».[137] Quatrièmement, d'une façon qui est depuis devenue traditionnelle, Hartog non seulement utilise chacun de ces contextes pour aider à interpréter les textes de Madame Packard mais il utilise aussi les textes de celle-ci pour suggérer de réviser les conceptions traditionnellement acceptées de ces contextes. Par exemple, il prétend qu' « une explication des écrits de Madame Packard sur la dépendance aidera à donner sens aux manières qu'avaient les personnes ou qu'elles n'avaient pas de se percevoir comme propriété aux Etats-Unis.[138] Finalement, alors qu'Hartog est profondément intéressé par la lumière que jettent les écrits de Madame Packard sur les structures de pouvoirs aux Etats-Unis, il évite d'appliquer simplement les concepts d'hégémonie culturelle et de conscience fausse. Ainsi, il s'interroge à répétition sur la mesure dans laquelle Madame Packard était à la fois prisonnière et manipulatrice des diverses structures idéologiques au sein desquelles elle évoluait.[139]

Dans son autre article, une obscure affaire pénale de 1819, soumise à la Cour du Maire de New York, sert de prétexte à Hartog.[140] Dans cet historème, un boucher a été reconnu coupable de nuisance publique pour avoir élevé des porcs dans la ville.[141] Comme dans son traitement de la vie d'Elizabeth Packard, Hartog prend plaisir à explorer les ambiguïtés du cas et les façons selon lesquelles il illumine les multiples thèmes de l'histoire juridique et culturelle américaine et est illuminé par eux. Ceux-ci englobent la controverse sur l'aptitude des législateurs ou des cours à résoudre des problèmes sociaux de ce genre,[142] l'émergence graduelle mais contestée, au début du dix-neuvième siècle d'une vision nouvelle de la ville (propre, saine, bureaucratique et se différenciant ainsi profondément de la campagne),[143] le conflit entre les vieux arguments juridiques qui faisaient de la coutume immémoriale une source de droits susceptible d'être invoquée devant les tribunaux et une idéologie nouvelle (mais faisant, cependant, déjà son chemin) qui consistait en un

---

[136] Voir *ibid.*, p.94.
[137] *ibid.*, p.92.
[138] *ibid.*, p.85.
[139] Voir *ibid.*, p.102-03.
[140] Hartog, « Pigs », *op. cit. supra* note 130, p.904-05, y compris la note 22 (citant les cas de Louis Lashine et Christian Harriot in *New York City Hall Recorder*, Vol.4, 1819, p.26. Hartog signale que « le meilleur compte-rendu du cas est accessible dans le *New York Judicial Repository*, 1819, p.258-72 (*ibid.*, note 24).
[141] Voir *ibid.*, p.905-06.
[142] Voir *ibid.*, p.906-08.
[143] Voir *ibid.*, p.908-12.

républicanisme égalitaire, classique[144] ainsi que la crédibilité et le pouvoir culturel limités des ordonnances de justice.[145]

Dans aucun de ces deux essais, Hartog ne reconnaît la mesure dans laquelle son mode d'analyse suit celui des nouveaux historicistes – et, jusqu'à maintenant, aucun autre historien du droit ne lui a emboîté le pas.[146] Cependant la subtilité et la nouveauté de ses arguments rendent très vraisemblable l'apparition prochaine d'études similaires.

3) Etude comparative

La plupart des historiens qui n'ont pas eux-mêmes combattu dans les guerres méthodologiques présentées plus haut mais qui se sont contentés d'observer de loin les batailles ont eu deux grandes réactions : (a) la leçon centrale du « tournant linguistique », selon laquelle l'accès objectif, non médiatisé au passé est impossible, est juste mais (2) il y a bien un passé et

---

[144] Voir *ibid.*, p.912-19.

[145] Voir *ibid.*, p.921-35.

[146] Certains traits de style du nouvel historicisme sont manifestes dans Avery (Dianne) et Konefsky (Alfred S.), « The Daughters of Job : Property Rights and Women's Lives in Mid-Nineteenth-Century Masssachusetts », in *Law and History Review*, Vol.10, 1992, p.323 et suiv. D'un seul document, découvert accidentellement (une lettre écrite en 1839, au Professeur Simon Greenleaf de Harvard par Keziah Kendall, une femme célibataire gérant une laiterie avec l'aide de ses soeurs), Avery et Konefsky tirent différentes intuitions sur les circonstances qui ont incité certaines femmes au dix-neuvième siècle à prendre leurs distances avec le culte de la vie domestique et à embrasser au contraire un « féminisme égalitariste » (*ibid.*, p.343). Les explications minutieusement données par les auteurs sur la façon dont la description de sa vie et de ses croyances par Kendall apporte un éclairage sur les contextes discursifs disponibles chez les habitants de la Nouvelle-Angleterre d'avant la Guerre Civile et est éclairée par eux, ressemblent de près aux investigations de Hartog. Cependant certains traits de la méthodologie nouvelle historiciste – l'attention à l'ambiguïté des textes et l'intérêt pour la dynamique d'hégémonie culturelle – font largement défaut dans cet article.
Peter Jaszi, dans son étude fructueuse sur l'histoire des droits d'auteur, a aussi recours en partie au nouvel historicisme (voir Jaszi, *op. cit. supra* note 67). En particulier, la manière dont il établit des liens de causalité entre les phénomènes juridiques – « trouvant des homologies entre les développements en droit et les développements dans la culture littéraire – sans affirmer que les uns sont de quelque façon déterminés par les autres », ressemble, comme il le relève lui-même, au style d'analyse littéraire/culturelle de Stephen Greenblatt (*ibid.*, p.457 note 5). Jaszi accorde peu d'intérêt cependant aux historèmes évocateurs ou aux contextes discursifs, multiples, préférant concentrer l'essentiel de son effort interprétatif sur les diverses manifestations d'un thème unique : la conception romantique de la qualité d'auteur.

toutes les interprétations historiques ne sont pas également fidèles à celui-ci.[147]

Certains historiens ont jugé la tension entre ces deux réactions préjudiciable et ont conclu, en conséquence, que la théorie méthodologique contemporaine non seulement était incapable de promouvoir la pratique de l'histoire mais encore qu'elle menaçait fortement celle-ci.[148] Pour éviter la paralysie, insistent-ils, nous devrions oublier la théorie et continuer à faire de l'histoire.[149] Si besoin est, pour savoir comment lire le passé et écrire à son propos, il nous faut nous tourner, non pas vers les philosophes, mais interroger la communauté interprétative de nos collègues historiens. L'art du métier, les conventions et les pairs, non pas l'épistémologie et l'herméneutique, doivent être nos guides.[150].

Cette réaction, bien que compréhensible, est décevante. L'incapacité à fournir une justification générale pour ce que nous faisons – la confiance aveugle dans les méthodes élaborées en tâtonnant par les générations d'historiens antérieurs n'est certainement pas un état de choses satisfaisant. La suite de cet article est consacrée à la proposition d'une réponse autre, qui nous permette d'affronter la tension entre le « tournant linguistique » et notre sentiment persistant de la réalité du passé. Elle a, entre autres, le mérite de donner la possibilité aux historiens d'évaluer et de domestiquer les quatre variétés d'histoire intellectuelle qu'ils ont rencontrées ces dernières années.

---

147 Voir, par exemple, Sunstein (Cass R.), « The Idea of a Useable Past », in *Columbia Law Review*, Vol.95, 1995, p.601 et suiv., à p.601 ; Zamitto, *op. cit. supra* note 45, p.798.

148 Voir, par exemple, Kloppenberg (James), « Deconstructive and Hermeneutic Strategies for Intellectual History : The Recent Work of Dominick LaCapra and David Holliger », in *Intellectual History Newsletter*, Vol.9, 1987, p.3, 7, 10 (où il prétend que « la méthode déconstructive rend l'écriture de l'histoire impossible ; ... insister vigoureusement sur l'indécidabilité universelle sonnerait le glas de tout échange critique »).

149 Voir, par exemple, Bann (Stephen), « Towards a Cultural Historiography : Recent Work in Philosophy of History », in *Philosophy*, Vol.56, 1981, p.365 et suiv., à p.370 (à propos de G. R. Elton et Donald Davidson).

150 Voir Grossman (Lionel), « Towards a Rational Historiography », in *Transactions of the American Philosophical Society*, Vol.79, 1989, p.51-67 ; Hunt (Lynn), « History as Gesture; or, The Scandal of History », in Arac (Jonathan) & Johnson (Barbara) (eds.), *Consequences of Theory : Selected Papers from the English Institute 1987-88*, 1991, p.91 et suiv., à p.100-01 (« [M]ême les plus sophistiqués du point de vue théorique, parmi les historiens, doivent admettre que leurs méthodes posent des problèmes insolubles. Dans l'ensemble, nous échappons à cette question en nous conformant dans nos écrits aux cadres posés par les types conventionnels d'interprétation et en nous servant des outils conventionnellement reconnus dans la profession ») ; Zammito, *op. cit. supra* note 45, p.812-14.

Cette réponse commence par l'affirmation aujourd'hui familière (et même banale) que toute histoire épouse, dans une certaine mesure, une perspective ; la façon selon laquelle l'historien aborde et interprète le passé est influencée par ses propres préoccupations et par celles de la communauté et de la période dans laquelle il vit. A tout moment, un phénomène historique particulier peut être envisagé selon des perspectives différentes. Cette observation d'évidence ne sert à rien si l'on entend par là que les orientations politiques, les espoirs et les attentes des historiens varient. Elle est moins évidente et plus utile si la prétention est que des buts non identiques sont et peuvent être poursuivis dans la pratique de l'histoire (et l'histoire du droit en particulier). Les auditoires visés, de même que ses objectifs, sont multiples. En conséquence, nous ne devrions pas être surpris que la méthodologie la mieux adaptée à une fin n'est pas idéale pour une autre.

Ces réflexions nous dirigent vers ce qui pourrait être décrit comme une approche pragmatique face à la méthodologie historique.[151] Au coeur du pragmatisme se trouve l'affirmation que la vérité d'une proposition ne peut pas être déterminée dans l'abstrait ; une proposition est vraie si et seulement si elle est utile (c'est-à-dire si elle aide à atteindre un certain but social). Ici la prétention est que la valeur d'une méthodologie historique ne peut pas être déterminée dans l'abstrait ; elle doit être appréhendée en fonction de son apport à un projet académique ou social donné.

Quelles sont alors les ambitions que les historiens pourraient tenter de promouvoir ? Quels sont, en brefs, les fins recherchées par l'histoire et en particulier l'histoire du droit ? Neuf finalités sont envisagées ci-dessous. Certaines sont familières, d'autres moins. A propos de chacune d'elles, la question est posée de savoir laquelle des méthodologies passées en revue est la plus prometteuse, à supposer qu'il y en ait une.

---

[151] En parlant de pragmatisme dans cette affirmation de base, je n'entends pas invoquer la méthodologie de « l'herméneutique pragmatique » développée tout d'abord par James et Dewey et défendue récemment par James Kloppenberg comme alternative possible au choix peu prometteur entre objectivisme et relativisme dans la recherche historique (voir Kloppenberg (James J.), « Objectivity and Historicism : A Century of American Historical Writing », in *American Historical Review*, Vol.94, 1989, p.1011 et suiv., à p.1026-30. Cette dernière approche est centrée sur la proposition qu'un critère nécessaire et suffisant pour déterminer la validité d'un récit ou d'une explication historique repose dans la possibilité qu'elle a de « survivre à l'examen de la communauté des historiens professionnels (*ibid.*, p.1029). Cette position reçoit un large soutien parmi les historiens professionnels à l'heure actuelle (voir note 150 *supra*) mais elle ne semble pas constituer une réponse adéquate aux défis présentés par les nouveaux styles en histoire intellectuelle.

Quelques mises en garde doivent être formulées dès le départ. Les neuf finalités autour desquelles l'argumentation se structure, n'épuisent pas l'ensemble des fins qui peuvent être assignées à l'histoire. Les lecteurs ont indubitablement la possibilité d'imaginer la poursuite d'autres buts. Cette analyse veut servir d'illustration, elle ne revendique pas l'exclusivité. L'argumentation présentée connaît une autre limite : pour l'essentiel, elle ne porte pas un jugement de fond sur les neuf finalités énoncées. Les notes renvoient les lecteurs à des sources qui tentent de répondre à la question : quelle est la meilleure fonction de l'histoire ou sa finalité appropriée ? L'article ne tente pas d'apporter une conclusion à ce très vieux débat. Enfin, l'objectif d'ensemble de l'analyse n'est pas de condamner les historiens du droit qui s'intéressent à l'histoire intellectuelle à recourir seulement à quatre recettes méthodologiques (le structuralisme, le contextualisme, le textualisme et le nouvel historicisme). Elle vise plutôt à les encourager, par exemple, à une réflexion critique sur ce qu'ils essaient d'accomplir et sur la méthodologie (ou la combinaison de configuration de méthodologies) la mieux adaptée à leur préoccupation.

Voici, donc, les neuf finalités entrevues :

(a) Expliquer pourquoi les événements ont été appréhendés comme ils l'ont été et pas autrement.

La plupart des historiens, quand on leur demande pourquoi ils font ce qu'ils font, incluront au moins cet objectif à leurs réponses. On pense en général que comprendre un évènement suppose l'identification de ce qu'en furent les causes et les effets.[152] L'attitude des historiens du droit est typique à cet égard. Ils aspirent presque tous à trouver des chaînes de causalité, à localiser les origines et déceler l'impact des règles et des idées juridiques.

Une variante importante de cet objectif est d'expliquer pourquoi les victimes des développements juridiques n'y ont pas résisté (ou tout au moins ne sont pas parvenues à le faire efficacement). Les historiens du droit qui étudient ostensiblement les sociétés démocratiques telles que les

[152] Voir, par exemple, Committee on Historiography, Social Science Res. Council, *Bulletin 64, The Social Sciences in Historical Study*, 1954, p.86 et suiv. (« La véritable fonction de la science commence là où la description s'arrête. La fonction scientifique implique non seulement l'identification et la description de séquences temporelles ; elle suppose aussi leur explication »), cité dans MeGill, *op. cit. supra* note 30, p.632. Pour davantage d'exemples dans cette direction, voir MeGill, *op. cit. supra* note 30, p.632-34.

Etats-Unis sont confrontés à un énigme persistante : pourquoi des règles juridiques qui profitaient à une minorité de la population et étaient au désavantage de la majorité ont-elles été adoptées et pourquoi y a-t-on obéi ? Approximativement, plus un historien se situera à gauche de l'éventail politique contemporain, plus ce besoin d'explication se fera pressant et délicat pour lui.

Des quatre variantes d'histoire intellectuelle/du droit, le structuralisme est celle qui apporte le moins d'aide en vue de cette fin. Foucault, le plus influent des historiens des idées structuralistes, n'éprouvait aucun intérêt pour ce type de questions. Il considérait les tentatives de repérage de chaînes causales comme désespérément naïves. Dans ses propres travaux d'histoire intellectuelle (qu'il a appelées « archéologies »), il a traité dédaigneusement « le gros de l'histoire conventionnelle des idées : les continuités, les traditions, les influences, les causes, les comparaisons, les typologies, etc... Ce qu'il recherche, nous dit-il, se sont uniquement les « ruptures », les « discontinuités » et les « disjonctions » dans l'histoire de la conscience, c'est-à-dire les *différences* entre les différentes époques qui font l'histoire de la conscience, au lieu des ressemblances ».[153]

Les historiens du droit influencés par Foucault et ses prédécesseurs ont fait montre de beaucoup moins d'obstination à éviter les explications causales mais, eux aussi, ont eu comme préoccupation première de dessiner les structures de la conscience juridique à des époques distinctes, plus que de déterminer ce qui a fait qu'un système d'idées ait laissé la place à un autre. Par exemple, dans l'essai-phare de ce genre, Duncan Kennedy a mis en garde : « Ce que j'ai à dire est descriptif et décrit seulement de la pensée. J'entends ignorer la question de ce qui donne naissance à une conscience juridique, à ce qui la fait changer et les effets qu'elle a sur l'activité de ceux qui la vivent. »[154] Quand Kennedy et les historiens du droit qui sont ses disciples se permettent de spéculer sur cette dernière question, leurs explications se focalisent en général sur les arguments internes à la profession juridique (comme, par exemple, comment les efforts d'une génération de théoriciens du droit pour simplifier et purifier un système doctrinal ont rendu les faiblesses de celui-ci plus évidentes pour la génération suivante.[155] Pour la grande majorité des autres historiens du droit, des explications de ce genre sont au mieux radicalement incomplètes. En somme, pour les aider dans leurs

[153] White, *op. cit. supra* note 14, p.27.
[154] Kennedy, *op. cit. supra* note 50; p.220.
[155] Voir, par exemple, notes 60-63 *supra*.

projets explicatifs, les historiens du droit ne devraient pas se tourner vers le structuralisme.

Le contextualisme, au contraire, offre un riche potentiel de suggestions et de raffinements dans les explications causales. Les investigations contextualistes cherchent principalement à montrer comment des concepts se sont développés dans des communautés discursives et ont ensuite été transmis à d'autres. Comme nous l'avons vu, les historiens du droit ont utilisé des enquêtes de ce genre pour mettre à jour l'enracinement de doctrines ou d'idées juridiques – pour expliquer, par exemple, pourquoi la théorie du droit international entre les deux guerres mondiales ou le droit pénal de l'esclavage dans le Sud des Etats-Unis ont pris la forme qu'ils ont eu.[156]

Les approches contextualistes sont aussi très prometteuses pour expliquer pourquoi les classes inférieures aux Etats-Unis ont été incapables d'empêcher la promulgation et l'application de règles juridiques qui leur portaient tort. Une belle illustration du pouvoir de la méthode est fourni par le livre récent de William Forbath en histoire du droit du travail.[157] L'énigme principale dans l'histoire du travail aux Etats-Unis est l'incapacité des travailleurs, à la différence de leurs homologues européens, à former un mouvement politique de classe efficace, capable de contraindre l'Etat à promouvoir ou à protéger leurs intérêts économiques. La plupart des historiens du travail ont cherché des réponses à cette question en concentrant leur attention sur deux facteurs : (1) la capacité des capitalistes américains à mobiliser la force (par exemple, par le recours aux briseurs de grèves ou aux injonctions) pour décourager l'action collective des travailleurs et (2) les conditions sociales et idéologiques qui ont empêché la formation d'une conscience de classe chez les travailleurs (par exemple, les divisions ethniques et raciales, la richesse relative des travailleurs américains, la possibilité (ou le mirage) de la mobilité sociale et le comportement individualiste).[158] Forbath ne conteste pas que ces facteurs aient été importants ; il conforte, en fait, la première explication en montrant, avec force détails, comment le droit fait par les juges a fortifié le bras des capitalistes. Cependant il affirme que ces facteurs n'étaient pas suffisants. Une explication persuasive doit rendre compte du changement intervenu dans les idéaux et

[156] Voir notes 81-85 *supra*.
[157] Voir Forbath (William E.), *Law and the Shaping of the American Labor Movement*, 1991.
[158] Voir, par exemple, Brody (David) (ed.), *The American Labor Movement*, 1971 ; Montgomery (David), *The Fall of the House of Labor Activism, 1865-1925*, 1987) ; Perlman (Selig), *A Theory of the Labor Movement*, 1928.

l'image de soi des travailleurs américains au cours des deux décennies entourant le passage d'un siècle à l'autre – quand une conception étatiste et radicale, fondée sur une vision d'ensemble du républicanisme classique a laissé la place à une conception du laissez-faire, libérale, centrée sur le principe que « ce que l'Etat peut faire de mieux pour les travailleurs est de ne pas intervenir ».[159] Pour Forbath, ce renversement peut dans une large mesure être attribué au discours séducteur du droit. Décontenancés et démoralisés par les décisions judiciaires inexorablement hostiles aux travailleurs, les ouvriers américains au début du vingtième siècle ont consacré l'essentiel de leur énergie à un but limité : la défense de la liberté de s'organiser, de faire grève et de boycotter.[160] L'ensemble d'arguments le mieux susceptible d'assurer l'atteinte de ces objectifs, ont-ils intelligemment conclu, ne résidait pas dans le vocabulaire utopique, très ambitieux du républicanisme mais se trouvait dans une variante du discours « des droits » libéral dont les tribunaux avaient fait usage contre eux. La liberté et l'égalité formelle (la liberté contractuelle, la liberté d'expression et la posssibilité d' « entrer en concurrence » avec les employeurs sur un pied d'égalité) – et non la citoyenneté, les vertus civiques et l'égalité sociale et économique – devenaient les concepts majeurs à la fois dans les demandes qu'ils portaient devant les cours et les législateurs et dans leurs conversations entre eux.[161] Il est bien certain que les travailleurs ne se sont pas contentés de reprendre comme des perroquets les arguments de leurs oppresseurs ; ils ont infléchi le langage du libéralisme pour l'adapter à leurs propres fins, y incorporant, par exemple, une interprétation radicale du Treizième amendement.[162] Et il est difficile de leur reprocher d'avoir abandonné la vision républicaine ; elle aurait incontestablement été moins efficace pour assurer des réformes juridiques, essentielles.[163] Cependant les travailleurs américains se sont finalement trouvés dépourvus des ressources rhétoriques dont ils avaient besoin pour défier sérieusement le *statu quo*. Le coût de l'adoption du langage du droit a été « l'acceptation du caractère naturel du marché capitaliste, de l'inévitabilité des conflits du marché et de la légitimité de la libre concurrence entre les entreprises ».[164]

[159] Gompers (Samuel), « Judicial Vindication of Labor's Claims », in *American Federationist*, Vol.7, 1901, p.283 et suiv., à p.284. Pour la description de ce changement, voir Forbath, *op. cit. supra* note 157, p.49-58.
[160] Voir Forbath, *op. cit. supra* note 157, p.54-56, 168.
[161] Voir *ibid.*, p.129-31.
[162] Voir *ibid.*, p.135-41.
[163] Voir *ibid.*, p.170.
[164] *ibid.*, p.131.

En bref, telle que l'utilise Forbath, la méthode contextualiste permet un compte rendu, d'une subtilité rare, du processus d'hégémonie culturelle. L'un des éléments qui donnent tant de pouvoir à son argumentation est le soin qu'il met à définir le trajet de l'influence linguistique des juristes aux leaders des travailleurs. Trop souvent les historiens contextualistes se contentent d'identifier les similarités entre le vocabulaire employé au cours d'une même période dans deux communautés discursives et d'inférer ensuite un lien causal entre celles-ci.[165] Forbath va plus loin en montrant, avec force détails, quand et comment les leaders des travailleurs ont adopté « des arguments, des analogies et des métaphores, inspirées par la *common law* ».[166] Une attention semblable aux modes de transmission linguistique renforcerait considérablement la puissance explicative des autres histoires du droit contextualistes.

Le textualisme, très peu utilisé jusqu'à maintenant par les historiens du droit, est moins prometteur en tant que source d'explications causales, plausibles d'évènements historiques. L'injection délibérée de préoccupations actuelles et les interprétations quelquefois aggressives des textes historiques pour en faire des participants valables dans les conversations sur les problèmes contemporains affaiblissent la crédibilité de l'argument causal présenté dans les histoires du droit textualistes. A un égard, cependant, la méthodologie offre des possibilités : des analyses telles que celles de Dalton, destinée à ruiner les interprétations conventionnelles des textes canoniques, peuvent présenter un intérêt pour semer la confusion dans les exposés de causalité inexacts de l'orthodoxie whig.[167] Les interprétations qui « prennent l'histoire à rebrousse-poils » de cette façon peuvent elles-mêmes ne pas fournir d'explications plus convaincantes mais elles sont capables d'en identifier la nécessité.

Il y a eu si peu d'histoire du droit écrite à ce jour dans le style du nouvel historicisme qu'il est mal aisé d'apprécier sa capacité de contribution aux entreprises d'explication causale. Néanmoins, son potentiel semble élevé. La sensibilité du nouvel historicisme à la variété des discours accessibles à un moment donné aux participants à la culture (juridique) et son attention aux degrés de liberté dont jouissent les acteurs individuels dans

---

[165] L'étude, par ailleurs très forte, de Hovercamp, sur le lien entre la théorie économique classique et la doctrine juridique d'après-guerre (voir notes 69-72 *supra*) est, hélas, très faible de ce point de vue. Pour une discussion sur ce problème, voir Saker (Vivtoria A.), « Between a Doctrine and a Hard Place », in *Reviews in American History*, Vol.21, 1993, p.279 et suiv., à p.282 ; Tomlins (Christopher L.), compte-rendu de lecture de Herbert Hovencamp, in *Law and Society Review*, Vol.11, 1993, p.198 et suiv.

[166] Forbath, *op. cit. supra* note 157, p.128.

[167] Voir notes 124-29 *supra*.

la fabrication des idées et des arguments à partir de ces matériaux discursifs peut très bien le rendre capable de concocter, même mieux que le contextualisme, des explications intéressantes des événements juridiques. Le danger qui menace le nouvel historicisme, c'est de se faire anecdotique. Comment l'historien (ou son lecteur) peut-il avoir confiance dans la représentativité des historèmes dont il se saisit ? La méthode de recherche aléatoire que les nouveaux historiens célèbrent risque de produire des explications d'événements juridiques qui soient davantage excentriques qu'éclairantes.

(b) Formuler des lois générales concernant le développement social

Il est nécessaire mais insuffisant, croyait Carl Hempel, de répérer les liens de causalité qui ont donné naissance à tel ou tel événement. On doit s'efforcer d'extraire de telles explications des lois générales – des lois qui transcendent les particularités de temps et de lieu.[168] L'objectif ultime de l'histoire est ainsi de produire des affirmations vérifiables du type : chaque fois que les conditions A, B et C sont réunies, l'événement D a lieu.[169] De ce point de vue, le but de l'histoire (et de l'histoire du droit en particulier) est le même que celui de la physique : (1) fournir une meilleure compréhension des lois qui gouvernent l'univers et (2) permettre de prévoir les événements à venir (qu'il s'agisse d'éclipses, de tremblements de terre, de révolutions ou de réformes doctrinales).[170]

Relativement peu d'historiens avaient été persuadés par l'argument de Hempel, lorsqu'il était apparu il y a un demi-siècle, et leur nombre a encore diminué avec le temps.[171] Cependant l'emprise continue du positivisme logique dans les écoles de droit américaines a pour effet, entre autres, de rendre les historiens du droit plus enclins que les autres à tirer de leurs travaux d'amples généralisations à propos de la vie sociale.[172]

---

[168] Voir Hempel (Carl G.), « The Function of General Laws in History », in Gardiner (Patrick) (ed.), *Theories of History*, 1959, p.344 et suiv., à p.348-49.

[169] Voir *ibid.*, p.348-52.

[170] Voir *ibid.*, p.345 ; comparer avec Megill, *op. cit. supra* note 30, p.633-34.

[171] Voir Kloppenberg, *op. cit. supra* note 151, p.1022.

[172] L'esquisse d'une analyse historique qui pourrait (au terme de quelques compléments) répondre aux attentes de Hempel se trouve dans Clark (Robert Charles), « The Four Stages of Capitalism : Reflections on Investment Management Treatises », in *Harvard Law Review*, Vol.94, 1981, p.561 et suiv., à p.562-69 (où il identifie les quatre étapes d'une spécialisation croissante de l'activité économique privée et attribue cette progression à la combinaison de (1) « les avantages du point de vue de l'efficacité de la spécialisation des rôles », (2) « un

Aucune des quatre variantes de l'histoire intellectuelle/du droit n'est susceptible de rendre de grands services au profit de cette cause. Cela est dû en partie au fait que toutes les quatre négligent délibérément un nombre de facteurs (tels que les développements économiques et technologiques) qui auraient vraisemblablement leur place dans n'importe quelles lois générales portant sur le développement social. Plus essentiellement encore, cela provient du fait qu'elles partagent toutes les quatre (bien qu'à des degrés différents) une approche située, anti-fondationnelle, qui ronge le scientisme. Plus on reconnaît l'impact inévitable de l'interprète sur les données auxquelles il s'intéresse, moins les lois générales, dérivées d'un petit nombre d'interprétations individuelles, semblent fiables.[173]

Ces prédictions sont renforcées par la façon dont les historiens des idées non juristes ont répondu aux questions dont on peut prétendre qu'elles appellent des réponses sous forme de lois générales. Par exemple, dans un article récent, Stephen Greenblatt (le chef de file des nouveaux historicistes) étudie le lien entre capitalisme et art.[174] Il constate le fait que Frederic Jameson a reproché au capitalisme de réprimer pernicieusement le domaine esthétique en le séparant des autres domaines de la culture occidentale, contemporaine.[175] Jean-François Lyotard accuse, au contraire, le capitalisme d'éroder les frontières discursives pour aboutir à un monologue totalitariste.[176] Aucune de ces généralisations n'est convaincante, prétend Greenblatt. Si on peut distinguer un quelconque schéma, c'est celui d'une « circulation sans fin » dans laquelle la distinction à l'oeuvre entre l'esthétique et le réel s'établit et s'efface à répétition.[177] Dans la volonté que met Greenblatt à défendre des hypothèses générales *quelles qu'elles soient* au sujet du « pouvoir propre du capitalisme »,[178] on peut peut-être découvrir un espoir pour des lois universelles. Cependant, domine davantage dans son article, l'insistence sur la complexité et la particularité des relations entre art et capital. Transposée dans le domaine de l'histoire du droit, cette prédisposition

---

accroissement de la richesse » et (3) un processus de sélection naturelle au sein des formes institutionnelles).

173 Voir Jacoby (Russell), « A New Intellectual History », in *American Historical Review*, Vol.97, 1992, p.405 et suiv., à p.423-24.

174 Voir Greenblatt, « Towards a Poetics of Culture », *op. cit. supra* note 41.

175 Voir *ibid.*, p.2.

176 Voir *ibid.*, p.4.

177 Voir *ibid.*, p.8.

178 *ibid.*

analytique ne paraît pas susceptible de produire des généralisations du type capable de satisfaire Hempel.

D'un point de vue, cependant, les stratégies employées par les nouveaux historiens des idées sont en résonance avec la vision de l'histoire de Hempel. Aucune des quatre méthodologies ne peut contribuer grand-chose dans la *découverte* de lois générales en matière de développement mais toutes quatre *reposent sur* des généralisations suffisamment larges à propos de la conduite humaine, pour avoir suscité l'intérêt de Hempel.[179] Le droit fonctionne « de façon à nier la vérité sur nos sentiments douloureusement contradictoires au sujet de l'état actuel des relations entre les personnes dans notre monde social »[180] (structuralisme) ; « les [h]ommes ne peuvent pas faire ce qu'ils n'ont pas les moyens de dire qu'ils ont fait ; et, ce qu'ils font, doit être en partie ce qu'ils peuvent dire et concevoir que c'est »[181](contextualisme) ; « du pouvoir non reconnu est partout [;]...(en tout cas dans toutes les sociétés qui ont existé à ce jour) les relations de commandement et d'obéissance peuvent devenir routinières ou « se sédimenter dans les formes institutionnalisées de vie au sein desquelles les sujets parlant et agissant sont formés »[182] (textualisme) ; « les cultures sont rarement cohérentes et unifiées, les groupes luttent enre eux pour le pouvoir discursif tout comme ils le font pour la domination politique »[183] (nouvel historicisme) – ces prémisses peuvent être soupçonnées de sonner comme des « lois générales ». Il se peut (un lecteur au penchant positiviste pourrait suggérer) qu'elles devraient être traitées, non pas comme des prémisses mais comme des hypothèses sujettes à confirmation empirique. Plus seraient plausibles les interprétations historiques générées selon une méthodologie particulière, plus nous devrions être enclins à accepter les généralisations à propos de l'agir humain et de l'interaction humaine sur lesquels est basée cette méthodologie. Une telle reconceptualisation de la finalité de l'histoire intellectuelle horrifierait les fondateurs de ces quatre approches mais elle founirait un moyen de les reconnecter au projet de Hempel.[184]

---

179 Cet argument est inspiré par un commentaire fait par Richard Ross quand je lui ai présenté le manuscrit de cet article à l'Université de Chicago.
180 Kennedy, *op. cit. supra note* 50, p.210.
181 Appleby, *op. cit. supra* note 18, p.15.
182 Keane, *op. cit. supra* note 24, p.213.
183 Montrose, *op. cit. supra* note 36, p.22 ; voir aussi note 45 *supra*.
184 Comparer avec Nelson (William E.), « History and Neutrality in Constitutional Adjudication », in *Virginia Law Review*, Vol.72, p.1237 et suiv., à p.1248-56.

(c) Revivre les expériences

Le philosophe, R. G. Collingwood a fermement rejeté, comme buts inappropriés pour l'histoire, les deux objectifs qui viennent d'être envisagés.

> « L'historien n'a pas besoin de se faire l'émule du scientifique, cherchant des causes ou des lois pour ce qui arrive et il ne le peut pas (sauf à cesser d'être historien). Pour la science, l'événement est découvert en le percevant et la recherche des causes se fait en l'assignant à la classe à laquelle il appartient et en déterminant la relation de cette classe avec les autres. Pour l'histoire, l'objet à découvrir n'est pas un simple événement mais la pensée qui s'y exprime. Découvrir cette pensée, c'est déjà le comprendre. » [185]

La conception du but véritable de l'historien chez Collingwood est latente dans les deux dernières phrases du passage cité. La compréhension historique implique de réexpérimenter – « de repenser » – les pensées des agents historiques. Comprendre un événement exige de « pénétrer » les esprits des gens qui les ont façonnés. Cela ne signifie pas que les historiens ne devraient pas chercher à expliquer les événements qu'ils rapportent mais cela signifie que l'explication historique est radicalement différente de l'explication scientifique.

> « Quand un scientifique se demande : « Pourquoi cette feuille imprégnée de tournesol a-t-elle viré au rose ? », il entend par là : « Dans quelles occasions des morceaux de papier imprégnés de teinture de tournesol deviennent-ils roses ? » Quand un historien dit : « Pourquoi Brutus a-t-il poignardé César ? », il se demande : « Qu'est-ce que Brutus a pensé, qui l'a conduit à décider de poignarder César ? » La cause de l'événement, pour lui, signifie la pensée dans l'esprit de la personne par le fait de laquelle l'événement s'est produit et ce n'est pas quelque chose d'autre que l'événement , cela fait partie de l'événement lui-même. »[186]

La théorie de Collingwood est toujours très influente chez les historiens. Pressés de s'expliquer, nombre d'entre eux reconnaîtront que l'une de leurs fins est de permettre aux lecteurs de revisiter le passé – de se mettre à la place de ceux qui les ont précédés [N.d.t. : littéralement : « d'habiter l'esprit de leurs prédécesseurs »].

---

[185] Collingwood (R.G.), *The Idea of History*, 1946, p.214.
[186] *ibid.*, p.214-15.

Parmi les quatre variantes de l'histoire intellectuelle contemporaine, le structuralisme est celle qui convient le moins pour le projet de Collingwood. Les analyses structuralistes ont typiquement pour but non pas de resaisir l'expérience des acteurs historiques mais de révéler ce qu'eux-mêmes ont été incapables de voir : les prémisses qu'ils ont tenues pour des acquis, les dichotomies qui inconsciemment modelaient leur pensée, les limites de leur imagination. L'application particulière du structuralisme popularisée par Duncan Kennedy aspire de même à montrer comment des systèmes successifs de pensée juridique ont fonctionné pour pallier les contradictions que les praticiens et les théoriciens du droit américains auraient trouvé trop pénibles à affronter consciemment.[187] Des interprétations de ce genre ne cherchent pas à permettre aux lecteurs de saisir les pensées de leurs prédécesseurs mais à montrer à ces lecteurs des choses qui échappaient à leurs prédécesseurs.

Le contextualisme, au contraire, semble bien adapté à la conception que se fait Collingwood de l'histoire. Comme Collingwood, les contextualistes sont très intéressés à constater l'intention des auteurs des grands textes. En réalité, la discussion de Collingwood sur la façon selon laquelle un historien sophistiqué établit la signification originelle d'un texte anticipe à bien des égards les arguments méthodologiques de Skinner et de Pocock :

> « Supposons [un historien] en train de lire le code de Théodose, avec devant lui un certain édit de l'empereur. La simple lecture des mots et leur traduction ne permet pas de connaître leur signification historique. Pour cela, il doit envisager la situation à laquelle l'empereur était confronté et il doit concevoir celle-ci de la manière dont l'empereur la concevait. Il doit ensuite envisager pour lui-même, en se mettant à la place de l'empereur, comment il était possible de règler une telle situation ; il doit repérer les alternatives possibles et les raisons d'en choisir une plutôt qu'une autre et ainsi expérimenter le processus que l'empereur a suivi pour parvenir à sa décision sur ce point particulier. Il reproduit dès lors, dans son esprit, l'expérience de l'empereur et ce n'est que dans la mesure où il fait ceci qu'il peut parvenir à une connaissance historique, à la différence d'une connaissance simplement philologique de la signification de l'édit. »[188]

---

[187] Voir notes 49-59 *supra*.
[188] Collingwood, *op. cit. supra* note 185, p.283.

L'immersion dans le monde de son sujet, la maîtrise du vocabulaire de celui-ci, la sensibilité aux problèmes qu'il essayait de résoudre sont les techniques contextualistes standard et Collingwood est convaincant lorsqu'il prétend qu'elles sont propres à placer les lecteurs modernes dans la tête des auteurs passés.

Sur deux points, cependant, la conception du but de Collingwood diverge de celle des contextualistes. Premièrement, Collingwood prétend que l'une des circonstances qui permet à l'historien d'accéder à l'esprit de personnes décédées depuis longtemps est que « [l]e passé ou une part de celui-ci continue à vivre dans le présent et peut être récupéré au moyen des traces qu'il a laissées derrière lui ».[189] Dans son autobiographie, il développe cet argument comme suit :

> « Si P(1) a laissé des traces de lui-même dans P(2) de sorte qu'un historien vivant en P(2) peut découvrir par l'interprétation des preuves que ce qu'est aujourd'hui P(2) était autrefois P(1); il s'ensuit que les traces de P(1) dans le présent ne sont pas, à vrai dire, le cadavre d'un mort, P(1), mais plutôt le vrai P(1) lui-même, vivant et agissant, bien qu'encapsulé dans l'autre forme de lui-même P(2). Et P(2) n'est pas opaque, il est transparent, de sorte que P(1) brille à travers lui et que leurs couleurs se combinent en une seule. »[190]

Cette perspective a pour corollaire apparent que seul un historien qui se situe dans le présent d'une façon qui lui permet d'avoir accès aux « traces » d'aspects particuliers du passé est capable de se lancer dans le projet de reproduction historique. Ceci implique, à son tour, que l'historien ne devrait pas se choisir des sujets ou des textes trop étrangers à sa propre expérience ou qui exigent de lui d'aller « à l'encontre de son propre esprit ».[191] Cela semble suggérer, de façon plus subtile, qu'une sensibilité aux façons dont les contestations du passé restent pertinentes dans le présent serait non pas un divertissement (comme les contextualistes militants le prétendraient) mais une aide dans la poursuite de l'entreprise historique.

---

[189] Levine (Joseph M.), « Objectivity in History : Peter Novick and R. G. Coolingwood », in *Clio*, Vol.21, 1992, p.109 et suiv., à p.124.

[190] Collingwood (R.G.), *An Autobiography*, 1939, p.97-98. Certains motifs d'hésitation pour accepter cette conception de la façon dont les historiens accèdent au passé sont envisagés dans Fisher (William W, III), « Making Sense of Madison: Nedelsky on Private Property », in *L. and S. Inquiry*, Vol.18, 1993, p.547, 571-72.

[191] Collingwood, *op. cit. supra* note 185, à p.305.

Deuxièmement, Collingwood a prétendu qu'un historien doit faire davantage que rechercher les intentions des auteurs du passé ; « revivre » leurs pensées implique également la critique.

> « [L]a reproduction dans l'esprit de l'historien ne se fait que... dans la mesure où celui-ci mobilise sur le problème tout le potentiel de son esprit et toute sa connaissance de la philosophie et de la politique. Ce n'est pas une soumission passive au charme d'un autre esprit : c'est une oeuvre de pensée active et, dès lors, critique. L'historien non seulement reproduit des pensées du passé, il les reproduit dans le contexte de ses propres connaissances et, en conséquence, la reproduction à laquelle il parvient s'accompagne d'une critique, de la formation de son propre jugement de valeur et de la correction des erreurs qu'il peut discerner. Cette critique de la pensée dont il retrace l'histoire n'est pas quelque chose de secondaire par rapport au tracé lui-même. C'est une condition indispensable à la connaissance historique elle-même. Rien ne pourrait constituer une erreur plus complète à propos de l'histoire de la pensée que de supposer que l'historien en tant que tel ne fait qu'établir « ce qu'un tel ou un tel a pensé » tout en laissant à quelqu'un d'autre la charge de décider si ce qui a été pensé « était vrai ». Toute pensée est une pensée critique ; par conséquent, la pensée qui reproduit des pensées passées les critique en même temps qu'elle les reproduit. »[192]

Ces deux précisions dans l'argumentation de Collingwood suggèrent que le textualisme et le nouvel historicisme seraient plus adaptés au projet de « reproduction du passé » qu'il n'apparaissait au premier abord. La conscience constante de la mesure dans laquelle sa propre position culturelle affecte son propre accès au passé, en plus de son désir d'entrer en débat avec son sujet – ces caractéristiques partagées par le textualisme et le nouvel historicisme semblent convenir pour le genre de recréation que Collingwood avait à l'esprit.

---

[192] *ibid.*, p.215-16.

(d) Contribuer aux débats politiques contemporains en permettant aux lecteurs d'évaluer les mérites et les préconditions des politiques poursuivies dans d'autres sociétés

Considéré de ce point de vue, le passé est constitué d'un ensemble (non limité) d'expériences. L'idée est que les leaders, informés de l'histoire, seront capables de tirer profit des succès de leurs prédécesseurs et d'éviter leurs erreurs. Comme le second objectif, ce but est impopulaire parmi les historiens en général mais un peu moins en défaveur chez les historiens du droit.[193]

Aucune des quatre variantes de la nouvelle histoire intellectuelle ne présentera beaucoup d'utilité dans la poursuite de cette fin – pour à peu près les mêmes raisons qu'aucune ne contribuera véritablement à la poursuite de la seconde finalité. L'indifférence qu'elles partagent à l'égard des développements économiques et technologiques mine leur aptitude à fournir des comptes rendus assez complets sur les conditions dans lesquelles les « expériences » du passé se sont déroulées. De plus, leur perspective antifondationnelle n'est pas adaptée pour un test rigoureux des hypothèses concernant les mérites de politiques publiques, alternatives.

Il n'est pas surprenant, dès lors, que très peu d'histoires des idées en droit offrent des « leçons » pour les législateurs contemporains. Il existe des

---

[193] Un bon exemple d'histoire du droit écrite dans cet esprit est Langum (David J.), *Crossing Over the Line : Legislating Morality and the Mann Act*, 1994. Telle que Langum la présente, l'histoire de la Loi sur le Trafic d'Esclaves Blancs de 1910 est un conte de mise en garde, révélant la futilité et l'erreur de la réglementation par le gouvernement des relations sexuelles entre adultes consentants et, plus généralement de tous les efforts d'utilisation du droit pour contraindre une minorité de la population à accepter le code moral de la majorité. Voir *ibid.*, p.242-49. Dans son paragraphe de conclusion, Langum résume la leçon du livre :

> « Dans ma réaction législative à la panique qu'elle représente, dans la rigidité de son interprétation judiciaire et le moralisme oppressant de son application, la loi Mann constitue un modèle du genre de loi qui sert mal ce pays. Dans ses incarnations futures, qui ne concerneront pas nécessairement uniquement l'activité sexuelle inter-étatique, toute loi de ce genre, empesée d'un moralisme présomptueux, desservira une fois de plus la nation. » (*ibid.*, p.259)

Pour un autre exemple d'histoire juridique dans cette veine, voir Chevigny (Paul), *Gigs : Jazz and the Cabaret Laws in New York City*, 1991, p.2 (cherchant à tirer de l'histoire de l'établissement et du démantèlement des restrictions sur les spectacles de jazz quelques intuitions sur « un problème classique dans la politique du droit : dans quelles conditions les revendications de droits au travers de procès sont-elles couronnées de succès ? »).

exceptions cependant et il s'en trouve quelques-unes dans l'ouvrage de Guyora Binder et Robert Weisberg (mais pas dans le travail qu'ils ont soumis à ce symposium).[194] Par exemple, leur récapitulation de l'analyse culturelle de la violence criminelle par Jack Katz, qui se situe elle-même dans la tradition du nouvel historicisme, conduit Binder et Weisberg à un scepticisme vis-à-vis de la « chaîne causale reliant les incitations à commettre des crimes », qu'ils assortissent d'une critique des théories utilitaristes de la punition.

> « Si la violence est un projet esthétique de définition de soi en opposition aux normes de civilité officiellement appliquées, elle aura du mal à être traduite dans une logique de coût et réduite à celle-ci et aura peu de changes de céder devant la force brute de lourdes sanctions et de taux d'incarcération plus élevés. Une politique efficace contre le crime peut ne pas résider du tout dans une stratégie de répression mais dans une stratégie culturelle. »[195]

Le ton sérieux, programmatique de cet argument contraste de manière frappante avec le style ironique, provocateur du livre dans son ensemble ; il n'est pas sûr qu'ils fassent bon ménage. Cependant l'argument suggère au moins la possibilité d'atteler l'une des nouvelles méthodologies interprétatives au wagon de la réforme du droit.

(e) « [L]ibérer l'imagination politique en révélant l'alternative supprimée »[196]

Une aspiration commune aux historiens politiquement progressistes ou radicaux est d'écrire au sujet du passé d'une façon qui ruine l'impression de naturel face aux institutions contemporaines et par suite encourage les gens d'aujourd'hui à imaginer et à chercher à atteindre des arrangements sociaux considérablement différents. L'histoire peut produire cet effet de deux manières – qui sont souvent appréhendées comme en relation mais qui, en fait, sont inséparables. Tout d'abord elle peut faire prendre conscience aux lecteurs d'alternatives possibles simplement en leur révélant que les gens dans le passé ont eu des modes de vie et de pensée fondamentalement différents.[197] Par exemple, la démonstration

---

[194] Voir Binder (Guyora) & Weisberg (Robert), *Literary Criticisms of Law*, 199.

[195] *ibid.*

[196] Gordon (Robert W.), « Exchange with William Nelson on Critical Legal Studies », in *Law and History Review*, Vol.6, 1988, p.139 et suiv., à p.178.

[197] Le livre récent de Marianne Constable sur l'histoire du jury mixte est écrit en partie dans ce but. La finalité de cet ouvrage, nous dit-elle,

> « est paradoxalement double : d'un côté, il s'agit bien de montrer la montée du positivisme – pour lequel le droit apparaît comme une

minutieuse par les historiens du droit de la famille qu'au début du dix-neuvième siècle, les Américains ne concevaient pas les foetus comme des personnes (au moins avant « l'activation » qui se produit à peu près au milieu de la gestation et, par conséquent, ne criminalisaient pas l'avortement aux premiers stades de la grossesse[198] s'oppose à la prétention du mouvement contemporain du « droit à la vie » pour lequel l'immoralité de l'avortement est une évidence. Cette attaque, à son tour, pourrait faciliter la reconfiguration du débat, actuellement dans l'impasse aux Etats-Unis, concernant la moralité de l'avortement et la constitutionnalité des lois qui le prohibe. Ensuite, en relevant la contingence des événements du passé, l'histoire peut encourager ses lecteurs à penser plus librement leurs options présentes. En d'autres termes, elle peut donner à ses lecteurs l'impression que les choses pourraient très facilement s'être passées différemment – et qu'elle le peuvent encore.[199] C'est ce que Roland Barthes appelait « l'histoire stratégique », suggérant que nous pouvons tirer une sagesse du passé en réexpérimentant l'ouverture des choix existentiels qui ont confronté les acteurs antérieurs.[200]

Le structuralisme et le contextualisme sont tous les deux potentiellement efficaces pour ouvrir les yeux des lecteurs dans la première des deux directions dont on vient de parler. En fait, dénaturaliser des manières

---

> connaissance propositionnelle des actes officiels de politique sociale qui sont validés par une compréhension sociale des faits qui, ignorant la justice, confirme le caractère coercitif du système juridique et, de l'autre côté, de maintenir ouverte la possibilité d'un autre droit en montrant l'étendue et les limites de ce positivisme ».

Constable (Marianne), *The Law of the Other : The Mixed Jury and Changing Conceptions of Citizenship, Law, and Knowledge*, 1994, p.6.

[198] Voir Grossberg (Michael), *Governing the Hearth : Law and the Family in Nineteenth-Century America*, 1985, p.155-95 ; Mohr (James C.), *Abortion in America : The Origins and Evolution of National Policy, 1800-1900*, 1978, p.3-6 ; Siegel, *op. cit. supra* note 80, p.281-87.

[199] Robert Gordon fournit un exemple qui combine (ou gomme la différence entre) ces deux effets :

« [I]l est excessivement utile de se voir rappeler que le consensus actuel, si c'en est un, selon lequel les décisions fondamentales en matière d'investissement, de technologies de production et d'organisation du travail sont à prendre par la direction est un artefact très récent, de la période qui a suivi la Seconde guerre mondiale, qu'il peut difficilement s'expliquer simplement par ce que les travailleurs américains « veulent » car il a été contesté pendant presque toute notre histoire et n'est parvenu à s'imposer (de façon instable) qu'au terme d'un combat long et violent. »

Gordon, *op. cit. supra* note 196, p.178. Une version plus complète de l'argument est présentée dans Gordon (Robert W.), « Critical Legal Histories », in *Stanford Law Review*, Vol.36, 1984, p.57 et suiv., à p.81-87 [N.d.t. : voir traduction *supra*.]

[200] Bann, *op. cit. supra* note 149, p.378.

courantes de penser et d'agir en démontrant comment des théories différentes ont pu aussi couramment exister a été l'une des ambitions principales de Foucault lorsqu'il a développé sa variante du structuralisme.[201] Mark Poster explique :

> « [Foucault] s'efforce de modifier la position de l'historien, de le faire passer de la posture de celui qui donne un support au présent en rassemblant toutes les significations du passé et en traçant la ligne par laquelle passe leur résolution inévitable dans le présent à celle du briseur de lien entre le passé et le présent qui, en démontrant le caractère étranger du passé, relativise et sape la légitimité du présent...
>
> [Les] discours et les pratiques étrangères [des époques antérieures] sont... explorées d'une manière telle que leur négativité par rapport au présent fait exploser la « rationalité » des phénomènes qui sont considérés comme allant de soi. Quand la technologie du pouvoir du passé est élaborée en détail, les présupposés d'aujourd'hui qui posent le passé comme « irrationnel », sont minés. »[202]

Les histoires du droit contextualistes partagent souvent cet objectif. Par exemple, William Treanor et Morton Horwitz ont prétendu que jusqu'à la fin des années 1780, de nombreux Américains croyaient qu'un gouvernement devrait avoir une latitude importante pour exproprier ses citoyens et que cette croyance découlait naturellement de leur immersion dans le discours et l'idéologie du républicanisme classique.[203] Le but – et, dans une certaine mesure, l'effet – de cet argument était de révéler la contingence actuelle de l'engagement des Américains (fondé sur une

---

[201] Voir Poster, *op. cit. supra* note 16, p.74-78.

[202] Voir *ibid.*, p.74, 89-90 ; voir aussi Raulet (Gerard), « Structuralism and Poststructuralism : An Interview with Michel Foucault », in *TELOS*, Vol.55, 1983, p.195 et suiv., à p.210.

[203] Voir Treanor, *op. cit. supra* note 88, p.695 (notant que l' « absence de clause de juste compensation dans [nombre] des premières constitutions des Etats correspondait à... la position tenue par de nombreux républicains que le droit de propriété pouvait donner lieu à des compromis en faveur de la promotion du bien commun ») ; voir aussi Horwitz (Morton J.), « History and Theory », in *Yale Law Journal*, Vol.96, 1987, p.1825 et suiv., à p.1833 (citant Treanor) ; Siegel (Stephen A.), « Understanding the Nineteenth-Century Contract Clause : The Role of the Property-Privilege Distinction and « Takings » Clause Jurisprudence », in *Southern California Law Review*, Vol.60, 1986, p.1 et suiv., à p.8. Pour une évaluation sceptique (ne portant pas sur la méthodologie défendue dans le texte) de ce compte-rendu des origines du principe de juste compensation, voir Fisher, « Ideology, Religion, and the Constitutional Protection of Private Property : 1760-1860 », *op. cit. supra* note 89, p.95-107.

conception libérale classique) en faveur du principe que la propriété ne peut pas être « prise » pour un usage public sans juste compensation.[204]

Le structuralisme et le contextualisme n'ont pas grand-chose à offrir, cependant pour les histoirens qui souhaitent renforcer, chez leurs lecteurs, le sentiment des options à leur disposition de la seconde manière. En fait, l'un et l'autre sont pires, à cet égard, que les méthodologies en vogue avant le « tournant linguistique ». La raison en est qu'en mettant l'accent sur le pouvoir des systèmes conceptuels pour limiter l'imagination des gens, ils laissent souvent l'impression que les acteurs historiques n'ont pas de choix véritables ; ils n'auraient pas pu penser -- et donc ils n'auraient pas pu agir – différemment. Dans ses premiers travaux, par exemple, Foucault présentait les gens comme prisonniers des « épistemes » de leur temps.[205] Les histoires du droit construites sur des prémisses structuralistes laissent une impression similaire. Prenez la passage suivant de Duncan Kennedy :

> « L'idée derrière le concept de conscience juridique est que les gens peuvent avoir en commun quelque chose de plus influent qu'une liste de faits, de techniques et d'opinions. Ils peuvent partager des prémisses au sujet de points saillants de l'ordre juridique, qui sont si fondamentales que les acteurs les prennent rarement sinon jamais consciemment en considération. Cependant tous ceux, y compris les acteurs qui pensent qu'ils sont en désaccord profond au sujet de questions de fond qui sont d'importance, rejetteraient sans hésitation (peut-être comme n'étant « pas un argument juridique » ou comme « hors sujet ») une approche qui semblerait aller à l'encontre de celles-ci. »[206]

La formulation de Kennedy semble impliquer que, pendant les périodes où une « conscience juridique » stable est en place, la liberté intellectuelle des différents juristes est considérablement limitée. Kennedy poursuit en reconnaisant que tant les imperfections d'une conscience juridique que la disponibilité constante de restes de paradigmes plus anciens offre aux individus plus de liberté que sa définition initiale pourrait le suggérer.[207]

---

[204] Pour des indices que l'argument a eu quelqu'impact, quoiqu'insuffisant pour faire basculer la majorité à la Cour Suprême des Etats-Unis, voir *Lucas v. South Carolina Coastal Council*, 505 U.S. (1992), p.1003 et suiv., à p.1036 (opinion dissidente du juge Blackmun).
[205] Voir White, *op. cit. supra* note 14, p..27.
[206] Kennedy, « Toward an Historical Understanding of Legal Consciousness », *op. cit. supra* note 49, p.6.
[207] Voir *ibid.*, p.19-21.

Cependant la partie structuraliste de son analyse penche clairement dans la direction du déterminisme.

A peu près la même chose doit être dite de la méthode contextualiste. En réalité, à la fin des années 1970, quand le contextualisme commençait juste à s'implanter dans le champ de l'histoire intellectuelle, Thomas Haskell a mis en garde contre ce danger.[208] Les piliers essentiels de cette méthode (alors nouvelle) – à savoir que les idées n'ont aucun sens en dehors d'un contexte interprétatif particulier et que des présupposés fondamentaux contrôlent la façon dont nous voyons la réalité, et non le contraire – renforcent, soutient-il, « la conception désespérément déterministe du passé et du présent » qu'entretiennent maintenant trop d'étudiants.[209] Le contextualisme peut ne pas conduire au déterminisme pris dans un sens philosophique strict, reconnaît-il, mais il tend à produire des comptes rendus des évènements qui ont « un air d'inévitabilité » ; les actions ne sont pas envisagées comme découlant « des choix conscients d'individus conscients qui auraient pu opter autrement qu'ils ne l'ont fait ».[210] Haskell n'a pas jugé cette tendance comme suffisamment pernicieuse pour exiger l'abandon de la méthodologie mais il était franchement troublé par l'érosion du sens de la liberté qu'elle produisait chez les lecteurs.[211] Dans la mesure où les historiens espèrent que leur travail conduira à une appréhension plus complète de la contingence, ils devraient aussi s'interroger avant d'épouser l'approche contextualiste.

De ce point de vue, les approches textualistes et nouvelles historicistes font mieux. Elles sont également sensibles à l'étrangeté du passé et elles sont toutes les deux beaucoup plus attentives aux lacunes et aux ambiguïtés dans les systèmes discursifs et conceptuels – les occasions pour les auteurs et les acteurs de retravailler, et même de transformer les matériaux discursifs dont ils héritent.

Leur avantage comparatif de ce point de vue est illustré par le contraste entre deux études sur le sort du mouvement du réalisme juridique aux

---

[208] Voir Haskell (Thomas L.), « Determinist Implications of Intellectual History, in *New Directions in American Intellectual Theory, op. cit. supra* note 5, p.133 (citant Richard M. Hunt, « No-Fault Guilty-Free History », in *New York Times*, Feb.16, 1976, à A19.

[209] *ibid.*, p.134.

[210] *ibid.* La tendance de l'histoire conceptualiste à décrire les agents historiques comme prisonniers de leurs idéologies est aussi suggérée par le passage suivant de Bailyn (Bernard), *The Ordeal of Thomas Hutchinson* , 1974, p.ix : « Ce qui impressionne le plus [l'historien], ce sont les limites latentes à l'intérieur desquelles tous les individus impliqués sont obligés d'agir, les frontières inévitables de l'action, l'aveuglement des acteurs – en un mot la tragédie de l'évènement ».

[211] Voir Haskell, *op. cit. supra* note 208, p.134-35.

Etats-Unis. Dans un livre riche qui anticipait de nombreux traits de la révolution textualiste dans l'histoire intellectuelle, Edward Purcell a soutenu que le réalisme juridique est mieux compris et expliqué comme un aspect ou une manifestation d'un ensemble de « présupposés conceptuels qui en sont venus à imprégner la pensée américaine en général et les sciences sociales en particulier dans les vingt ans qui ont suivi la [Première] guerre mondiale ».[212] Ces présupposés, prétend-t-il, ont fourni au réalisme juridique beaucoup de sa nouveauté et de sa puissance mais ils l'ont aussi piégé. Pour être précis, l'engagement des réalistes par rapport au principe du relativisme des valeurs l'a rendu vulnérable à la fin des années 1930 à l'accusation que les thèses qu'il faisait siennes, affaiblissaient les défenses intellectuelles de l'Amérique à l'encontre du fascisme. Leur incapacité compréhensible à imaginer un moyen de sortir de cette condition, a contribué de façon importante, selon Purcell, à la détérioration du mouvement.[213]

Dans l'optique textualiste, Gary Peller voit la même période différemment. Les intellectuels américains, de nombreux domaines, qui avaient été influencés par le modernisme, se sont trouvés confrontés à la même accusation – qu'ils ouvraient la voie à Hitler. Cependant (avec une dose considérable de recul et d'anachronisme délibéré), Peller est capable d'identifier, non pas seulement une mais trois réponses efficaces, possibles à cette accusation :

> « Une route aurait été de continuer à soutenir les implications les plus radicales de l'attaque moderniste contre la légitimité de l'ordre ancien, en étendant automatiquement les prémisses des sciences sociales, disons de la sociologie ou de l'anthropologie – aux sciences sociales en elles-mêmes... Une seconde réponse possible à l'accusation de relativisme moral aurait été de considérer les positions modernistes comme représentant une conception nouvelle, objective, de la vérité et de la société, une correction des « erreurs » des traditionnalistes... La troisième alternative, celle choisie par le courant central des intellectuels américains a rejeté ces deux options. Au lieu de continuer à contextualiser les prétentions de connaissance à l'idéologie sociale ou d'offrir le processus de contextualisation lui-même comme fondement pour une théorie sociale de fond, fondée sur le groupe et la structure

[212] Purcell (Edward A., Jr.), *The Crisis of Democratic Theory : Scientific Naturalism and the Problem of Value*, 1973, p.xi.
[213] Voir *ibid.*, p.159-78.

> sociale plutôt que sur l'individu, la majorité des penseurs des années 1950 a répondu à la critique du relativisme en faisant de la distinction fait/valeur un principe d'organisation fondationnel du discours intellectuel d'après-guerre. »[214]

Peller continue en prétendant que la reconnaissance par Dewey de la troisième voie et sa continuation dans celle-ci dans le domaine de la philosophie non seulement a émoussé les attaques de ses critiques mais a fourni, après la Guerre « le cadre culturel qui a défini pour le courant central des intellectuels américains leur rôle en tant qu'intellectuels et, plus généralement, leur conception de la différence entre liberté et domination ».[215] Quoiqu'on pense de l'exactitude du compte-rendu détaillé de Peller, il décrit nettement les protagonistes comme beaucoup moins prisonniers de leur discours que ce n'est le cas chez Purcell.

(f) Montrer l'injustice et inspirer l'indignation et l'engagement

Le but de l'histoire dans cette perspective est d'inciter les lecteurs contemporains à réagir pour changer leur monde plutôt que d'identifier simplement les stratégies qu'ils devraient poursuivre. Pour les historiens du droit, cet objectif implique de démontrer que le droit dans le passé a contribué à l'oppression, dans l'espoir de cultiver ainsi chez les lecteurs une attitude de « plus jamais ça ».

Aucune des quatre variantes de l'histoire intellectuelle n'est particulièrement adaptée à la poursuite de ce but. Le diagnostic distancié du structuralisme et du textualisme (de même que leur vocabulaire technique, rébarbatif) les empêche de susciter l'indignation, alors que le penchant déterministe, disculpant du contextualisme (exploré au paragraphe précédent) empêche aussi la montée de la colère. Les explorations empathiques des historèmes et des parcours des individus par les nouveaux historicistes créent davantage d'occasions d'inspirer la fureur chez les lecteurs qui sont dans un même esprit mais le caractère polyphonique, compliqué de leurs arguments ne leur permet pas de capitaliser sur beaucoup de ces occasions. Ainsi, par exemple, on sort de l'exploration par Hartog de l'itinéraire et des écrits d'Elizabeth Packard avec un sentiment un peu renforcé de l'injustice du système de relations entre les genres, juridiquement constitué, au dix-neuvième siècle aux

---

[214] Peller, *op. cit. supra* note 108, p.581-83.
[215] *ibid.*, p.585.

Etats-Unis[216] mais on est loin de la réaction qui naît à la lecture des narrations traditionnelles racontant la vie des femmes qui supportaient le joug de la soumission.[217]

(g) Accroître (ou affaiblir) l'engagement des lecteurs envers leurs traditions culturelles

Certains historiens américains croient qu'en identifiant et en célébrant les traits uniques et persistants de la culture américaine, ils peuvent contribuer à défendre les réalisations du libéralisme (libéralisme de style Grande Société et non libéralisme classique) contre le scepticisme et l'hostilité grandissants d'une classe moyenne de plus en plus égoïste. Parmi les historiens du droit, le plus en vue des exposants de cette position est William Nelson.[218] Dans une revue des travaux récents en histoire du droit, il prétend que : « Les historiens peuvent... apporter une aide précieuse s'ils identifient les traditions juridiques qui constituent une part essentielle de notre culture juridique. En effet, si ces traditions sont identifiées, les juges et les autres décideurs... se sentiront contraints de les suivre de façon à éviter d'introduire des changements révolutionnaires dans cette culture ».[219] Dans un échange ultérieur avec Robert Gordon, il explique :

> « Je pense que le gouvernement que nous avons maintenant [au milieu des années 1980, le point culminant de la « Révolution reaganienne »] est précisément le gouvernement que la majorité des Américains veut et le gouvernement qui sert le mieux les intérêts et le bien-être de la majorité. Les communautés de l'Amérique Moyenne qui s'associent périodiquement pour constituer une majorité sont la source ultime du pouvoir politique dans la nation comme nous le connaissons et, je le crains, du gouvernement en accord avec les préférences politiques pures et simples de cette majorité. Je ne vois pas d'autre moyen de mettre des limites à cette majorité que par des appels au droit. »[220]

[216] Voir notes 130-39 *supra*.
[217] Pour une collection intéressante de telles narrations, voir Weisbrod (Carol), « Divorce Stories : Readings, Comments, and Questions on Law and Narrative », in *Brigham Young University Law Review.*, 1991, p.143.
[218] Voir Nelson (William) & Reid (John Philip), *The Literature of American Legal History*, 1985.
[219] *ibid.*, p.197.
[220] Nelson (William), « An Exchange on Critical Legal Studies between Robert W. Gordon and William Nelson », in *Law and History Review*, Vol.6, 1988, p.139, à p.167.

Le travail d'un historien politiquement responsable, argue-t-il, devrait être de fournir aux Américains un tableau du caractère et du développement du système juridique qui les décourage de donner libre cours à leurs désirs égoïstes ou à courte vue...[221]

Cet objectif a la caractéristique gênante de devoir être poursuivi dans l'ombre pour être le plus efficace possible. Reconnaître votre intention d'empêcher vos lecteurs d'obtenir ce qu'ils « désirent » – de les faire renoncer à élire des représentants et à faire adopter des lois qui « servent le mieux les intérêts et le bien-être de la majorité » – soulèvera, peut-on supposer, le scepticisme. En tout cas, aucune des quatre méthodologies envisagées dans cet article n'est susceptible de présenter beaucoup d'intérêt pour les historiens qui adoptent la position de Nelson, parce que toutes les quatre – pour des raisons différentes et de différentes manières – n'entretiennent aucun respect pour le canon culturel. Pour prendre juste un des exemples de Nelson, il est peu vraisemblable que « les historiens des idées pratiquant l'une des quatre méthodologies identifient et célèbrent comme une tradition culturelle, persistante l'engagement des Américains en faveur de l' « hégémonie de l'individu » sur la nature, le gouvernement et la communauté. »[222]

La suggestion de Nelson peut être plus adaptée, cependant, si on la renverse.[223] Peut-être la meilleure façon de conserver ou d'inculquer les valeurs libérales (de tolérance, d'empathie, de liberté d'expression, etc...) n'est pas de rappeler aux Américains les traditions qui sont supposées avoir unifié notre culture mais de mettre en lumière, tout d'abord, le riche éventail des groupes et des cultures qui ensemble ont formé la nation et, ensuite, les façons selon lesquelles les contacts entre ces groupes les ont tous transformés. En d'autres termes, l'objectif des historiens en général et des historiens du droit en particulier devrait être de déstabiliser plutôt que de renforcer le nationalisme et l'exceptionnalisme des Américains.

Les quatre variantes de l'histoire intellectuelle contemporaine ont beaucoup à apporter à un tel projet. A des degrés divers, toutes sont sensibles aux relations entre les artefacts juridiques et les conflits de classes ou de cultures. Des quatre, la plus prometteuse semblerait être le nouvel historicisme.[224] La délimitation soigneuse de l'empreinte laissée

[221] Voir *ibid.*, p.167-68.
[222] *ibid.*, p.140 (sans la référence).
[223] Robert Weisberg a suggéré cette possibilité dans ses commentaires au symposium de la *Stanford Law Review*, au cours duquel le manuscrit de cet article a été présenté.
[224] Voir notes 36-46 *supra*.

sur des textes juridiques par les luttes entre les groupes, l'attention au caractère « hétérogène et instable, perméable et processuel des contextes juridiques au regard desquels les textes juridiques doivent être lus ;[225] la sensibilité aux façons qu'ont eu les textes de refléter le changement idéologique ou d'y contribuer – chacun de ces penchants sont de bons présages pour un programme multiculturel.

(h) Assister les juges contemporains dans l'interprétation des textes constitutionnels

Un groupe important de théoriciens constitutionnalistes a longtemps prétendu que les dispositions constitutionnelles devraient être interprétées en cohérence avec l' « intention originaire » des rédacteurs ou de ceux qui ont ratifié le texte[226] et un groupe important de juges a acquiescé.[227] A supposer, pour les besoins de l'argumentation, qu'une certaine forme d'originalisme soit praticable et désirable comme façon d'appliquer la constitution aux problèmes contemporains,[228] une des nouvelles formes d'histoire du droit peut-elle aider à l'entreprise ?

---

225 Voir note 45 *supra*.

226 Voir, par exemple, Berger (Raoul), *Government by Judiciary : The Transformation of the Fourteenth Amendment*, 1977, p.363-72 ; Choper, *op. cit. supra* note 113, p.24-43 ; Meese (Edwin, III), « Construing the Constitution », in *University of California in Davis Law Review*, Vol.19, 1985, p.22 et suiv., à p.23-26. Pour une étude minutieuse de la résurgence récente de l'originalisme comme théorie constitutionnelle, voir Horwitz (Morton J.), « The Supreme Court 1992 Term – Foreword : The Constitution of Change : Legal Fundamentality without Fundamentalism », in *Harvard Law Review*, Vol.107, 1993, p.30 et suiv., à p.65-70.

227 Voir, par exemple, *Michael H. v. Gerald D.*, 491 U.S. (1989), p.110 et suiv., à p.123-27 (à propos des origines historiques des droits parentaux) ; *Payton v. New York*, 445 U.S. (1980), p.573, à p.583-85 (à propos des origines du Quatrième amendement) ; *Katzenbach v. Morgan*, 384 U.S.(1966), p.641, à p.650-51 (relatant l'histoire de l'alinéa 5 du Quatorzième amendement ; *Adamson v. California*, 332 U.S. (1947), p.46 et suiv., à p.68-92 (opinion dissidente du juge Black) (passant en revue l'histoire législative du Quatorzième amendement) ; Rehnquist (William W.), « The Notion of a Living Constitution », in *Texas Law Review*, Vol.54, 1976, p.693 et suiv., à p.706 (rejetant la notion de « constitution vivante » comme « un contournement du gouvernement populaire ») ; Scalia (Antonin), « Originalism : The Lesser Evil », in *University of Cincinnati Law Review*, Vol.57, 1989, p.849 et suiv., à p.852-53 (défendant l'interprétation de la constitution « sur la base de ce que la constitution signifiait à l'origine »).

228 Un scepticisme sur ce point est exprimé dans Brest (Paul), « The Misconceived Quest for the Original Understanding »,, in *Boston Uiversity Law Review*, Vol.60, 1980, p.204 et suiv., à p.205-17 [N.d.t. : repr. in *op. cit. supra* note 129, p.69-96] ; Dworkin (Ronald), « The Forum of Principle », in *New York University Law Review*, Vol.56, 1981, p.469 et suiv., à p.471-500 ; Tushnet (Mark V.), « Following the Rules Laid Down : A Critique of Interpretivism and Neutral Principles », in *Harvard Law Review*, Vol.96, 1983, p.781 et suiv. Pour un tour d'horizon des arguments en concurrence, voir Farber (Daniel A.), « The

A ce jour, aucun effort d'historien pour établir les compréhensions originales des dispositions constitutionnelles n'a eu recours, explicitement ou implicitement, aux méthodologies du structuralisme, du textualisme, du nouvel historicisme – et il y a de bonnes raisons à cela. L'insistance, partagée par ces trois styles d'enquête historique, sur le caractère glissant du langage et l'impossibilité de situer l'intention de l'auteur d'un texte la rend parfaitement inadaptée pour un projet originaliste. On ne peut pas en dire autant du contextualisme. La méthode contextualiste – dans sa version skinnerienne en particulier – affirme qu'en scrutant minutieusement le discours à partir duquel un texte a été formé (le vocabulaire disponible pour son auteur, les concepts et les présupposés qu'ils a tenus pour acquis et les problèmes qu'il a envisagés), il est possible d'établir l'intention de l'auteur et on doit le faire.[229] Si l'on peut déterminer la signification originelle du livre *Le Prince* ou du *Second Traité* en utilisant cette approche, pourquoi ne pourrait-on pas le faire pour la Clause sur les contrats ?

Un petit nombre des tentatives originalistes d'interprétation de la constitution ont adopté précisément cette tactique. Le juge Scalia, par exemple, a prétendu que pour déterminer la compréhension originelle d'une provision constitutionnelle, on doit faire beaucoup plus que simplement lire le texte :

> « Proprement menée, la tâche exige la prise en compte d'une masse énorme de documents – dans le cas de la Constitution et de ses Amendements, par exemple, pour ne mentionner qu'un seul élément, les comptes rendus des débats de ratification dans tous les Etats. Même au-delà de cela, elle demande une évaluation de la fiabilité de ce matériau... Et davantage encore, elle oblige à se plonger dans l'atmosphère intellectuelle et politique du temps – à se placer d'une certaine manière en dehors des connaissances que nous avons mais qu'un âge antérieur n'avait pas et à épouser des croyances, des attitudes, des philosophies, des préjugés et des fidélités qui ne sont pas celles de notre temps. »[230]

Originalism Debate : A Guide for the Perplexed », in *Ohio State Law Journal*, Vol.49, 1989, p.1085 et suiv.

[229] Voir note 19 *supra*.

[230] Scalia, *op. cit. supra* note 227, p.856-57.

La dernière phrase du juge Scalia aurait pu facilement sortir d'un article de Skinner. Une stratégie similaire est employée par Robert Kaczorowski dans son analyse originaliste du Quatorzième amendement.[231] Kaczorowski prétend que nous ne devrions pas nous demander quelle réponse les rédacteurs du Quatorzième amendement (ou ceux qui l'ont ratifié) auraient apporté aux problèmes auxquels les cours ont été confrontées au milieu et à la fin du vingtième siècle – telle que l'obligation ou non de déségrégation dans les écoles publiques[232], l'applicabilité de la Déclaration des Droits contre les Etats[233] ou la compétence du Congrès pour prohiber la discrimination privée dans les lieux ouverts au public.[234] Nous devrions, au lieu de cela, d'abord identifier le problème qui préoccupait le plus les rédacteurs de l'amendement et voir ensuite leur façon de concevoir ce problème.[235] En appliquant cette méthode au Quatorzième amendement, Kaczorowski soutient que les rédacteurs avaient en tête la question suivante : « Qui du gouvernement national ou des gouvernements des Etats possède la compétence première pour déterminer le statut et les droits des citoyens américains ? »[236] Leur réponse a été que « la citoyenneté nationale étant première et la citoyenneté d'Etat dérivée, le Congrès possède la compétence première pour assurer la protection des droits civiques des citoyens des Etats-Unis ».[237] De même, Martin Flaherty, au cours d'une attaque ravageuse sur les façons dont l'histoire est invoquée de manière caractéristique dans les études et les arguments constitutionnels, a appelé à une utilisation plus généralisée de la méthode contextualiste pour déterminer le sens des textes constitutionnels.[238]

A la réflexion, cependant, cette stratégie semble problématique et même contreproductive comme complément à l'interprétation constitutionnelle originaliste. La prémisse principale du style contextualiste en histoire

---

[231] Voir Kaczorowski (Robert J.), « Revolutionary Constitutionalism in the Era of the Civil War and Reconstruction », in *New York University Law Review*, Vol.61, 1986, p.863 et suiv.

[232] Voir, par exemple, Kelly (Alfred W.), « The Fourteenth Amendment Reconsidered : The Segregation Question », in *Michigan Law Review*, Vol.54, 1956, p.1049 et suiv.

[233] Voir, par exemple, Grosskey (William Winslow), « Charles Fariman, " Legislative History" and the Constitutional Limitations on State Authority », in Stanford Law Review, Vol.22, 1954, p.1 ; Fairman (Charles), Does the Fourteenth Amendment Incorporate the Bill of Rights », in *Stanford Law Review*, Vol.2, 1949, p.5 et suiv.

[234] Voir, par exemple, Avins (Alfred), « Fourteenth Amendment Limitation on Banning Racial Discrimination : The Original Understanding », in *Arizona Law Review*, Vol.8, 1967, p.236 et suiv.

[235] Voir Kacsorowski, *op. cit. supra* note 231, p.864-66.

[236] *ibid.*, p.866-67 (sans la note).

[237] *ibid.*, p.867 (sans la note).

[238] Voir Flaherty (Martin S.), « History "Lite" in Modern American Constitutionalism », in *Columbia Law Review*, Vol.95, 1995, p.523 et suiv., à p.554.

intellectuelle est que la significaiton d'un texte dépend de son contexte. Comme Lawrence Lessig l'a souligné, l'acceptation complète de ce principe est incompatible avec une forme forte d'originalisme.[239] « Le contexte de l'écriture » (l' « éventail de faits, de valeurs, de présupposés, de structures, de modèles de pensée » qui a donné sens aux mots employés par les rédacteurs d'une disposition constitutionnelle) différant souvent profondément du « contexte de lecture » (les circonstances analogues entourant les efforts des juges contemporains pour interpréter ces mots), il est insensé de tenter mécaniquement d'appliquer les intentions des rédacteurs aux problèmes contemporains.[240] Par exemple, Lessig note qu'une analyse originaliste conscientieuse de la clause d'établissement montrerait que les auteurs voulaient proscrire toutes dépenses de fonds publics pour des églises ou des ministres du culte. Un présupposé crucial de cette volonté, cependant, était que les gouvernements « ne donnaient en général pas d'argent aux services sociaux du secteur associatif. Dans ce contexte, aider des organisations religieuses signifiait aider une religion dès lors que le gouvernement n'aidait personne d'autre ».[241] La situation à la fin du vingtième siècle est totalement différente ; le soutien public aux organisations sans but lucratif est maintenant la règle. Dans ce climat nouveau, adhérer à la proposition selon laquelle toute dépense gouvernementale qui profite à des institutions religieuses est inconstitutionnelle, plutôt que de respecter l'intention des rédacteurs de la clause ferait fi de celle-ci.[242] Les difficultés de ce genre peuvent expliquer pourquoi même les plus fervents des originalistes sont parfois réticents pour adhérer à la méthode ou incapables de le faire.[243] Une confiance accrue des originalistes dans

[239] Voir Lessig (Lawrence), « Fidelity in Translation », in *Texas Law Review*, Vol.71, 1993, p.1165 et suiv., à p.1182-88.
[240] *ibid.*, p.1178.
[241] *ibid.*, p.1240-41.
[242] Voir *ibid.*, p.1241-42 (« Si la signification de la prohibition originelle portait sur le fait que l'aide à la religion aurait été discriminatoire (dès lors que le gouvernement n'aidait personne d'autre), le maintien de la prohibition quand l'aide du gouvernement n'est plus discriminatoire, changerait la signification de la prohibition originelle. ») Pour cet argument, Lessig s'appuie sur McConnell (Michael W.), « Religious Freedom at a Crossroads », in *University of Chicago Law Review*, Vol.59, 1992, p.115.
[243] Le juge Scalia, par exemple, admet que, bien que les rédacteurs du Huitième amendement n'auraiet pas considéré la peine du fouet comme un « châtiment cruel et inhabituel », il pourrait juger constitutionnellement problématique une loi du vingtième siècle qui autoriserait l'usage de cette sanction. Voir Scalia, *op. cit. supra* note 227, p.861-64. La sensibilité aux implications perverses d'un originalisme inflexible peut aussi aider à expliquer la réticence de Scalia à employer la méthode quand il analyse les revendications qui prétendent que les réglementations gouvernementales de la propriété privée constituent une « confiscation » inconstitutionnelle. Voir Fisher (William W., III), « The Trouble with Lucas », in *Stanford Law Review*, Vol.45, 1993, p.1394-95.

l'histoire intellectuelle contextualiste, en jetant un coup de projecteur sur les différences entre les contextes dans lesquels les dispostions ont été rédigées et les contextes dans lesquels elles doivent être interprétées, exacerberait ces difficultés au lieu de les atténuer.

La réponse de Lessig à cette intuition n'est pas d'abandonner le contextualisme mais de proposer une méthode (qu'il décrit comme une « traduction » pour « neutraliser » l'effet des changements de contexte).[244] L'objectif du juge appelé à donner sens à une disposition constitutionnelle ancienne, soutient-il, devrait être de choisir l'interprétation du texte qui rend son application contemporaine « équivalente » à son application lors de sa rédaction. Pour le juge :

> « Un problème de traduction se présente quand, entre le contexte d'énonciation et le contexte d'application, un changement de contexte d'un certain type est intervenu. Ce changement, que j'ai décrit comme un changement dans les présupposés, ce changement, s'il était intervenu dans le contexte d'énonciation, aurait exigé un changement dans le texte dans ce contexte pour que la signification dans ce contexte soit préservée. Si un présupposé change, alors le traducteur soit tenir compte de ce changement dans le contexte actuel pour que la fidélité soit respectée. En faisant l'ajustement nécessité par ce changement, le traducteur s'efforcera de procéder au changement le plus faible possible que nécessite la préservation aussi complète que possible du contexte originel. »[245]

L'histoire contextualiste, suggère Lessig, pourrait faciliter cette tâche en permettant au juge de « se familiariser » avec, à la fois, la culture de laquelle le texte source dérive et la culture dans laquelle le texte visé va s'appliquer, de se sentir « comme chez lui » dans ces deux cultures.[246]

Alors que la stratégie de Lessig est certainement plus vraisemblable que l'originalisme non réformé, elle présente des difficultés qui lui sont propres – des difficultés que les investigations historiques, contextualistes risquent encore d'aggraver plutôt que de les atténuer. Quand le changement de contexte entre la rédaction d'une disposition constitutionnelle et son interprétation n'implique pas une avancée technologique (par exemple, l'invention de meilleurs outils d'espionnage

---

[244] Lessig, *op. cit. supra* note 239, p.1241-42. Pour une application de cette méthode, voir Treanor, *op. cit. supra* note 88.
[245] Lessig, *op. cit. supra* note 239, p.1214.
[246] *ibid.*, p.1194-95 (sans la note).

qui créent de nouvelles menaces d'atteinte à la fin privée)[247] ou une nouvelle institution (telle que l'avènement de forces de police professionnelles qui créent de nouveaux dangers d'auto-accusation)[248] mais un changement d'idéologie ou de conception du monde, l'« équivalence » du genre célèbré par Lessig semble chimérique. Voyez, par exemple, les exigences constitutionnelles que « Les Etats-Unis garantissent à chaque Etat de l'Union une forme républicaine de gouvernement ».[249] Une lecture contextualiste de cette disposition commencerait par relever que cela avait été originellement proposé par James Madison[250] qui, sans doute, s'inspirait de la signification extrêmement complexe dans l'Amérique du Nord britannique de la fin du dix-huitième siècle du terme « républicain ». A supposer qu'en nous immergeant dans le corpus énorme de travaux historiques pertinents,[251] nous puissions découvrir ce que Madison et ses collègues entendaient lorsqu'ils exigeaient que le gouvernement fédéral s'assure que chaque Etat avait un système de gouvernement « républicain » (une tâche pas facile en elle-même), qu'est-ce que cela impliquerait de « traduire » cette exigence dans le contexte de la politique américaine contemporaine – un système dans lequel la plupart des composantes de l'idéologie républicaine sont largement absentes ?[252] L'application stricte des lois (des Etats) dont l'adoption représente des compromis entre groupes d'intérêts rivaux – selon la théorie que la démocratie pluraliste est l'« équivalent » contemporain de la démocratie participative que célébraient les républicains ? Autre alternative : peut être une volonté plus grande de soutenir les lois (d'Etats) qui résultent d'un processus de délibération empathique à propos du bien commun plutôt que de grossiers marchandages[253] – selon la théorie que nous devrions au moins nous efforcer de cultiver la vertu civique à l'intérieur des législatifs (d'Etats), même si nous ne considérons plus qu'elle soit une obligation pour le citoyen ordinaire ? La réponse semble follement indéterminée et plus

[247] Voir *ibid.*, p.1237-40.

[248] Voir *ibid.*, p.1233-37.

[249] *Constitution des Etats-Unis*, Art.IV, § 4.

[250] Voir Wiecek (William M.), *The Guarantee Clause of the United States Constitution*, 1972, p.41-42.

[251] Voir, par exemple, Wood (Gordon S.), *The Creation of the American Republic, 1776-1787*, 1969, p.3-45, [N.d.t. : trad. fr., par François Delastre, *La création de le république américaine*; *1776-1787*, introduction de Claude Lefort, Paris, Belin, 1991] ; Rodgers, *op. cit. supra* note 7, p.12-24.

[252] Laissez de côté, pour les besoins de cet exercice, la question troublante de savoir si la responsabilité de l'application de la clause devrait être confiée au Congrès ou aux Cours fédérales. Voir *Luther v. Borden*, 48 U.S. (7 How.) 1 (1849).

[253] Cf. Sunstein (Cass R.), « Group Interests in American Public Law », in *Stanford Law Review*, Vol.38, 1985, p.29 et suiv.

l'enquête contextualiste sur laquelle l'analyse se fonde, est sérieuse, plus l'indétermination devient patente.

En somme, l'histoire intellectuelle contextualiste, au premier abord, semble un outil potentiellement puissant aux mains soit d'un juge originaliste, soit d'un juge engagé envers cette sorte de « fidélité à travers la traduction » défendue par Lessig. Dans les deux cas, cependant, son utilité finale s'avère douteuse.

Une façon radicalement différente pour les juristes constitutionnalistes de considérer l'histoire a été récemment schématisée par Cass Sunstein. La fidélité au passé, suggère Sunstein, n'a pas à être le souci majeur du juge ou du théoricien. Son but ultime devrait plutôt être de construire la meilleure interprétation contemporaine, possible de la disposition constitutionnelle. Cela n'implique pas qu'il puisse faire totalement fi de l'histoire de la disposition mais cela change la nature et le degré de la contrainte exercée sur son interprétation par le passé :

> « De ce point de vue, les juristes constitutionnels, à la différence des historiens ordinaires, devraient essayer de fabriquer la meilleure signification constructive des évènements historiques, associés à la Constitution. Ils ont un devoir de « compatibilité » (« *fit* ») avec le matériau ; ils ne peuvent pas ne pas tenir compte des événements réels qui, dès lors, disciplinent leurs comptes rendus. Mais ils s'efforcent également de concevoir le matériau d'une manière qui, pour les générations d'aujourd'hui, ne fasse pas non-sens mais ait un sens politique ou moral ».[254]

La position que préconise Sunstein – un mélange de respect pour les faits tels qu'ils ont eu lieu et d'effort franc pour interpréter et organiser ces faits selon un modèle qui pointe en direction d'une réforme doctrinale que l'interprète estime indépendamment désirable – semble comparable à la position de compromis délibéré, défendue par les historiens textualistes.[255] Alors que ce parallèle suggère que Sunstein (et les autres théoriciens du droit constitutionnel dans le même esprit) pourrait tirer son inspiration et son soutien de LaCapra, Harlan et leurs compatriotes, une telle dépendance pourrait les conduire dans deux directions inconfortables. Premièrement, les histoires des idées textualistes adoptent et célèbrent de façon anachronique un ton carrément situé dans lequel l'auteur reconnaît et même revendique la partialité du regard qu'il jette

---

[254] Voir Sunstein, *op. cit. supra* note 147, p.602.
[255] Voir note 31 *supra*.

sur le passé. A ce jour, très peu de juristes constitutionnalistes (même ceux dont se recommande Sunstein, ont adopté un tel ton. Par exemple, Bruce Ackerman dont le travail massif en cours, *We The People*, pourrait (suggère Sunstein) être considéré comme un effort de construction du genre de narration dont Sunstein se fait le champion[256], fournit son histoire des amendements informels successifs à la Constitution dans un style obstinément rankien – et invite, en conséquence, à la critique des libertés qu'il prend avec « les faits ».[257] Sunstein, apparemment, souhaiterait qu'Ackerman soit plus candide de ce point de vue. Cependant la candeur se paie. Confesser auprès des lecteurs que sa version du passé « n'a pas à suivre les traces de l'historien »[258] peut coûter au juriste constitutionnel plus de crédit qu'il ne puisse supporter.

Deuxièmement, le textualisme peut être une ressource méthodologique, intrigante mais risquée pour Sunstein de cet autre point de vue : son penchant pour les interprétations subversives, non canoniques. Sunstein, à l'évidence, préfère les exposés de notre passé constitutionnel qui « présentent les choses sous un jour favorable et attirant sans, toutefois, déformer ce qui peut être trouvé en fait ».[259] Pourquoi, ce n'est pas tout à fait clair. Pourquoi, par exemple, la lecture fanée du racisme de la Constitution fédérale avant la Guerre Civile par Thurgood Marshall[260] est-elle moins utile pour construire une doctrine contemporaine solide que les lectures plus réjouissantes du même document ? Au regard de l'instabilité des préférences de Sunstein pour les narrations constitutionnelles bienveillantes plutôt que crues, il pourrait trouver l'irrévérence des textualistes dangeureusement contagieuse.

(i) Jouer

De ce point de vue, l'histoire – comme toutes les autres entreprises interprétatives – est une source d'amusement et de plaisir des sens. Elle peut et elle devrait ressembler (comme le dit Roland Barthes, de la critique littéraire) à un jeu érotique.[261] Elle peut, en d'autres termes, stimuler et rendre joyeux l'écrivain et le lecteur.

---

256 Voir Sunstein, *op. cit. supra* note 147, p.603 (à propos de Bruce Ackerman).
257 Voir, par exemple, Fisher, *op. cit. supra* note 8, p.964-74.
258 *ibid.*, p.603.
259 *ibid*, p.603.
260 Voir Marshall (Thurgood), « Reflections on the Bicentennial of the United States Constitution », in *Harvard Law Review*, Vol.101, 1987.
261 Voir Barthes (Roland), *The Pleasure of the Text*, 1975, [N.d.t. : trad. de *Le plaisir du texte*, Paris, Editions du Seuil, 1973].

Vous pourriez penser que la mesure dans laquelle un travail historique va dans ce sens dépend davantage de la personnalité et du talent de l'historien que de la méthodologie qu'il emploie. Un grand historien devrait être capable de donner du plaisir à ses lecteurs ou à lui-même, les provoquer ou se provoquer, les séduire ou être séduit par son oeuvre, en utilisant n'importe quel langage ou style. Cependant cette prédiction est contredite par une enquête de terrain. Au moins dans le monde de l'histoire *du droit*, il existe très peu d'exemples d'essais structuralistes ou contextualistes qui excitent et invitent à sourire.[262] A la réflexion, ce n'est pas surprenant. Les historiens joueurs ont plus de chances d'être attirés par l'esthétique postmoderne, partagée par les approches textualistes ou nouvelles historicistes ou d'y avoir été formés. Ce sont des méthodologies plus en accord avec l'ironie, plus sensibles à l'interaction subtile des arguments, plus portées sur le jeu de mots et la juxtaposition inattendue – en bref, plus joueuse. Au contraire, les styles plus pondérés et austères, caractéristiques du contextualisme et du structuralisme, freinent l'aptitude de leurs adhérents à entrer dans la danse analytique.

La compatibilité du textualisme et du jeu – de même que les risques liés à l'histoire dans ce style – est suggérée par une analogie récemment établie par LaCapra entre l'interprétation déconstructionniste et le jazz :

> « Dans la critique littéraire qui imite l'écriture créatrice, une lecture du texte peut être louée dans la mesure où elle est erronée fortement et qu'elle traite son objet d'une façon performante, imprévisible et même étrangement déconcertante ou mystérieuse. En réalité, plus erronée est la lecture, meilleure elle est, dès lors que la force d'une lecture erronée indique le degré auquel elle apparaît performante, créatrice et même originale et fait ressortir ce qui n'est pas évident dans le texte qui devient son prétexte... L'écriture disséminatrice, de même que les lectures fortement erronées, sont quelque chose de comparable au « riff » dans le jazz, où un musicien improvise sur un air ou dans le style d'un musicien antérieur. Comme dans le jazz, les variations les plus disjonctives et traumatiques (ou les changements dans la répétition) peuvent d'un certain point de vue être les plus impressionnantes. A cet égard, Derrida peut peut-être être considéré comme le John Coltrane de la

[262] Un des rares peut être l'analyse structuraliste, étincelante, des *Commentaires* de Blackstone par Duncan Kennedy.

philosophie ou de quelque genre hybride qui demeure difficile à nommer. »[263]

LaCapra poursuit en suggérant que ce style de lecture et d'écriture est problématique en tant que façon de faire de l'histoire (contrairement au cas de la critique littéraire) ; il est trop peu respectueux des textes qui sont interprétés et accroît le danger que l'analyste tombe dans le piège moral, illustré par l'effort « infortuné » de Derrida pour dédouaner le journalisme antisémite de Paul de Man pendant la Seconde guerre mondiale.[264] Cependant l'analogie de LaCapra demeure évocatrice à deux égards. Premièrement, elle rappelle aux historiens la mesure dans laquelle ils prennent plaisir à des lectures provocantes, révélatrices, de documents et leur espoir de susciter la même expérience chez leurs lecteurs. Les interprétations textualistes (même d'opinions judiciaires) peuvent être des performances et être appréciées à ce titre. Deuxièmement, elle suggère que le paradigme postmoderne peut être le plus prometteur en ce qui concerne la production de lectures de ce genre.

Conclusion

Les débats méthodologiques parmi les historiens des idées qui se pensent comme ayant pris le « tournant linguistique » ont à la fois dynamisé et fait éclater le champ. La plupart des historiens des idées ont aujourd'hui le sentiment qu'ils sont engagés dans une entreprise vitale mais instable où les enjeux sont élevés et où la valeur ultime de leur travail est régulièrement mise en question et doit être aussi souvent reconsidérée ou défendue. Au cours des récentes années, l'invocation de nouvelles méthodes en histoire intellectuelle par les historiens du droit est devenue plus courante et consciente. En même temps (et en partie en tant que résultat), le désaccord entre historiens du droit concernant les problèmes méthodologiques s'est accru. Cet article avait deux ambitions. Tout d'abord, il a essayé de développer chez les historiens du droit la conscience des options méthodologiques qui s'offrent à eux. Ensuite, il a invité les historiens du droit à évaluer ces options, à choisir entre elles et à les transcender, non pour décider laquelle (s'il en est une) est convaincante dans l'abstrait mais pour décider pourquoi ils écrivent à

263 LaCapra (Dominick), « History, Language, and Reading : Waiting for Crillon », in *American History Review*, Vol.100, 1995, p. 799 et suiv., à p.815.
264 *ibid.*, p.815-17.

propos de l'histoire du droit et à choisir (ou à inventer) une méthode susceptible de les aider à atteindre leurs buts.

Jack N. Rakove* « Les origines du contrôle de constitutionnalité : Plaidoyer pour de nouveaux contextes »

(trad. de : Jack N. Rakove, « The Origins of Judicial Review : A Plea for New Contexts », in *Stanford Law Review*, Vol.49, 1997, p.1031-1064.)

* Professeur d'histoire et d'études américaines à l'Université Stanford.

1) L'histoire critique dans une tonalité traditionnelle

Pour un historien professionnel, l'idée que l'histoire devrait être écrite dans une tonalité critique a deux sens évidents. Le progrès dans la pensée historique dépend, en premier lieu, d'une évaluation critique des connaissances acquises et de l'état actuel du potentiel de recherche. De telles appréciations prennent des formes différentes : elles peuvent impliquer la recherche de ce qui manque dans les exposés courants ou le réexamen de récits familiers à partir de nouvelles perspectives. Cette forme d'histoire critique attire ceux qui essaient de faire échapper des voix perdues du passé aux prétentions hégémoniques des vainqueurs dont les triomphes sont souvent servis et promus par la discipline historique. Plus communément, faire de l'histoire dans un mode critique signifie faire apparaître des présupposés problématiques ou des explications douteuses dans les comptes rendus existants ou se demander si la découverte de nouvelles sources ou le retour sur les anciennes peut amener à remettre en question le savoir acquis. Par-dessus tout, faire de l'histoire de façon critique requiert d'identifier des problèmes réels dans la compréhension d'un quelconque aspect du passé. Cela signifie se mettre en quête des « anomalies » qui attendent une explication : la preuve qu'un modèle de conduite humaine a donné la place à un autre, qu'un événement est intervenu qui n'aurait pas dû ou que les observateurs à l'époque ont senti que la vie se modifiait de manières qu'ils ne pouvaient guère ignorer mais qu'ils étaient cependant incapables de saisir complètement.[1]

Les historiens pratiquent une seconde forme d'études critiques quand la conscience d'une anomalie les conduit à construire un projet de recherche. Le succès de tels projets dépend de la capacité de l'historien à envisager de façon critique les sources premières sur lesquelles toutes les explications du passé reposent finalement. Beaucoup de séminaires pour les étudiants ont à juste titre été consacrés à l'acquisition de savoir-faire techniques, indispensables pour maîtriser des ensembles de sources spécifiques. Cependant la réalité plus contrariante à propos de l'image critique des sources est peut-être que les historiens doivent toujours réinventer la roue, au sens où tout puzzle pose ses propres problèmes et requiert ses propres solutions.[2] Bien sûr, il existe une forme d'histoire traditionnelle qui fait de la tâche de traitement des preuves, un processus d'avancée ordonnée, pas à pas, à travers une plaine de traits de paysages identiques – les dépêches diplomatiques, disons, ou une suite de précédents à propos d'une question familière, telle que les droits et les privilèges des tribunaux ou des parlements. Néanmoins, si les travaux historiques doivent être créatifs, en même temps que critiques, ils ne peuvent pas être menés d'une façon aussi routinière. Pour faire revivre le passé, les historiens ont une rude tâche à accomplir pour examiner les preuves sous un nouveau jour ou sous des angles non ordinaires. Ils ne peuvent pas les tenir pour acquises mais doivent, au contraire, scruter par-delà leur familiarité superficielle et se demander pourquoi les événements, les développements et les faits routiniers que décrivent ces preuves devraient soit avoir surpris les habitants du passé, soit avoir attiré la curiosité des touristes dans leurs confins pas toujours accueillants.

Une troisième forme, très différente de pensée critique implique l'évaluation des utilisations fondées et des abus d'utilisation qui peuvent

---

[1] D'autres historiens peuvent reconnaître combien cette formulation doit aux réflexions de mon professeur, Bernard Bailyn. Voir, par exemple, Bailyn (Bernard), « The Problems of the Working Historian : A Comment », in Hook (Sidney) (ed.), *Philosophy and History ; A Symposium*, 1963, p.92 : id., « History and the Creative Imagination », Discours à l'Université Washington, Octobre 1985 (enregistré auprès de la *Stanford Law Review* ; voir aussi id., « The Challenge of Modern Historiography », in *American Historical Review*, Vol.87, 1982, p.1 (à propos des problèmes que rencontrent les historiens pour combiner des solutions à des questions techniques d'érudition avec la nécessité de grandes fresques narratives).

[2] Inversement, les historiens devraient être prudents dans l'application a-critique d'un modèle théorique familier à un problème particulier. Les historiens devraient se conduire en pragmatistes souples, empruntant et expérimentant des approches qui semblent s'appliquer à la question à traiter mais le faisant d'une façon critique.

être faits des récits concernant le passé, soit par des savants d'autres disciplines, soit par des participants au débat politique. L'histoire semble n'être qu'un domaine de recherche singulier, réservé sans conteste à des originaux ayant un goût pour le suranné. En fait, l'usage et la maîtrise du passé – comme l'a compris George Orwell – sont trop importants pour être laissés aux seuls historiens. Comme l'indique ce symposium lui-même, une orientation ou un retour vers la pensée historique ou historicisée fait partie du paysage intellectuel contemporain, dans les études littéraires (ou culturelles) et dans les sciences sociales, tout aussi bien qu'en droit. Cependant, comme il arrive si souvent quand les savants franchissent les limites de leurs disciplines, les efforts d'une discipline pour adapter les méthodes et les résultats d'une autre laissent toujours le champ débiteur ouvert à l'examen du créancier. Plus important, peut-être, le rôle que les souvenirs et les analogies historiques jouent dans le domaine du débat politique et des politiques publiques ne peut pas être surestimé. Comme Ernest May l'a affirmé, il y a un quart de siècle, les leçons supposées du passé ne sont pas seulement constamment invoquées pour justifier des décisions et des politiques mais elles contribuent également à façonner les idéologies et les perspectives desquelles émergent ces décisions.[3] L'essentiel de notre raisonnement à propos du présent est, en fait, par nature, profondément historique. Aussi longtemps qu'il en sera ainsi, les historiens auront une fonction critique, importante à jouer pour éviter que les appels infondés à l'autorité du passé n'acquièrent une influence indue sur le présent. L'analogie avec Munich en 1938 peut ne pas avoir été la leçon la plus utile à appliquer pour justifier l'intervention américaine au Vietnam.[4] L'héritage de l'esclavage dans le Sud d'avant la Guerre civile peut ne pas offrir la meilleure explication pour les difficultés de la famille afro-américaine dans le Nord industriel.[5] Les mythes des origines peuvent ne pas fournir les motifs les plus convaincants pour les revendications en concurrence des nationalismes modernes ou des autres croyances populaires.[6]

---

[3] Voir May (Ernest R.), « Lessons » *of the Past : The Use and Misuse of History in American Foreign Policy*, 1973 (prétendant que les politiques s'appuient sur des analogies historiques pour prendre des décisions) ; Neustadt (Richard E.) et May (Ernest R.), *Thinking in Time : The Uses of History for Decision-Makers*, 1986 (décrivant des épisodes au cours desquels l'utilisation de l'histoire a influencé la prise de décision).

[4] Voir May, *op. cit. supra* note 3, à p.114 (citant la justification donnée par le Président Johnson à la Guerre du Vietnam comme « [d]e Munich à aujourd'hui, nous avons appris que céder à l'agression ne fait qu'apporter de plus grandes menaces »).

[5] Voir Gutman « Herbert G.), *The Black Family in Slavery and Freedom, 1750-1925*, 1976.

[6] Anderson (Benedict), *Imagined Communities : Reflection on the Origin and Spread of Nationalism*, 2nd ed. rev., 1991 et id., *The Invention of Tradition*, Hobsbawm (Eric) & Ranger (Terence) (eds.), 1983 ont inauguré des enquêtes sceptiques, récentes sur les origines des traditions nationalistes et des autre mythes de l'identité de groupes.

Dans la mesure où cette forme d'histoire critique peut être déployée pour s'opposer aux paradigmes en place et les subvertir, elle peut faire figure d'arme de transformation sociale, assez proche des *C.L.S.* et de la *Critical Race Theory*. Cependant une réflexion plus poussée sur la nature de la pensée peut tout aussi bien venir appuyer la conclusion contraire. En effet, les antidotes chargés de contexte que les historiens sont susceptibles d'administrer contre les analogies faibles et les autres démarches erronées vont produire d'ordinaire des histoires plus nuancées et compliquées que celles qu'elles doivent remplacer. Comme l'a adroitement fait observer Gordon Wood, ce processus même d'ancrage solide des actes et des acteurs du passé dans leur propre contexte peut aller à l'encontre du soutien aux bonnes causes du progrès et de la réforme :

> « A la différence de la sociologie, de la science politique, de la psychologie et des autres sciences sociales qui essaient de faire naître la confiance pour gouverner de l'avenir, la discipline de l'histoire tend à inculquer le scepticisme au sujet de la capacité des peuples à organiser leurs destinées comme ils l'entendent. L'histoire qui révèle la différence complète et la discontinuité avec avant, tend à saper cette utilisation présentiste et grossièrement instrumentale du passé que les Américains, en particulier, ont été prompts à faire mettre en oeuvre. Et l'histoire qui montre que les plans les mieux élaborés des peuples par le passé ont échoué et que la plupart des peuples ont lutté contre des forces qu'ils n'ont jamais clairement appréhendées et sur lesquelles ils disposaient de peu de maîtrise tend à étouffer l'esprit naïf de conquête de l'avenir que possèdent plus que tous les autres peuples, les Américains. »[7]

---

[7] Wood (Gordon S.), « The Creative Imagination of Bernard Bailyn », in Henretta (James A.), Kammen (Michael) & Katz (Stanley N.) (eds.), *The Transformation of Early American History : Society, Authority, and Ideology*, p.16 et suiv., à p.46. L'observation de Wood est une réflexion sur l'affirmation de Bernard Bailyn dans Wood (Gordon S.), *The Ordeal of Thomas Hutcheson*, 1974, p.ix-x, qu'il aurait écrit une histoire « tragique », transcendant le parti pris patriotique, inhérent à beaucoup de travaux d'érudition sur la Révolution américaine. Mais je lis le propre sous-texte de Wood comme embrassant notre préoccupation continuelle concernant le débat sur l'incapacité (ou le refus) de la génération des Fondateurs d'agir contre l'esclavage de façon efficace, un débat qui fait des attitudes envers Thomas Jefferson, la marque cruciale de la notion de tout historien sur les usages et les abus d'utilisation de l'histoire. Pour prolonger la réflexion, voir Wood (Gordon S.), « The Trials and Tribulations of Thomas Jefferson », in Onuf (Peter S.) (ed.), *Jeffersonian Legacies*, p.395 et suiv.

Vue de cette manière, l'histoire devient une discipline au conservatisme inhérent, non pas du fait que ceux qui la pratiquent souffriraient d'une nostalgie mal placée envers les époques révolues, ni parce que, du point de vue politique, ils se situeraient plus à droite que les autres savants mais simplement parce que la connaissance qu'ils produisent, démontre la force constante de l'inertie et la vraisemblance de conséquences inattendues même quand il s'agit de décrire des bouleversements en apparence complets et de grande ampleur.

Certaines de ces observations sont tout au plus tangentielles par rapport aux questions auxquelles tente de répondre cet essai. Elles sont inspirées à la fois par l'agenda de ce symposium et par ma propre réflexion sur les pratiques qui distinguent les recherches historiques à la limite de la province du droit des investigations juridiques, traversant le terrain chaotique de l'histoire. Dans la suite de cet article, je reprends la question classique, la très vieille question qui se situe au coeur de la narration maîtresse de l'histoire constitutionnelle américaine : comment expliquer les origines de la doctrine sur le contrôle de constitutionnalité des lois ? Cet article est de l'histoire critique au sens un et trois que j'ai introduits plus haut. Il porte spécifiquement sur l'identification de l'anomalie qui requiert explication et sur la critique du mythe des origines, qui donne tant d'importance à *Marbury v. Madison.*[8] Il suppose que des questions qui paraissent vieilles et bien élucidées puissent être réexaminées avec profit si l'on est prêt à reconsidérer les interprétations de base, à revoir les preuves, à faire appel à de nouvelles sources et, peut-être, par-dessus tout, si l'on s'attèle dur à la tâche de découvrir ce qui était surprenant, troublant et problématique à propos d'un tournant du passé en forme d'anomalie.[9]

Dans cet article, je me propose de repousser l'histoire des origines du contrôle de constitutionnalité plus loin dans le temps et de soutenir trois propositions au sujet du contexte dans lequel la situer. Premièrement,

---

[8] 5 U.S. (1 Cranch) 137 (1803) ([N. d. t.] : présentation et trad. en fr. : voir Zoller (Elisabeth), *Grands arrêts de la Cour suprême des Etats-Unis*, Paris, P.U.F., 2000, p.71-106, ouvrage ci-après désigné par : Zoller (Elisabeth), *Grands arrêts*...).

[9] Mon approche en tant qu'historien semble être de prendre de vieux sujets, souvernt les plus vieux (une caractérisation ancienne de l'histoire du Congrès Continental ou de l'adoption de la Constitution) et de ne pas trouver quelque chose de nouveau à dire à leur sujet exactement dans ce sens. Ainsi, les réflexions introductives que j'ai avancées ici sont le fruit de l'expérience d'écrits antérieurs, cueillis à l'âge de la maturité : Rakove (Jack N.) , *The Beginnings of National Politics : An Interpretive History of the Continental Congress*, 1979 [ci-après désigné par Rakove, *Beginnings of National Politics*] et id., *Original Meanings* : *Politics and Ideas in the Making of the Constitution*, 1996 [ci-après désigné par Rakove, *Original Meanings*].

c'est le plus important, à ses débuts – et on peut prétendre qu'il en va de même pour son usage moderne – la doctrine américaine sur le contrôle de constitutionnalité concernait davantage le fédéralisme que la séparation des pouvoirs. Si un cas (ou une suite de cas) mérite d'être relevé, ce n'est pas la décision *Marbury v. Madison* de 1803 mais ce sont les décisions plus controversées de la décennie suivante – en particulier *McCulloch v. Maryland* [10] – qui ont donné une nouvelle profondeur au principe de suprématie du judiciaire national sur les actes législatifs et les décisions judiciaires des Etats.[11] Deuxièmement, l'acceptation de la légitimité du contrôle de constitutionnalité reflétait une préoccupation nouvelle à propos de la nature et des sources de la législation dans un gouvernement républicain, une préoccupation qui peut être étroitement liée à la critique madisonienne du majoritarisme factieux. Troisièmement, avant que le contrôle de constitutionnalité puisse devenir légitime, les Américains devaient d'abord accepter une conception de l'indépendance du judiciaire qu'ils n'auraient pas facilement formulée et encore moins faite leur avant la Révolution et qui rencontre encore une résistance substantielle dans la culture politique, populaire. Le contrôle de constitutionnalité ne pouvait devenir possible qu'après que des segments influents de la communauté politique américaine se soient détachés de la croyance que les jurys étaient des juges compétents du droit comme du fait et aient admis, au contraire, les avantages qu'il y avait à permettre à des juges, experts professionnels d'agir comme sources indépendantes de l'autorité judiciaire.

2) Le portrait de *Marbury*

Alors que les grands spécialistes du droit constitutionnel ont souvent fait leurs classes auprès des juges à la Cour Suprême, les simples historiens de la constitution visitent la Cour seulement en tant que touristes. Aussi, en 1983, ce fut un grand plaisir pour moi, alors que j'assistais à une conférence sur la fabrication des constitutions à travers le monde, qui se

[10] 17 U.S. (4 Wheat.) 316 (1819) (trad. fr. : Zoller (Elisabeth, *Grands arrêts...*, p.129-161).
[11] Voir, par exemple, *Gibbons v. Ogden*, 22 U.S. (9 Wheat.) 1 (1824) ; *Cohens v. Virginia*, 19 U.S. (6 Wheat.) 264 (1821) ; *Trustees of Dartmouth College v. Woodward*, 17 U.S. (4 Wheat.) 518 (1819) ; *in v. Hunter's Lessee*, 14 U.S. (1 Wheat.) 304 (1816) ; *Fletcher v. Peck*, 10 U.S. (6 Cranch) 87- 9).(N.d.t. : Pour quatre de ces cas, voir : Zoller (Elisabeth), *Grands arrêts...*, p.107-127, 163-199).

tenait à la Cour Suprême,[12] de bénéficier d'une visite des chambres de la Cour, sous la conduite du Président de celle-ci, Warren Burger, et du juge William Brennan. Le côté le plus insolite de cette visite fut la découverte des salles à manger privées. Je n'ai pas été surpris de voir un portrait de John Marshall présider dans la salle où toute la Cour peut dîner ensemble. Mais il y avait aussi un sanctuaire intérieur, pour cinq, réservé, peut-on présumer, aux occasions où une simple majorité de juges a besoin de se mettre d'accord, tard dans la nuit, sur une décision. Et quel astre judiciaire veille-t-il sur de telles occasions : notre Lord Coke, Blackstone, Story, Field, Harlan ou Brandeis ? La place d'honneur ne revient en fait à nul autre que l'aspirant au rôle de juge, désappointé, William Marbury, qui a l'air du juge de cour de circuit du comté de Cook qu'il aurait pu être dans une autre vie.[13]

Que le visage rouge de Marbury soit accroché ici, n'a rien d'inapproprié ou de malvenu. A tous points de vue, l'histoire de son procès pour obliger le Secrétaire d'Etat, James Madison (dont le portrait est accroché à côté du sien) à produire l'acte de commission que son prédécesseur, John Marshall n'était pas parvenu à lui faire remettre en temps, marque l'inauguration dramatique de la narration principale dans l'histoire de l'interprétation constitutionnelle américaine. Quels qu'aient été les développements avant que la Cour Marshall ne fournissent sa première grande opinion, ils ne sont rien de plus qu'un prologue. En dépit de tous les efforts récents pour redonner à la promesse oubliée de la première « longue » décennie de la Cour,[14] l'importance qu'elle mérite, *Marbury v. Madison* est si fermement consacrée comme le moment dramatique qui vit la fondation de la doctrine du contrôle de constitutionnalité qu'il est difficile d'imaginer comment il pourrait jamais être déplacé.

---

[12] Les actes de cette conférence, sponsorisée par l'American Enterprise Institute, se trouvent dans Goldwin (Robert A.) & Kaufman (Art) (eds.), *Constitution Makers on Constitution Making : The Experience of Eight Nations*, 1988.

[13] Merci à Maeva Marcus pour m'avoir confirmé ce souvenir et avoir ajouté un détail important qui sera mentionné plus tard. J'ai écrit ce passage avant de découvrir que David F. Forte a fait la même description in Forte (David F.), « Marbury's Travail : Federalist Politics and William Marbury's Appointment as Justice of Peace », in *Catholic University Law Review*, Vol.45, 1996, p.349 et suiv., à p.350. Forte note que le portrait est attribué à Rembrandt Peale et qu'on doit sa présence dans cette salle au Président de la Cour, Burger (*ibid.*).

[14] Voir, par exemple, Casto (William R.), *The Supreme Court in the Early Republic : The Chief Justiceship of John Jay and Oliver Ellsworth*, 1995 ; Presser (Stephen B.), *The Original Understanding : The English, the Americans and the Dialectic of Federalist Jurisprudence*, 1991 ; voir aussi Marcus (Maeva) (ed.), *Origins of the Federal Judiciairy : Essays on the Judiciary Act of 1789*, 1992.

S'il est nécessaire de corroborer cette affirmation qui va quasiment de soi, il nous suffit de nous reporter à la première page d'un ouvrage dont la portée intellectuelle est peut être encore la plus grande dans le champ de la constitution. *The Least Dangerous Branch* d'Alexander Bickel commence avec deux affirmations frappantes.[15] La première, une thèse quelque peu théorique, dit que :

> « L'autorité pour déterminer le sens et l'application d'une constitution écrite n'est nulle part définie, ni même mentionnée dans le document lui-même. Cela ne veut pas dire que le pouvoir de contrôle de constitutionnalité ne peut pas être placé dans la constitution ; mais simplement qu'on ne peut pas l'y trouver.[16]

Au contraire, suggérait Bickel, les pouvoirs juridiques du Congrès ont été explicitement créés par le texte tandis que les potentialités politiques de la présidence étaient « relativement faciles à percevoir. »[17] Et cela, à son tour, conduit Bickel à avancer une seconde thèse, purement historique :

> « Mais l'institution du judiciaire devait être dégagée des exhalaisons constitutionnelles, façonnée et défendue et le grand [sic] Président, John Marshall – pas tout seul – mais tout d'abord et essentiellement – était là pour le faire et il l'a fait. Si l'on peut dire d'un processus social qu'il a été « accompli » à un moment donné par un acte donné, ce fut la réalisation de Marshall. C'était en 1803 ; l'acte d'accomplissement était la décision dans l'affaire *Marbury v. Madison.* »[18]

Dans les annales des travaux savants, contemporains, il serait difficile de trouver une prétention similaire qui proclame si nettement le pouvoir des grands hommes d'accomplir des actes héroïques d'un seul coup.[19]

Les envolées lyriques, initiales de Bickel me sont toujours apparues comme l'expression de la volonté de trop prouver. En fait, les nuances analytiques du chapitre auquel elles servent d'introduction suggèrent qu'il les envisageait davantage comme un effet de plume que comme des hypothèses qui demandaient à être validées. Sur quoi porte la clause de

---

[15] Bickel (Alexander M.), *The Least Dangerous Branch : The Supreme Court at the Bar of Politics*, 1962, p.1.
[16] *ibid.*
[17] *ibid.*
[18] *ibid.*
[19] Bien que j'ai essayé, à l'occasion, de le faire, dans mes propres travaux sur la prééminence de James Madison. Voir Rakove, *Original Meanings*, *op. cit. supra* note 9, à p.xvi, p.35-36 et les écrits cités à p.375 note 3.

suprématie, si ce n'est sur quelque chose que nous reconnaîtrions spontanément comme le contrôle de constitutionnalité ? Aussi habile jongleur que l'on soit avec ses ambiguïtés et son indirection, il est encore très mal aisé de démontrer que le contrôle de constitutionnalité ne constituait pas un objet majeur de l'Article VI. Et la pure affirmation historique de Bickel concernant l'importance et l'impact de *Marbury* semble encore plus étrange. Pour parvenir à cette théorie dramatique de la naissance brusque du contrôle de constitutionnalité, il faut laisser de côté une bonne part de l'histoire qui s'est déroulée à la fois avant et après 1803. Cela suppose aussi d'admettre un certain point de vue sur les qualités décisives de l'action historique – c'est-à-dire, d'événements explicites, délimitables et identifiables – qui n'est pas facilement conciliable avec l'équation qu'établit Bickel entre une décision juridique et un « processus social. »[20] Si Bickel avait vraiment voulu prouver que *Marbury* a eu cet effet, il lui aurait fallu expliquer comment une décision à elle seule, sans grandes conséquences immédiates, pouvait se transformer en un processus de contrôle de constitutionnalité en marche. Mais sa préoccupation réelle est d'ordre normatif et non historique ; il nous demande pratiquement de croire sur parole à propos de la primauté qu'il accorde à *Marbury*, afin de pouvoir traiter du « dilemme contre-majoritaire » qui est son vrai sujet.[21]

Cet accent mis sur le pouvoir magique de *Marbury* a été fortement critiqué par des auteurs récents qui envisagent le contenu et la portée de l'opinion de Marshall d'une façon différente. Les comptes rendus discordants de Robert Lowry Clinton et Christopher Wolfe affirment que le cas n'était pas si débordant d'opportunisme judiciaire et de dilemmes normatifs que Bickel et les autres l'ont dit.[22] Correctement situé dans son contexte juridique et historique, *Marbury* se présente comme une affaire limitée – qui ne peut pas être considérée comme faisant autorité pour des applications d'envergure du pouvoir judiciaire que ce qu'ils appellent « le contrôle de constitutionnalité moderne » a rendu possible – et que Bickel, malgré tous les défauts qu'il y trouve, juge finalement nécessaire.[23] Dans cette version, l'histoire réelle de *Marbury* ne tourne pas autour de son impact original sur la jurisprudence mais de sa transformation très tardive dans l'interprétation par les cours modernes et chez leurs commentateurs

[20] Bickel, *op. cit. supra* note 15, p.1.
[21] *ibid.*, p.16 (« La difficulté de base est que le contrôle de constitutionnalité est une force contre-majoritaire dans notre système. »).
[22] Voir Clinton (Robert Lowry), Marbury v. Madison *and Judicial Review*, 1989 ; Wolfe (Christopher), *The Rise of Modern Judicial Review : From Constitutional Interpretation to Judge-Made Law*, éd. rév., 1994.
[23] Clinton, *op. cit. supra* note 22, p.ix-x.

savants.[24] Une critique plus subtile de l'accent mis sur *Marbury* émerge dans l'effort récemment entrepris par Sylvia Snowiss pour dessiner à grands traits l'évolution du contrôle judiciaire de constitutionnalité à travers trois « périodes » distinctes. L'approche de Snowiss est moins dogmatique et sceptique que celle de Clinton et Wolfe mais, pour un historien, elle semble aussi trop nette dans son découpage de trois phases franchement séparées dans la formation de la doctrine.[25]

Cependant la primauté de *Marbury* semble si profondément ancrée dans la doctrine que le succès des théories réformatrices apparaît misérable. Conserver *Marbury* comme l'épisode de départ pour la narration présente l'avantage heuristique de permettre que le contrôle judiciaire de constitutionnalité puisse apparaître comme un problème isolé des démêlés du fédéralisme. *Marbury* est un cas pur de séparation des pouvoirs qui ne requiert aucune référence à l'existence concurrente des Etats. Dans le cadre d'une pédagogie introductive, cette lecture de *Marbury* est plus facile à utiliser par référence à la structure classique de Montesquieu, distinguant trois types de pouvoirs.[26] Par ailleurs, la tentative faite pour dégonfler l'importance de *Marbury* peut avoir l'effet ironique de confirmer celle-ci, ne serait-ce que parce qu'elle contribue à renforcer, plutôt qu'à dissiper, les ambiguïtés profondes avec lesquelles Bickel et les autres juristes savants se sont battus (et qui ont une valeur heuristique importante dans l'environnement d'enseignement dans lequel ils opérent.) Pour la doctrine et les enseignements de droit constitutionnel, *Marbury* est devenu une histoire qu'il faut raconter moins parce qu'il est vraiment nécessaire de savoir comment ou quand ou pourquoi le contrôle de constitutionnalité est né mais parce qu'un accord sur un lieu d'origine commun rend plus facile la formulation et la discussion des problèmes qui comptent aujourd'hui. Les disciplines académiques, comme les Etats-nations modernes, sont appréhendées en tant que communautés discursives ; elles ont besoin d'histoires d'origines pour légitimer leur

---

[24] Voir, par exemple, Amar (Akhil Reed), « *Marbury*, Section 13, *and the Original Jurisdiction of the Supreme Court* », *in University of Chicago Law Review*, Vol.56, 1989, p.443 (qui prétend que Marbury a défini de façon cruciale les limites du contrôle de constitutionnalité par la Cour Suprême) ; Monaghan (Henry P.), « Marbury and the Administrative State », in *Columbia Law Review*, Vol.83, 1983, p.1 (à propos des implications de *Marbury* dans la détermination de la portée correcte du contrôle judiciaire sur les actions de l'administration).

[25] Snowiss (Sylvia), *Judicial Review and the Law of the Constitution*, 1990.

[26] Les exposés standards sur les origines de la théorie tripartie moderne des trois pouvoirs essentiels du gouvernement interne – le législatif, l'exécutif et le judiciaire – accorde une place d'honneur à la description par Montesquieu de la constitution britannique au Livre XI, Chap.6 de *L'Esprit des Lois*. Pour en savoir plus, voir : Vile (M. J. C.), *Constitutionalism and the Separation of Powers*, 1967, p.86-90.

activité et d'exercices rituels pour maintenir leur unité. Que *Marbury* soit ou non le véritable point de départ historique ne présente pas vraiment d'intérêt dès lors que sa valeur heuristique est si clairement acceptée.

Une telle pratique est parfaitement cohérente avec la conception selon laquelle la connaissance de l'histoire n'a de valeur que dans la mesure où elle *est* utile. Nous nous tournons vers l'histoire pour comprendre comment le présent a surgi du passé, pour dériver des « leçons » qui nous permettent d'agir de façon responsable en tant que citoyens ; pour fabriquer des notions d'identités commune et individuelle à l'intérieur d'un Etat moderne, patriotique, pluraliste, polyglotte et polyculturel. Cette attitude nous conduit à mettre l'accent sur les résultats et les conséquences de l'action historique parce que des liens sont ainsi créés entre le passé et le présent. Dans le cas de *Marbury*, les comptes rendus de sa signification et de son importance chez Bickel et chez les réformateurs répondent à cette conception ; ils diffèrent seulement dans la localisation du moment auquel l'opinion de la Cour est parvenue à son statut paradigmatique actuel. Dans un cas, tout ce qui était problématique au sujet du contrôle de constitutionnalité est réglé d'un coup ; dans l'autre, l'accent est mis sur tout ce qui demeure troublant au sujet de sa transformation moderne.

Mais l'histoire comme mode d'investigation, comme discipline académique, a d'autres finalités et attributs. Elle est moins soucieuse de résultats que de raisons, moins préocccupée de conséquences que de causes, elle cherche moins à établir le lien d'une histoire avec le présent qu'avec le passé. Le but de cette forme d'enquête historique doit être d'atteindre un point antérieur à partir duquel dresser la carte des incertitudes, d'où le développement étudié a finalement émergé. Il est bien certain que la quête des préfigurations et des anticipations et même des précédents fait partie de cet effort pour remonter le cours de l'histoire, parce que comment une narration cohérente pourrait-elle sinon émerger – et pourquoi accorderions-nous de l'importance finalement à la connaissance que l'histoire produit ? Pour expliquer les racines de *Marbury*, il reste capital de passer en revue la liste des précédents en matière de contrôle de constitutionnalité,[27] de peser si et dans quelle mesure Marshall a bien et fidèlement utilisé ceux qui étaient

[27] Voir, par exemple, Levy (Leonard W.), *Original Intent and the Framer's Constitution 89-99*, 1988 (fournissant une des nombreuses études disponibles qui dressent la liste des précédents à *Marbury*, dans les Etats.

disponibles,[28] de se demander si une croyance dans la doctrine sous-jacente avait déjà été admise par les juristes dominants et, de façon plus générale, par les leaders américains,[29] et même de prendre en compte les preuves, découvertes récemment, qui placent la conception du contrôle de constitutionnalité chez Marshall sous un nouvel éclairage.[30] Mais peut-être y a-t-il d'autres manières pour permettre de libérer la recherche sur les origines du contrôle de constitutionnalité de ces entreprises téléologiques, en quête de résultats[31] et de reconstruire, au contraire, les problèmes et les préoccupations constitutionnels d'où a émergé le concept.

Si nous ne savions pas déjà que *Marbury* était un cas d'une si grande importance, nous nous retrouverions en demeure d'expliquer pourquoi il est tellement célébré. A de nombreux égards, le scepticisme des réformateurs semble bien justifié. Quoique politiquement intrigante (y compris par le fait que Marshall ne se soit pas désisté), il n'en reste pas moins que cette décision n'a produit que peu d'effets palpables. Si elle a contribué dans une certaine mesure à faire accepter le contrôle de constitutionnalité, son impact se limitait à la catégorie de cas la moins controversée : les questions relatives aux devoirs qu'il convient au judiciaire lui-même d'assumer, alors que le pouvoir apparemment menaçant n'était employé que pour empêcher le législatif d'empiéter sur un aspect essentiellement procédural, soigneusement délimité de l'autorité judiciaire. Que la Cour Suprême soit le lieu approprié pour l'émission de l'injonction de faire que Marbury demandait, les citoyens, pour la plupart, ne pouvaient qu'en avoir cure.

---

[28] Voir, par exemple, Bloch (Susan Law) & Marcus (Maeva), « John Marshall's Selection Use of History in *Marbury v. Madison* », in *Wisconsin Law Review*, 1986, p.301, à p.301-307 (affirmant que *Marbury* a donné une mauvaise lecture d'un précédent pour parvenir à sa conclusion dans *Marbury*).

[29] Voir, par exemple, Marcus (Maeva) ; « Judicial Review in the Early Republic », in Hoffman (Ronald) & Albert (Peter J.) (eds.), *Launching the "Extended Republic" : The Federalist Era*, p.25 et suiv., 52 (soutenant que « l'affirmation du pouvoir de contrôle de constituionnalité sur les actes législatifs dans *Marbury v. Madison* n'a provoqué aucune grande surprise ou réaction au Congrès ou dans le peuple américain ») ; Castro (William R.), « James Iredell and the American Origins of Judicial Review », in *Connecticut Law Review*, Vol.27, 1995, p.329 et suiv. (avançant que James Iredell avait pleinement décrit et justifié le contrôle de constitutionnalité avant la tentative de Marshall dans *Marbury*).

[30] Voir, par exemple, Treanor (William Michael), « The Case of the Prisoners and the Origins of Judicial Review », in *University of Pennsylvania Law Review*, Vol.143, 1994, p.491 et suiv. (prétendant que l'acceptation immédiate du contrôle de constitutionnalité dans la Virginie révolutionnaire avait fourni le contexte et l'expérience pour le développement de la pensée juridique de Marshall).

[31] J'entends « en quête de résultats » au sens d'une volonté de tracer un chemin clair jusqu'au moment décisif (dans ce cas, *Marbury*) où la doctrine est dite avoir émergé.

De plus, d'autres faits familiers militent contre l'importance de *Marbury*. Si le revirement sur la section 13 de la Loi concernant le Judiciaire de 1789 a marqué un précédent important pour le contrôle de constitutionnalité sur la législation du Congrès, pourquoi un demi-siècle s'est-il écoulé avant que la Cour Taney s'aventure à nouveau pour faire de même (dans *Dred Scott v. Sandford*[32]) – mais sans citer *Marbury* comme précédent ? *A contrario*, pourquoi *Hylton v. United States*,[33] décidé en 1796, ne constitue-t-il pas un meilleur point de départ ? Ici la Cour devait statuer non pas sur un objet obscur, hautement technique comme l'injonction de faire en creux dans *Marbury* mais, au contraire, déterminer si une taxe sur les voitures à chevaux était ou non un impôt direct et sujet à répartition entre les Etats sur la base de la règle des trois-cinquièmes. Le cas avait fait l'objet d'une intense discussion ; des tracts avaient été édités sur sa portée constitutionnelle par un juriste distingué de Virginie, Edmund Pendleton,[34] et par le brillant, même s'il échoua, John Taylor de Caroline, qui représentait Hylton ;[35] et les observateurs comprirent que la Cour allait tester la constitutionnalité d'une loi du Congrès. Ce n'était ni n'importe quelle loi, ni n'importe quel problème. Les questions d'imposition étaient déjà hautement politisées dans l'atmosphère haineuse, partisane des débuts, de sorte que la décision de la Cour allait avoir des conséquences politiques claires. En outre, la définition de l'impôt direct n'était pas une question simple. Elle avait à l'évidence embarrassé les rédacteurs à Philadelphie parce que, quand Rufus King avait demandé à ses collègues délégués : « Quelle est la signification précise d'une imposition *directe* ? », James Madison a rapporté que : « Personne n'a répondu ».[36] Pour déterminer si la taxe était constitutionnelle, la Cour avait recherché les définitions appropriées dans

---

[32] 60 U.S. (19 How.) 393 (1856) (trad. fr. : Zoller (Elisabeth), *Grands arrêts*..., p.209-225).
[33] 3 U.S. (3 Dall.) 171 (1796).
[34] L'essai de Pendleton a été publié, de façon anonyme, dans l'*Aurora General Advertiser* de Philadelphie, le 11 février 1796 mais avec une note indiquant que son auteur était un juriste distingué de Virginie. Voir lettre de James Madison à Edmund Pendleton (7 février 1796) in *The Papers of James Madison*, Vol.16, Stagg (J.C.A.), Mason (Thomas A.) & Sisson (Jeanne K.) (eds.), 1989, p.216 et 217 n.1.
[35] Taylor (John), An Argument Respecting the Constitutionality of the Carriage Tax ; Which Subject Was Discussed at Richmond, in Virginia, in May 1795 (Richmond, Augustine Davis, 1795) (repr. l'argumentation développée par Taylor dans l'affaire en jugement). La meilleure introduction à ce cas se trouve dans *The Law Practice of Alexander Hamilton : Documents and Commentary*, Goebel (Julius, Jr.) & Smith (Joseph H.) (eds.) 1980 (qui contient les notes de Hamilton pour l'argumentation orale devant la Cour Suprême).
[36] *The Records of the Federal Convention of 1787*, Farrand (Max) (ed.), 1923 [ci-après *Records*]. J'ai appris beaucoup à propos de cette question brumeuse en lisant Johnson (Calvin H.), *Handling the Foul-up in the Love of the Constitution : Apportionment of Direct Tax* (April 2997) (manuscrit non publié, en dépôt chez l'auteur).

la littérature existante en économie politique, une procédure qui dégage un parfum de liberté non interprétiviste. Personne, à l'époque, ne semble avoir pensé que la Cour agissait à tort en abordant l'affaire comme elle l'a fait – même si, bien sûr, les opinions divergeaient quant à la réponse à adopter.[37]

Peut-être la question cruciale n'est-elle pas simplement que les cours contrôlent la législation mais qu'elles s'arment du courage intérieur d'annuler un acte constitutionnellement douteux. Ce qui est exactement ce que n'a pas fait *Hylton v. United States*. Cependant supposez, à titre de proposition contrefactuelle que la Cour ait aboli la taxe sur les voitures à chevaux dans sa forme originelle. Est-il vraisemblable que sa décision aurait été contestée comme un acte d'usurpation de pouvoir par le judiciaire ? Il est difficile d'imaginer les membres du parti d'opposiiton Démocrate-Républicain prétendant que la taxe aurait dû être maintenue simplement pour sauvegarder le principe de suprématie du législatif. L'opposition au programme de Hamilton, avec ses impôts et ses dépenses, son financement de la dette demeurait le principal article dans la plate-forme de leur parti. Et aussi la théorie constitutionnelle de leur chef de file, James Madison,[38] affirmait le besoin de dresser des barrières pour limiter le pouvoir législatif. De l'autre bord de la division partisane, il est difficile de voir comment l'administration de Washington et ses adeptes auraient pu s'opposer à une telle décision, étant donné les garanties de loyauté fédéraliste, absolue, données par la Cour Suprême.

Une seconde proposition contrefactuelle conduit à une conclusion similaire. Avancez dans le temps de quelques années et imaginez que des cas mettant en question la constitutionnalité des Lois sur les étrangers et sur la sédition soient parvenus devant la Cour Suprême et que la Cour les ait abolies sur une base constitutionnelle – la première pour violation de la séparation des pouvoirs, parce qu'elle donne des fonctions judiciaires à l'exécutif et la seconde pour avoir méconnu le sens clair, la teneur du Premier amendement – « aucune loi signifie aucune loi ». De nouveau, la même configuration des forces politiques suggère qu'un tel exercice de contrôle de constitutionnalité aurait survécu à une contestation de son bien-fondé constitutionnel sous-jacent. Les Républicains (sous la conduite de Thomas Jefferson maintenant)[39] auraient certainement applaudi la

---

[37] Voir Marcus, *op. cit. supra* note 29, à p.46 (affirmant que « le contrôle de constitutionnalité était apparemment admis comme entrant dans le rôle de la Cour en 1796 »).

[38] A ce moment, Jefferson était encore à la campagne, à Monticello.

[39] Madison, marié depuis peu, était maintenant à la campagne, à Montpelier [Etats-Unis].

Cour pour avoir défendu un principe fondamental, tandis que les Fédéralistes auraient rencontré des difficultés pour s'opposer à une décision rendue par des juges qui demeuraient sourds aux hérésies jeffersoniennes.

Une troisième hypothèse contrefactuelle devrait confirmer l'argument. Cette fois, supposez que William Marbury (encore meurtri de la perte de son accès à la magistrature) se soit retrouvé ivre un soir en 1802, qu'il soit tombé dans le Potomac, qu'on ne l'ai plus revu depuis et qu'on n'en ait plus entendu parler. Son affaire serait demeurée sans suite, le problème n'aurait jamais été porté devant la Cour et l'opinion *Marbury* n'aurait jamais été prononcée. Les recueils de cas et les programmes des étudiants en droit à travers tout le pays revêtiraient une forme quelque peu différente – mais y aura-t-il quelqu'un pour croire sérieusement que la théorie et la pratique constitutionnelles, américaines seraient en quoi que ce soit différentes ?

Même si ces contrevérités ne sont que suggestives et non décisives, elles indiquent qu'un compte rendu dans lequel tout tourne autour de *Marbury* est hautement tendancieux. *Hylton v. United States* était manifestement un cas de contrôle de constitutionnalité d'un acte législatif dans un domaine de gouvernement et de politique publique beaucoup plus sensible que celui présenté par *Marbury* et c'était un cas dont les observateurs semblaient saisir les implications. De plus, la façon ordinaire selon laquelle les membres du Congrès dans les années 1790 notaient que la Cour corrigerait ou annulerait leurs faux pas constitutionnels joue en faveur de cette même cocnlusion.[40] Les déplorations et les préoccupations concernant le danger que présentait le fait pour le judiciaire de s'arroger le pouvoir de vérification sur la coordination des pouvoirs constitutionnels des branches politiques ont négligé un point important. Le congrès et l'exécutif peuvent très bien être fortement incités institutionnellement à donner leur adhésion au contrôle judiciaire de constitutionnalité, précisément parce que cela leur donne un abri derrière lequel se retrancher pour prendre des mesures politiquement désirables mais constitutionnellement douteuses. N'importe quel député, aussi abruti soit-il, pourra voter une loi interdisant de brûler le drapeau, confiant dans

[40] Voir Marcus, *op. cit. supra* note 29, à p.29-35. Cette déférence a, à son tour, retenu l'attention des juges de la Cour. Par exemple, dans une série hautement publicisée de conférences, le juge James Wilson a cité en l'approuvant une affirmation en ce sens du Représentant Elias Boudinot du New Jersey. Voir Wilson (James), « Lectures on Law », in *The Works of James Wilson*, Vol.1, McCloskey (Robert Green) (ed.), 1967, p.330-31.

la connaissance tocquevillienne que très peu de dégâts pourront être faits avant que la question réelle ne soit résolue par les tribunaux.

La conclusion à laquelle conduit cette analyse – nonobstant les éléments contrefactuels – est que le contrôle de constitutionnalité de la législation du Congrès, bien qu'il représente sans nul doute l'application théoriquement la plus impressionnante, n'était, d'un point de vue historique, que l'exercice le moins problématique et le moins important. Quand on envisage les origines du contrôle de constitutionnalité en en faisant un aspect de l'invention américaine du fédéralisme, cependant, on est plus près d'en apprécier les sources, les fonctions et les ambiguïtés.

3) Dilemmes fédéraux

La théorie du contrôle de constitutionnalité est la *summa theologica* du constitutionnalisme américain.[41] Les exposés sur le fédéralisme, bien qu'ils soient loins d'être négligés dans la littérature savante, sont immanquablement moins brillants – davantage du côté du droit canonique que de la preuve ontologique de l'existence de la divinité. Les justifications et les critiques du contrôle de constitutionnalité impliquent de vastes questions de légitimité démocratique et de philosophie morale. Les analyses du fédéralisme, au contraire, requièrent une volonté prosaïque de décrire les enchevêtrements complexes du gouvernement des Etats-Unis. Si le contrôle de constitutionnalité est la reine qui domine la cour des sciences constitutionnelles, le fédéralisme occupe la place plus modeste de la basse noblesse. Un historien qui prétend que les questions du fédéralisme sont centrales dans les origines du contrôle de constitionnalité, peut ainsi apparaître comme opérant une tentative pour échapper à l'ennui de s'occuper dans les provinces et pour avoir la chance d'agir au niveau royal. Mais les historiens, qui sont fatigués de dire aux autres chercheurs que l'histoire réelle est plus compliquée qu'ils ne le pensent, sont habitués à ce type de situation.

Le fédéralisme américain établit une forme de gouvernement qui répartit les pouvoirs souverains entre les niveaux nationaux et provinciaux, chacun étant considéré comme compétent pour adopter, appliquer et juger de l'application de ses propres lois. Chacun de ces niveaux de

---

[41] Pour un exposé récent, faisant autorité, des différentes théories du contrôle de constitutionnalité, voir Griffin (Stephen M.), *American Constitutionalism : From Theory to Politics*, 1996.

gouvernement agit donc directement sur la population. A moins d'une division complètement binaire des tâches entre eux – qui peut bien être concevable sur le papier – mais qui a peu de chances de se rencontrer en pratique –, on peut s'attendre à des recoupements et à des rivalités à tous les niveaux dans des domaines aussi essentiels que les impôts, la régulation de l'économie, la poursuite des crimes et, peut-être même, la défense du mariage. La fédération requiert, en conséquence, des mécanismes pour résoudre les conflits qui naissent quand la législation nationale et celle des Etats se recoupent. De tels mécanismes peuvent prendre des formes variées et fonctionner de différentes manières. Le Congrès pourrait avoir la compétence pour supplanter les lois des Etats ou pour utiliser ses largesses pour tenter les Etats de faire ce qu'il veut ou pour se libérer de la responsabilité de contrôler leurs actes. Ou, bien sûr, les tribunaux peuvent exercer le contrôle de constitutionnalité pour déterminer si les lois adoptées au niveau national ou au niveau des Etats violent les limites constitutionnelles.

Dire que le fédéralisme établit une *forme de gouvernement*, cependant, implique que les enjeux ne se limitent pas au tracé de frontières juridictionnelles, claires et au règlement des conflits de lois. Le fédéralisme comporte aussi une lutte ou une compétition pour l'allégeance et l'attachement d'une population qui a consenti à être gouvernée simultanément à deux niveaux. Non seulement le fédéralisme requiert que deux niveaux de gouvernement s'exercent sur un seul peuple ; il encourage aussi un peuple – quelquefois dispersé, quelquefois coalisé – à agir à deux niveaux de gouvernement et en le faisant, à exprimer des préférences quant au niveau qui, à la longue, s'avère le plus compétent pour fournir les services et accomplir les tâches qu'il désire. Dès son origine à l'époque révolutionnaire, la situation formelle du fédéralisme américain n'a pas tant conféré un ensemble de mandats qu'elle n'a créé un ensemble de possibilités, c'est-à-dire que le fédéralisme a donné à chaque niveau de gouvernement certains avantages et certaines responsabilités mais qu'il a aussi laissé l'exploitation des opportunités de gouvernement en résultant, ouverte aux processus de compétition politique. En fait, un des grands problèmes sous-conceptualisés de l'histoire constitutionnelle américaine est d'expliquer pourquoi la création du Leviathan national de 1767-89 a été suivie d'une désuétude de près d'un siècle dans laquelle les affaires du gouvernement national se sont limitées à collecter des droits, distribuer le courrier (quoique le dimanche, au moins pendant un moment) et à gouverner les territoires de l'Ouest. Si l'on fait du fédéralisme seulement un arrangement juridique de partage des pouvoirs souverains de gouvernement, sans mesurer les courants politiques, alternatifs qui traversent sa structure complexe, son caractère essentiel reste insaisissable.

Les origines du contrôle de constitutionnalité en tant que doctrine de droit constitutionnel ont coïncidé avec les préoccupations politiques qui ont donné sa forme au fédéralisme américain et son parcours a été substantiellement (bien que pas complètement) dicté par elles. Ces préoccupations ont été analysées de façon très exacte par James Madison et ici (comme ailleurs) je privilégierai ses inquiétudes.[42] Aussi prédominante que soit la position occupée par Madison dans la narration plus large des origines de la Constitution, son rôle dans les pages consacrées au contrôle de constitutionnalité a été beaucoup étouffé et limité en général à celui de décor comme défendeur dans *Marbury*. En réalité, c'est en cette capacité – et non comme auteur principal de la Constitution – que son portrait figure à côté de celui de Marbury dans la salle à manger intérieure de la Cour. Cependant la présentation initiale du dilemme du fédéralisme américain par Madison et ses craintes quant à la capacité du pouvoir judiciaire à le résoudre, sont susceptibles d'offrir une voie plus prometteuse pour retracer ses origines que la suite de cas habituellement cités comme signes précurseurs.

Sous son incarnation initiale à l'époque révolutionnaire dans les Articles de Confédération, le fédéralisme américain a tenté d'établir une division pragmatique des compétences entre le gouvernement national exercé par le Congrès Continental et les Etats. Il est vrai que le second Article de Confédération affirmait un principe de souveraineté des Etats mais il ne s'agissait pas d'une souveraineté si étendue qu'elle convertisse les républiques séparées en Etats-nations au sens conventionnel du terme, c'est-à-dire pleinement compétentes pour se confronter aux nations de l'Europe en tant qu'également souveraines.[43]

Il n'y a guère de preuves que la souveraineté elle-même ait été originellement conçue comme un problème critique. Même si la

---

[42] Pour une explication des raisons que j'ai de faire ainsi, voir Rakove, *Original Meanings, op. cit. supra* note 9, à p.xvi (expliquant que la prééminence de Madison résultait de son engagement constant dans le mouvement de réforme aussi bien que de son rôle de secrétaire des débats à l'époque). Il y a des années, quand j'ai eu l'occasion de participer à un débat sur l'intention originaire, qui se tenait à l'Ecole de gouvernement John F. Kennedy à l'Université de Harvard, avec le Sénateur Orrin Hatch et le Professeur Laurence Tribe, ce dernier insista pour que je joue le rôle de James Madison.

[43] Pour un agréable divertissement sur les ambiguïtés du mot « Etat », voir Pocock (J. G. A.), « States, Republics and Empires : The American Founding in Early Modern Perspective », in Ball (Terence) & Pocock (J. G. A.) (eds.), *Conceptual Change and the Constitution*, 1988, p.55 et suiv., à p.57-61.

controverse pré-révolutionnaire des années 1765-1775 a beaucoup porté implicitement sur le problème du fédéralisme dans une structure impériale,[44] le trait remarquable des débats sur les Articles en 1776-1777 réside dans le degré d'évitement des problèmes théoriques que l'on pourrait supposer, contrairement à ce qu'il en a été, avoir été en jeu. Peut-être, cela reflétait-il un consensus sur l'inutilité de se pencher sur la souveraineté mais cela semble très peu probable, étant donnée la nouveauté de ce qu'entreprenaient les constituants. Au lieu de cela, les délégué au Congrès se préoccupaient des conflits politiques à propos du contrôle des terres de l'Ouest et de la répartition de la représentation et des dépenses communes. Le Congrès aurait la responsabilité des grandes affaires d'Etat, de la conduite de la guerre et des affaires étrangères, tandis que tout ce qui tombait sous l'étiquette générique de « politique interne » resterait de la compétence des Etats. Le Congrès s'appuierait sur les Etats pour appliquer ses décisions au travers de résolutions et de requêtes auxquelles les Etats étaient censés se soumettre. Cependant la raison de l'application par les Etats n'était pas qu'ils contrôleraient ainsi l'abus du pouvoir national mais plutôt que les recommandations nationales pouvaient être mieux mises en oeuvre une fois adaptées aux circosntances locales.[45]

Quand James Madison est entré au Congrès en 1780, à l'âge de vingt-neuf ans, ces suppositions avait déjà été mises dans la balance et jugées insatisfaisantes, même si les Articles sont demeurés non ratifiés pendant encore un an. Si l'on ne pouvait pas compter sur les Etats pour mettre en oeuvre les mesures adoptées par le Congrès, deux amendements s'imposaient à l'examen : permettre au Congrès soit d'appliquer ses propres décisions (par exemple, lui donner des sources de revenus indépendantes), soit contraindre les Etats de faire ce qu'ils devaient. Madison était favorable à l'une et à l'autre mais, dans la fleur de la jeunesse et avec sa propre région menacée, il était particulièrement attiré par l'idée de la coercition. Il semblait supposer : « Stationnez une frégate ou deux au large des ports de l'Etat délinquant et ses législateurs retrouveront leurs esprits ».[46]

Alors que Madison préparait son programme pour la Convention Fédérale six ans plus tard, la question de comment contraindre les Etats à faire ce

[44] Voir Greene (Jack P.), *Peripheries and Center : Constitutional Development in the Extended Politics of the British Empire and the United States, 1607-1788*, 1986 (situant les origines du fédéralisme américain dans le contexte du gouvernement impérial, britannique).
[45] Pour une discussion plus approfondie de ces problèmes, voir Rakove, *Beginnings of National Politics, op. cit. supra* note 9, p.135-91.
[46] Voir *ibid.*, p.289-91.

qu'ils devaient faire et les empêcher de mal faire, est à la base de son évaluation des « [v]ices du système politique des Etats-Unis ».[47] Son diagnostic de ces vices et les remèdes préconisés pour en venir à bout brillaient par leur caractère à la fois juridique, constitutionnel, formellement théorique, politique et historique. Madison était convaincu que le défaut fondamental de la Confédération résidait dans l'absence de pouvoir de sanction de la part du Congrès pour faire exécuter ses décisions par les Etats. Il comprenait que des mesures ne peuvent être obligatoires que si des peines aussi bien que des récompenses sont attachées à leur mise en oeuvre. L'omission d'un tel pouvoir pour la Confédération, cependant, était moins une question d'engagement délibéré en faveur des principes de souveraineté que d'enthousiasme révolutionnaire « qui honore la vertu enthousiaste des rédacteurs [les auteurs des Articles], de même que l'inexpérience de la crise excuse leurs erreurs ».[48] Tout schéma de fédéralisme fondé sur la soumission volontaire est voué à l'échec, continuait-il, parce que les Etats situés différemment n'auront jamais un intérêt égal à appliquer des recommandations particulières – et seraient ainsi fortement incités à attendre pour voir si les autres Etats se conformeront en premier.[49]

En outre, cette analyse de l'inefficacité de tout système fédéral, qui requiert une soumission volontaire des Etats, ne se limitait pas à un modèle de la théorie des jeux sur les sources inhérentes de manque de confiance entre Etats. Madison était aussi très préoccupé par les sources politiques de mauvaise gestion à l'intérieur des Etats séparés. De son point de vue, le caractère de la politique des Etats était profondément défectueux pour deux raisons. Tout d'abord, les législateurs des Etats risquaient trop de rechercher, d'obtenir et d'utiliser leurs fonctions pour de mauvais motifs et ainsi de ne pas avoir les attitudes et les connaissances requises pour reconnaître et rechercher le bien public, véritable – en particulier quand des intérêts nationaux majeurs étaient concernés. Ensuite, ces mêmes législateurs étaient enclins à répondre trop favorablement aux passions locales, populistes de leurs électeurs. Les sources réelles de factions dans la politique républicaine, concluait Madison, se trouvent chez les citoyens eux-mêmes.[50]

---

[47] Madison (James), « Vices of the Political System of the United States », in *The Papers of James Madison*, Vol.9, Rutland (Robert A.), Rachal (William M. E.), Teute (Frederika J.), Hobson (Charles F.) & Mevers (Frank C.) (eds.), 1975, p.345 et suiv., 348-58.
[48] *ibid.*, p.351.
[49] Voir *ibid.*, p.351-52.
[50] Voir *ibid.*, p.353-57 ; voir aussi Rakove, *Original Meanings*, *op. cit. supra* note 9, p.49-51 (résumant la pensée de Madison sur les dangers inhérents aux gouvernements des Etats).

Cette analyse est fondamentale dans le programme de Madison pour la Convention sous deux aspects cruciaux. Premièrement, elle conduisait à la reconnaissance que l'Union devait être reconstituée comme un gouvernement compétent pour adopter, exécuter et faire appliquer judiciairement ses propres lois. Il ne suffirait pas simplement de donner quelques pouvoirs supplémentaires au Congrès existant. Un nouveau gouvernement devait être désigné, des décisions fondamentales sur la représentation devaient être prises et, alors seulement, il serait possible de déterminer exactement quelle serait la puissance de ce gouvernement. Deuxièmement, l'obsession de Madison concernant les vices internes des politiques des Etats l'avait convaincu que tant la stabilité du système fédéral que la poursuite de la justice exigeaient de donner au nouveau Congrès un pouvoir d'empêcher (« *negative* ») illimité sur toutes les lois des Etats. Armé de ce pouvoir, le gouvenement national pourrait non seulement se défendre contre l'interférence qu'il pourrait encore rencontrer de la part des Etats, il serait aussi capable d'intervenir à l'intérieur des Etats individuellement, menaçant de son veto pour renverser une législation hostile aux droits essentiels des individus et des minorités.[51]

L'engagement de Madison en faveur du droit de veto du Congrès n'était pas dirigé contre l'importance d'établir un judiciaire national suprême, parce qu'il comprenait également qu'il était essentiel de fournir un soutien judiciaire aux lois nationales. « Si les juges en dernier ressort dépendent des Etats [et] sont liés par leur serment envers eux et non envers l'Union », écrivait-il à Edmund Randolph au début avril 1787, « l'intention de la loi et les intérêts de la nation peuvent être mis en échec par la soumission des tribunaux aux politiques ou aux préjugés des Etats ».[52] Dans une lettre à Washington une semaine plus tard, Madison reformulait sa pensée pour mettre en garde contre une dépendance vis-à-vis des Etats qui risquerait de rendre de nul effet la participation de l'Union à la fabrication des lois.[53] Au minimum ce dilemme nécessiterait que les juges des Etats prêtent un serment de « fidélité à la constitution

---

[51] Comparer la Lettre de James Madison à George Washington du 16 avril 1787, in *The Papers of James Madison*, Vol.9, *op. cit. supra* note 47, p.382, 383-84 (exaltant les vertus du pouvoir d'empêcher pour réagir contre les factions au sein du peuple). Voir aussi Hobson (Charles F.), « The Negative on State Laws : James Madison, the Constitution, and the Crisis of the Republican Government », in *William and Mary Quarterly*, Vol.36, 1979, p.215 et suiv., à p.218-26 (qui met l'accent sur ce rôle crucial du pouvoir d'empêcher sur les lois des Etats dans le programme de réforme de Madison).

[52] Lettre de James Madison à Edmund Randolph (8 avril 1787), in *The Papers of James Madison*, *op. cit. supra* note 47, p.368 et suiv., à p.370.

[53] Lettre de James Madison à George Washington, in *op. cit. supra* note 51, à p.384.

générale aussi bien qu'à la constitution locale et qu'un appel puisse être fait devant des tribunaux nationaux dans tous les cas où des étrangers ou des habitants d'un autre Etat seraient parties ».[54]

Cependant s'il était clairement nécessaire dans le schéma de Madison que le judiciaire fasse respecter la suprématie nationale, ce n'était ni suffisant, ni le moyen le plus efficace pour parvenir à ce résultat. Employé habilement le veto du Congrès sur les lois des Etats, qu'il préconisait, constituait manifestement une arme de qualité supérieure, parce qu'il écartait littéralement la possibilité pour les Etats d'adopter une législation antagoniste. Madison n'est pas non plus arrivé à la Convention convaincu que les mécanismes juridiques à eux seuls s'avéreraient adéquats pour régler le problème de l'interférence étatique. Il restait attaché à l'idée que « le droit de contrainte devrait être expressément déclaré », tout en concédant que « la difficulté extrême qu'il y a à opérer par la force contre la volonté collective d'un Etat rend particulièrement désirable que la nécessité en soit exclue » – au moyen du veto, peut-on espérer.[55]

A la Convention Constitutionnelle, cependant, le cours des débats a agi dans le sens d'un renforcement de l'importance du judiciaire dans le dessin fédéral d'ensemble, par l'élimination des schémas rivaux du pouvoir négatif et de la contrainte. Bien qu'un droit de coercition ait été explicitement déclaré dans le Plan de la Virginie,[56] il a été rapidement abandonné, Madison lui-même intervenant avec succès pour reporter le débat sur cette clause aussitôt qu'elle avait été lue.[57] Il valait mieux, prétendait Madison, permettre à l'Union d'agir maintenant directement sur le peuple par le droit parce que « [l]'usage de la force contre un Etat aura davantage l'air d'une déclaration de guerre que de l'infliction d'une sanction ».[58] A partir de là, la défense de la coercition est devenue le fait de délégués des petits Etats qui luttaient (dans le cadre du Plan du New Jersey) pour préserver le Congrès continental et pour au moins un recours partiel aux réquisitions comme moyen de satisfaire les besoins

---

[54] *ibid.*, « Participation » tel que l'utilise ici Madison peut avoir deux sens ou bien l'un d'entre eux. Jouissant du pouvoir législatif qui avait fait défaut au Congrès Continental, le nouveau gouvernement participerait à l'activité législatrice parallèlement aux Etats ; jouissant du veto proposé par Madison, il participerait à la léglistation à l'intérieur des Etats également.

[55] *ibid.*, p.585.

[56] Voir *Records*, Vol.1, *op. cit. supra* note 36, p.21 (résolution proposée par Edmund Randolph, le 29 mai 1787, donnant pouvoir au gouvernement national pour « faire appel à la force de l'Union contre tout membre de celle-ci qui ne respecterait pas les devoirs que lui imposent les articles de l'Union ».)

[57] Voir, *ibid.*, Vol.1, p.54 (discours de Madison, le 31 mai 1787).

[58] *ibid.*, Vol.1.

nationaux.[59] Dans les débats du 16 au 19 juin, le Plan du New Jersey reçut de nombreuses critiques pour avoir conservé la coercition.[60]

Pendant un temps, le pouvoir de veto proposé par Madison sur les lois des Etats a eu plus de succès – bien qu'il soit limité aux lois « contrevenant, selon l'opinion du législatif national, aux articles de l'Union »[61] et qu'il soit loin de constituer le « pouvoir d'opposer un veto à toutes les lois qui seraient jugées ne pas convenir ».[62] Cependant le veto aussi était à la merci d'objections de poids. Comment le législatif national pouvait-il superviser toute la législation des Etats dans une union qui s'élargissait ?[63] Est-ce que les actes des Etats devraient être passés en revue par le Congrès pour prendre effet ?[64] Faudrait-il nommer des proconsuls nationaux pour évaluer les lois en suspens dans leurs Etats d'origine ou exiger du législatif national qu'il siège en permanence simplement pour contrôler le flot continu de la législation des Etats ? [65] Pressé d'expliquer comment pourrait fonctionner le veto, Madison lui-même considéra que sa mise en oeuvre pourrait poser quelques difficultés et que ces questions « méritaient de retenir l'attention ».[66] De plus, dans la mesure où les avocats les plus ardents du veto étaient les délégués qui soutenaient la représentation proportionnelle dans les deux Chambres du Congrès (Madison et Wilson), les délégués des petits Etats pouvaient, avec vraisemblance, accuser tout le schéma d'avoir été conçu pour permettre à la Virginie, la Pennsylvanie et le Massachusetts de placer l'ordre politique interne de tous les Etats sous leur domination.[67] Comment le Delaware pouvait-il être le Delaware sous un tel régime ?

Il est révélateur, dès lors, que le veto ait été la première victime le jour qui a suivi la décision cruciale du 16 juillet donnant à chaque Etat un vote

---

[59] Voir *ibid.*, Vol.1, p.243-45 (résolutions proposées par William Paterson, le 15 juin 1787).
[60] Voir, *ibid.*, Vol.1, p.255-56, 284-85, 320 (dressant la liste des commentaires de Randolph, Hamilton et Madison sur le Plan du New Jersey à propos de son maintien de la coerction).
[61] *ibid.*, Vol.1, p.21 (résolutions proposée par Edmund Randolph, le 29 mai 1787).
[62] *ibid.*, Vol.1, p.164 (amendement proposé par Charles Pinckney et James Madison, le 8 juin 1787). Cette proposition visant à accorder un droit de veto au législatif national a été rejetée lors du vote après discussion de l'amendement, le 8 juin 1787. (Voir, *ibid.*, Vol.1, p.168.)
[63] Voir, *ibid.*, Vol.1, p.167-68 (remarques de Gunning Bedford, du Delaware, le 8 juin 1787).
[64] Voir *ibid.*, Vol.1 ; *ibid.*, Vol.2, p.390 (remarques de George Mason, le 23 août 1878).
[65] *ibid.*, Vol.1, p.167-69 (remarques de Gunning Bedford, le 8 juin 1787) ; *ibid.*, Vol.2, p.390 (remarques de George Mason, le 23 août 1787).
[66] *ibid.*, Vol.1, p.168 (remarques de James Madison, le 8 juin 1787).
[67] Voir *ibid.*, Vol.1, p.167 (remarques de Gunning Bedford, le 8 juin 1787).

égal au Sénat.[68] La Convention y substitua alors immédiatement la Clause de Suprématie dans la forme faible qui lui avait été donnée initialement dans la proposition du Plan du New Jersey.[69] A partir de là, il était évident que la tâche de préserver à la fois la supériorité du droit national et les limites du fédéralisme incomberait aux judiciaires fédéral et étatiques, les seuls à rester en lice pour cette grande responsabilité, une fois discréditées les alternatives rivales du veto et de la force.[70] Cette reconnaissance conduisait, à son tour, à un renforcement en silence mais important de la clause de suprématie dans les semaines qui suivirent, tout d'abord devant la Commission du Style dont la rédaction du 6 août a donné au droit national la primauté sur les constitutions et la législation des Etats[71] et ensuite devant la convention générale qui consacra la supériorité de la constitution et des lois nationales par rapport aux constitutions et aux lois des Etats.[72]

Il est indiscutable que le contrôle de constitutionnalité, conçu comme mécanisme du fédéralisme était un élément fondamental de façon palpable et non équivoque de l'intention[73] originelle de la constitution avec la Clause de Suprématie comme héraut. Ce qu'il reste à établir, cependant, est que c'était cette dimension du contrôle judiciaire qui, originellement, comptait le plus – par opposition à la prétention rivale (et du point de vue théorique, plus intéressante) de la suprématie judiciaire dans la forme d'un contrôle final de la législation nationale.

La preuve de cette affirmation repose encore sur la saisie des dimensions politiques du fédéralisme. Si on imagine le fédéralisme uniquement comme un ensemble d'agencements constitutionnels et d'arrangements juridictionnels, on néglige sa dynamique plus profonde, qui est inhérente à la compétition pour les loyautés politiques, qu'elle permet et même

[68] Voir *ibid.*, Vol.2, p.14 (donnant à chaque Etat un cote égal au Sénat) ; *ibid.*, Vol.2, p.282 (rejetant le veto).

[69] Voir *ibid.*, Vol.2, p.28-29. Sa faiblesse était double. Il ne mentionnait pas que la Constitution nationale était une source d'autorité supérieure aux lois des Etats et il omettait également toute référence aux constitutions des Etats dans sa disposition finale : « nonobstant toute chose qui serait contraire, dans les lois respectives des Etats » (*ibid.*, Vol.2 , p.29). Les juges des Etats seraient-ils, en conséquence, obligés d'appliquer les lois nationales qui seraient en conflit avec les dispositions constitutionnelles des Etats ?

[70] Voir Rakove, *Original Meanings*, *op. cit. supra* note 9, p.172-74.

[71] Voir *Records*, Vol.2, *op. cit. supra* note 36, p.169.

[72] Voir *ibid.*, Vol.2, p.389.

[73] Ici, comme ailleurs, j'entends par « intention », les buts apparents des auteurs-rédacteurs de la Constitution, les distinguant de la compréhension de ceux qui l'ont ratifiée. Voir Rakove, *Original Meanings*, *op. cit. supra* note 9, p.7-9.

encourage.[74] Cependant, ses rédacteurs et ceux qui ont ratifié la constitution ne se faisaient pas de telles illusions. Ce qui rendait l'institution du contrôle judiciaire, problématique dans leurs appréciations originales n'était pas la légitimité constitutionnelle mais, bien plutôt, les doutes sur sa capacité à résister aux assauts des forces politiques en faveur de la nation ou des Etats. Si le pouvoir judiciaire était faible et inexpérimenté, comment les cours pourraient-elles assurer les tâches de médiation que la Constitution semblait leur assigner et attendre d'elles qu'elles les accomplissent ?

Madison a identifié le fondement de ses doutes en ce domaine dans la lettre remarquable qu'il a écrite à Jefferson, le 24 octobre 1787, à mi-chemin entre la conclusion de la Convention et la publication du dixième essai du *Fédéraliste*.[75] Au coeur de cette lettre de dix-sept pages s'étend une défense de son schéma pour un droit de veto sur les lois des Etats. Dans ce courrier, Madison traite des deux utilisations qu'il avait envisagées pour cette arme : la protection du gouvernement national contre les empiétements des Etats et l'intervention à l'intérieur des Etats pour protéger les minorités et les individus contre des législations injustes.[76] Madison a conclu sa discussion de la première utilisation par un rejet concis mais incisif de la valeur du recours au juge :

> « Il peut être dit que l'autorité judiciaire dans notre nouveau système maintiendra les Etats dans leurs propres limites et aura le rôle d'un pouvoir de veto sur leurs lois. La réponse est qu'il est mieux d'empêcher le passage d'une loi que de la déclarer nulle une fois adoptée ; qu'il en va tout particulièrement ainsi quand la loi lèse des individus, qui peuvent être dans l'incapacité de supporter le coût d'une action contre un Etat jusque devant la juridiction suprême ; qu'un Etat qui violerait les droits législatifs de l'Union ne serait pas particulièrement disposé à obéir à la décision du judiciaire qui en prendrait la défense et que le recours à la force qui serait nécessaire en cas de désobéissance est un mal que la nouvelle Constitution entendait exclure autant que possible. »[77]

---

[74] En établissant des juridictions rivales, qui ont des prétentions qui se recoupent, le fédéralisme incite les intérêts déçus à un niveau à faire allégeance à l'autre.

[75] Lettre de James Madison à Thomas Jefferson du 24 octobre 1787, in Rutland (Robert A.), Hobson (Charles F.), Rachal (William M. E.) & Teute (Fredrika J.), eds., *The Papers of James Madison*, 1977, p.205.

[76] Voir *ibid.*, p.211-13.

[77] *ibid.*, p.211.

Dans ce passage, Madison concédait que quelque chose qui ressemble fortement au contrôle judiciaire de la législation des Etats au niveau national était l'option par défaut sur laquelle la Constitution reposerait mais c'était les limites de ce mécanisme plutôt que ses posssibilités qui l'impressionnaient le plus.

On doit noter que ces limites ne trouvent pas leur source dans les questions de légitimité qui tourmentent les débats modernes sur le contrôle de constitutionnalité. Les discussions à la Convention sur la ratification de la Constitution par le peuple étaient clairement inspirées, non seulement par les besoins pratiques de contourner les règles d'amendement aux Articles de Confédération mais aussi par la volonté consciente de donner au nouveau document, la supériorité juridique par rapport aux constitutions des Etats – et ainsi de le rendre applicable judiciairement contre leur autorité.[78] Cependant, même après avoir établi un fondement adéquat pour la légitimité du contrôle judiciaire, il n'était pas du tout certain que les cours des Etats et même les cours fédérales auraient la volonté politique et les ressources nécessaires pour opposer leur jugement aux caprices contraires du peuple.

L'analyse de Madison, à propos des limites du pouvoir judiciaire, était essentiellement une question politique et elle découlait directement de la critique du caractère factieux et du localisme inhérents aux politiques des Etats, qui guidait sa théorie constitutionnelle. Madison supposait qu'aucune de ces conditions ne disparaîtrait simplement parce que la Constitution avait été ratifiée.[79] Les Etats individuellement continueraient à être incités à résister aux actes nationaux, à les subvertir et même à les défier. De plus, l'adoption même de la Constitution pourrait donner aux législatifs des Etats de nouvelles raisons de le faire, parce qu'ils seraient continuellement sensibles à la diminution de leurs pouvoirs et hantés par l'ambition de récupérer la part abandonnée de ceux-ci.[80] Plus important encore, la plus grande facilité avec laquelle les majorités factieuses pourraient se constituer à l'intérieur de la sphère plus étroite des Etats garantissait que leurs législations continueraient à refléter les instincts populistes que la Révolution avait libérés.[81] Et, pour reprendre les arguments de Madison dans les numéros 45 et 46 du *Fédéraliste*, les ressources politiques des Etats pourraient demeurer beaucoup plus

[78] Voir Rakove, *Original Meanings*, *op. cit. supra* note 9, p.100-08 ; Record, Vol.2, *op. cit. supra* note 36, p.88-89.
[79] Voir lettre de James Madison à Thomas Jefferson, *op. cit. supra* note 75, p.210-11.
[80] *ibid.*, p.211.
[81] Voir Madison, *op. cit. supra* note 47, p.456-57.

redoutables et plus faciles à mobiliser que celles du gouvernement national.[82] Leurs gouvernements seraient actifs et visibles d'une manière qui n'appartiendrait pas au gouvernement national. Comment un système fédéral, s'appuyant sur la sanction judiciaire, pourrait contrer ces forces politiques réelles, était incertain.[83]

A l'opposé, les préoccupations antifédéralistes confirment la même opinion générale – avec toutefois un accent plutôt différent. Les thèmes majeurs de la rhétorique des opposants ont fait l'objet de nombreuses déclinaisons mais la formule la résumant de la façon la plus succincte ferait du danger de *consolidation* le risque majeur que les Antifédéralistes imputaient à la Constitution.[84] Son adoption aurait fait peser un danger menaçant, fondamental sur la survie des Etats en tant qu'instances autonomes, indépendantes. Leur manière de rendre compte de la dynamique politique du fédéralisme inverse à peu près totalement les craintes exprimées par Madison. Avec la clause de suprématie, la clause du nécessaire et de l'approprié et le pouvoir de taxation illimité dans son carquois, rien ne pouvait empêcher le Congrès, selon les Antifédéralistes, de s'arroger le monopole de la législation dans tous les domaines importants.[85] Si le nouveau Congrès outrepassait ostensiblement ses limites, les victimes réelles de son ambition ne seraient pas les branches coordonnées du gouvernement national mais les instances rivales des Etats. Dans leur modèle de jeu politique à somme nulle, que pourrait signifier d'autre l'expansion de l'activité législative nationale hors de ses

---

[82] Voir, par exemple, *The Federalist*, N° 45, N°46 (James Madison), trad. : Le fédéraliste, Paris, L.G.D.J., 1957. Dans le n°45 du *Federalist*, Madison poursuivait :

> « Les gouvernements des Etats auront l'avantage sur le Gouvernement fédéral, si nous les comparons du point de vue de la dépendance immédiate de l'un par rapport à l'autre ; du point de vue de l'influence propre que chaque partie possèdera ; des pouvoirs respectivement investis en eux ; de la prédilection et du soutien probable du peuple ; de la disposition et de la faculté à résister aux mesures l'un de l'autre et de les contrecarrer. »

The Federalist, N°45, p.311 (James Madison), Cooke (Jacob E.) (eds.), 1961. Dans le N°46 du *Federalist*, Madison suggérait : « Il a déjà été prouvé que les membres du gouvernement fédéral seront plus dépendants des membres des gouvernements des Etats que ceux-ci le seront des premiers (*ibid.*, N°46, p.317.)

[83] Un argument parallèle tiré de la même analyse explique pourquoi Madison a continé à dénoncer les déclarations des droits comme autant de « barrières de papier », sur lesquelles il était illusoire de compter pour protéger les minorités et les individus contre des législations factieuses. Voir lettre de James Madison à Thomas Jefferson du 11 octobre 1788, dans Rutland (Robert A.), Hobson (Charles F.) & Rachal (William M. E.) (eds.), *Papers of James Madison*, Vol.11, 1977, p.295 et suiv., à p.297-99.

[84] Voir Rakove, *Original Meanings*, *op. cit. supra* note 9, p.148-52.

[85] Voir « Brutus », Essay I, in *New York Journal*, Oct. 18, 1787, repr. in Storing (Herbert J.) (ed.), *The Complete Anti-Federalist*, Vol.2, 1981, p.363, à p.365-68.

limites ? Avec une Chambre des Représentants trop petite et trop élitiste dans sa composition pour entretenir le lien de « sympathie » qui convient avec ses électeurs[86] et un Sénat « aristocratique » encore plus isolé du contrôle populaire – et en bonne position pour dominer à la fois la Chambre et l'exécutif[87] – les armes constitutionnelles de l'article I serviraient à la destruction des Etats. Au niveau national de gouvernement, tout sentiment de responsabilité politique disparaîtrait et l'ambition nue, à elle seule, triompherait.

Quand les Fédéralistes répondaient que le judiciaire fédéral servirait de frein contre une telle usurpation, leurs opposants ne pouvaient pas s'en convaincre. Qu'est-ce qui inciterait les juges fédéraux à faire respecter scrupuleusement les frontières entre pouvoir des Etats et pouvoir national, comme Madison avait laissé entendre que le ferait la Cour Suprême dans le Fédéraliste N°39 ? Dans son propre examen brillant du pouvoir judiciaire, l'anonyme « Brutus » prétendait que la conclusion opposée était beaucoup plus plausible. Non seulement les cours fédérales apporteraient leur soutien aux premières expansions du pouvoir du Congrès mais leurs décisions auraient un effet éducatif merveilleusement stimulant sur le Congrès lui-même, lui désignant de nouvelles aires de gouvernement sur lesquelles son autorité législative pourrait s'étendre avantageusement.[88] Une fois la voie libre pour l'expansion de l'activité du Congrès et pour le dépérissement consécutif des Etats, où pourrait aller la loyauté des citoyens, si ce n'est au nouveau Leviathan ?

Aussi différentes qu'aient été leurs affirmations sur les forces politiques qui seraient à l'oeuvre après que la Constitution ait été adoptée, les analyses des Fédéralistes et des Antifédéralistes convergeaient dans leur jugement sur ce qui était en jeu. Le contrôle judiciaire sur la législation – qu'elle soit nationale ou étatique – serait important principalement en ce qu'il affecterait le fédéralisme et en ce qu'il régulerait la compétition pour l'influence et la loyauté politique que la Constitution inspirerait. Mais que le contrôle judiciaire sur le fédéralisme doive s'avérer efficace restait problématique, non pas parce qu'il était constitutionnellement douteux mais parce que la volonté judiciaire de défendre les normes constitutionnelles n'avait pas été expérimentée.

---

[86] Voir « Brutus », Essay III, in *New York Journal*, Nov.15, 1787, repr. in *ibid.*, p.377, à p.379-82.

[87] Voir « Brutus », Essay XVI, in *New York Journal*, Apr. 10, 1788, repr. in *ibid.*, p.442, à p.442-46.

[88] Voir « Brutus », Essay XI, in *New York Journal*, Jan. 31, 1788, repr. in *ibid.*, Vol.2, p.417, à p.420-22.

4) La critique de la législation

Les préoccupations de Madison concernant l'aptitude du contrôle judiciaire à répondre au dilemme fondamental du fédéralisme se nourrissaient à une autre source par-delà ce calcul politique. Avant d'expliquer à Jefferson pourquoi la sanction judiciaire de la suprématie nationale était une barrière frêle, il avait mentionné un autre facteur qui contrarierait les efforts pour délimiter l'autorité nationale de celle des Etats. L'utilisation du pouvoir judiciaire pour s'opposer aux empiétements attendus des Etats serait encore compliqué, avait-il averti, par « l'impossibilité de diviser le pouvoir législatif d'une façon telle que ne puissent pas intervenir des interprétations divergentes émanant d'intérêts différents ou même des ambiguïtés dans le jugement sur l'impartialité.[89] Si ce dernier membre de phrase peut se traduire par « l'impartialité des juges », alors la fragité du contrôle judiciaire reflète ce qu'on pourrait appeler la malléabilité et la plasticité du pouvoir législatif lui-même. Madison a reformulé ce point dans sa discussion de la séparation des pouvoirs dans le Fédéraliste N°48. « Le département législatif dérive sa supériorité dans nos gouvernements d'autres circonstances » que ses avantages politiques, fait-il observer.[90]

> « Ces pouvoirs constitutionnels étant à la fois plus extensibles et moins susceptibles de limites précises, il peut, avec la plus grande facilité, masquer par des mesures compliquées et indirectes, les atteintes qu'il porte aux départements coordonnés. Il n'est pas rare que se pose, à propos du corps législatif, la question de savoir si précisément une mesure particulière empiète ou non à l'extérieur de la sphère législative. »[91]

S'il est inhérent que les limites du pouvoir législatif soient ambiguës, comment un judiciaire inhéremment faible pourrait-il s'aventurer à délimiter les actes soit du législateur national, soit des législateurs de Etats ? Dans ces conditions, le pouvoir discrétionnaire du juge serait toujours une question de courage.

Le souci de Madison pourrait être traité comme la reconnaissance simple et même évidente de la force du principe de suprématie législative. Comme autorité supérieure dans l'édiction des règles, les organes

---

[89] Lettre de James Madison, *op. cit. supra* note 75, p.211.
[90] *The Federalist*, N°48, *op. cit. supra* note 82, p.334.
[91] *ibid.*

législatifs disposent naturellement d'une mesure importante non seulement de déférence mais de flexibilité. Cependant la profondeur de la critique du législatif par Madison reflète davantage qu'une difficulté dans les définitions ou à propos des principes normatifs de base. Elle s'inspire aussi des observations sur les utilisations possibles et les abus possibles de la suprématie législative et peut-être plus avant de la perception moderne qu'à l'avenir l'activité et la fonction principale des assemblées représentatives seraient l'adoption d'une législation positive. Cette notion semble si familière maintenant que sa nouveauté alors peut aisément échapper. Nous supposons que les assemblées représentatives existent pour créer du droit positif, en réaction à la demande de leurs électeurs, aux sollicitations des intérêts particuliers, aux obligations de parti ou mues par les ambitions politiques des législateurs eux-mêmes. Cependant, au dix-huitième siècle, il était encore possible d'imaginer que les corps représentatifs existaient davantage pour contrôler que pour faire, davantage pour empêcher le mauvais gouvernement d'un exécutif entreprenant que pour adopter des programmes positifs de législation.[92] Quand le Parlement parvint à la suprématie sur la Couronne, lors de la Révolution Glorieuse, il le fit, non pas au nom de permettre au bon peuple d'Angleterre de se donner les lois qu'il désirait mais, au contraire, pour empêcher un monarque arbitraire de légiférer en son nom propre et sans le consentement du Parlement.[93] De même quand les assemblées coloniales revendiquaient l'égalité avec le Parlement de Westminster, c'était quelquefois qu'elles étaient perturbées par un veto qu'un gouverneur royal ou le Conseil privé avait opposé à un projet de loi particulier. Cependant leurs efforts pour acquérir les privilèges complets d'un parlement étaient plus souvent exprimées dans la rhétorique encore familière des querelles constitutionnelles de l'Angleterre des Stuarts.[94] En Amérique, la Couronne conservait des prérogatives qui étaient devenues anachroniques ou inutiles dans la Grande-Bretagne géorgienne et cette

---

[92] Voir, de façon générale, Reid (John Philip), *The Concept of Representation in the Age of the American Revolution*, 1989 (décrivant la notion de représentation au dix-huitième siècle comme limite opposée au gouvernement arbitraire).

[93] Voir Rakove, *Original Meanings*, *op. cit. supra* note 9, p.208-14.

[94] La littérature est énorme et le contrôle du terrain académique très confus. Des résumés bien venus de la pensée récente à propos des problèmes constitutionnels majeurs se trouvent toutefois dans des articles rassemblés en deux volumes de la série en cours « The Making of Modern Freedom » (publiée sous la direction générale de Davis (R. W.). Il s'agit de Jones (J. R.) (ed.), *Liberty Secured : Britain Before and After 1688*, 1992 et de Hexter (J. H.) (ed.), *Parliament and Liberty : From the Reign of Elizabeth to the English Civil War*, 1992.

différence fondamentale dans la structuration politique donnait à ces vieilles préoccupations une vitalité frappante.[95]

A l'origine, donc, la théorie de la suprématie législative à laquelle étaient attachés les Whigs anglo-américains ne signifiait pas que les assemblées représentatives existaient principalement pour faire des lois, définir des politiques ou agréger les intérêts d'une société marchande, moderne. Bien plutôt la suprématie législative avait un but différent : empêcher l'exécutif d'agir unilatéralement dans l'expression du consentement politique qui donnait à la loi sa validité. Les parlements et les assemblées ne pouvaient pas acquérir leur rôle moderne de législateur positif avant qu'ils ne soient capables d'établir les privilèges essentiels d'élections régulières, de sessions régulières et le droit d' « initiative » en matière de législation. Sur ce point, la vieille version héroïque de l'histoire whig – avec ses conflits récurrents entre prérogative royale et privilège parlementaire, sa montée des coins sombres du gouvernement féodal aux vastes hauteurs ensoleillées du gouvernement représentatif – peut encore être utilisées, même si nous savons que la *raison d'Etat* a validé nombre de prétentions absolutistes et que l'ambition se masquait derrière nombre d'invocations des droits des parlements. Avant 1689, il eût été possible que le Parlement imite ses homologues continentaux dans leur décadence, désuétude ou disparition pure et simple ; après la Révolution Glorieuse, le principe et les circonstances convergeaient pour faire de la législation parlementaire une composante de plus en plus essentielle du gouvernement, au fil des années. L'assemblée a vraiment fait l'objet d'une ascension.

Suggérer que légiférer positivement n'était pas considéré comme le but principal des assemblées représentatives avant le dix-huitième siècle ne signifie pas, bien sûr, que cela ne jouait aucun rôle dans leur fonctionnement ordinaire. Au cours des siècles, le Parlement a adopté de nombreuses lois générales dont plusieurs concernaient des aspects de politique sociale, telles que la Loi sur les travailleurs de 1563 ou la politique économique telles que les Lois sur la Navigation de 1651, 1676 et 1696. Et en Amérique, il est possible de prétendre que l'incitation à légiférer était en plus présente dès le début.[96] L'incertitude et les réserves à propos du transfert de la *common law*[97] et la nécessité de créer un droit

[95] Voir, de manière générale, Bailyn (Bernard), *The Origins of American Politics*, 1968, p.59-105 (mettant l'accent sur les différences en matière politique et de gouvernement entre les colonies et la Grande-Bretagne).
[96] Voir *ibid.*, p.101-04.
[97] Voir Konig (David Thomas), « Colonization and the Common Law in Ireland and Virginia, 1569-1634 », in id., *The Transformation of Early American History : Society, Authority, and Ideology*, *op. cit. supra* note 7, p.70 et suiv., à p.81-92.

pour des sociétés nouvelles faisaient des lois une option plus attrayante et qui s'imposait davantage que le recours à la *common law*. Quelque chose de ce genre semble évident dans la législation sur l'esclavage. A Chesapeake, la tendance première à traiter l'anomalie de l'esclavage par des décisions au cas par cas a rapidement laissé la place à des efforts pour formuler des règles générales par voie législative ; [98] par contre, en Caroline du Sud, le groupe dominant des planteurs immigrants venus de la Barbade a simplement apporté son code de l'esclavage avec lui.[99] Une forme totalement différente de législation apparaît dans les efforts entrepris au début par la Cour Générale du Massachusetts pour faire de l'Ancien Testament la base du premier code juridique de la colonie.[100]

Le problème constitutionnel, cependant, ne concerne pas le moment auquel les assemblées représentatives ont commencé à légiférer mais plutôt le moment où les observateurs ont commencé à percevoir que l'adoption de la législation était l'activité principale de ces assemblées. De plus, la question demeure de quand et comment cette perception a donné naissance à de nouvelles idées sur le contrôle judiciaire de la législation. Toute tentative pour répondre de façon concluante à ces questions appelle une mise en garde immédiate : les érudits qui se sont penchés sur la nature de la législation dans ce domaine confessent souvent que le sujet tout entier manque dramatiquement d'études systématiques.[101] Peut-être ces scrupules reflètent-ils notre tendance

---

[98] L'évolution du droit de l'esclavage au dix-septième siècle en Virginie et au Maryland et son importance pour comprendre la génèse des attitudes racistes ont fait l'objet de controverses qui se poursuivent entre historiens. Pour un résumé succinct de ce débat, voir Jordan (Winthrop D.), *White over Black : American Attitudes Toward the Negro, 1550-1812*, 1968, p.71-82. Quand il se tourne vers les codes juridiques plus mûrs du dix-huitième sicèle, Jordan offre une observation parlante dont les implications me semblent avoir été négligées par les commentateurs ultérieurs : les dispositions législatives étaient « paradoxalement destinées à discipliner les hommes blancs » autant que les esclaves. (*ibid.*, p.108.) « C'était l'homme blanc auquel il était enjoint de punir ses fugitifs, d'empêcher les rassemblements d'esclaves, de faire appliquer les couvre-feux, de siéger dans les cours spéciales. » (*ibid.*) La législation, adoptée par une élite qui possédait des esclaves, intervenait ainsi également dans la vie des blancs non possesseurs d'esclaves. En Angleterre, au contraire, une législation similaire de contrôle social était appliquée par les classes possédantes sur les « ordres inférieurs ». (*ibid.*)

[99] Voir Sirmans (M. Eugene), « The Legal Status of the Slave in South Carolina, 1670-1740 », in *J. S. Hist.*, Vol.28, 1962, p.462 et suiv., à p.462-66.

[100] L'étude classique et le repère en histoire du droit est Haskins (George Lee), *Law and Authority in Early Massachusetts : A Study in Tradition and Design*, 1960.

[101] En voici deux exemples. « Les parlements du dix-huitième siècle sont aussi bien connus que les autres en ce qui concerne leur personnel et la façon selon laquelle ils étaient élus. Cependant la recherche sur les parlements comme institution législative est dans l'enfance » écrit Paul Langford, in Langford (Paul), *Public Life and the Propertied Englishman*, 1689-1798, 1991, p.viii. « On en sait actuellement très peu sur la façon de traiter les pétitions ou

académique à confondre la législation avec la politique et le droit avec la jurisprudence. Cependant, même ainsi, on en sait assez sur l'expansion de la législation en Grande-Bretagne et en Amérique pour que puissent être défendues certaines suggestions sur son impact sur la pensée constitutionnelle des deux côtés de l'Atlantique.

Dans le cas de la Grande-Bretagne, il y a un accord général pour dire que le dix-huitième siècle s'est accompagné du surgissement d'un élan à légiférer. En raison des engagements et des entreprises stratégiques nouvelles, dans lesquels s'était lancé l'Etat britannique après 1689,[102] le Parlement s'est réuni annuellement pour voter les « crédits » nécessaires pour projeter son pouvoir au-delà des mers – et du fait des sessions régulières, ses membres avaient maintenant le temps et l'occasion de consacrer leurs travaux à des fins législatives.[103] Une facette de cette nouvelle activité était l'application généralisée de la peine de mort pour de nombreuses infractions. Ce développement a conduit William Eden à faire observer qu'un lecteur occasionnel des recueils de lois pourrait se demander si « l'extinction de l'espèce humaine » n'était pas « l'objet principal de la législation » en Angleterre.[104] Cependant il y avait une limite au volume de la législation qui pouvait être consacrée à la justice pénale. La législation en grande partie était *intuitu personae* et à portée locale, comportant une forte proportion de lois sur le droit d'enclore, sur les péages et les canaux et sur les naturalisations, a fait remarquer P. D. G. Thomas.[105] Alors que quelques critiques éclairés « rêvaient d'un corps de droit uniforme, universel », Paul Langford a souligné, dans un brillant article sur le sujet, que « ce qu'ils ont obtenu, était un grand marécage de législation non coordonnée, qui s'étendait sans cesse mais demeurait toujours sans plan défini ».[106] Cet élan législatif, poursuit Langford, faisait partie de l'entreprise de « progrès » qui constituait un trait si essentiel de l'économie politique du dix-huitième siècle. Les intérêts à l'extérieur du Parlement saisissaient de mieux en mieux les utilisations qui pouvaient être faites de la suprématie juridique du Parlement pour

sur l'éventail des lois adoptées par les gouvernements provinciaux au dix-huitième siècle anglo-américain », conclut Thomas L. Purvis in Purvis (Thomas L.), *Proprietors, Patronage, and Paper Money : Legislative Politics in New Jersey, 1703-1776*, 1986, p.176.

[102] Pour Guillaume d'Orange, gendre du roi déposé Jacques II, l'intérêt d'accéder au trône était de faire peser la puissance de son nouveau royaume dans le conflit hollandais en cours contre la France et Louis XIV. Pour une brève introduction aux problèmes de politique étrangère, voir Jones (J. R.), *Country and Court : England, 1658-1714*, 1978, à p.279-301.

[103] Voir Langford, *op. cit. supra* note 101, p.156.

[104] Eden (William), Baron Auckland, *Principles of Penal Law*, London, B. White, 2nde éd., 1771, 306.

[105] Thomas (P. D. G.), *The House of Commons in the Eighteenth Century*, 1971, p.45-46.

[106] Langford, *op. cit. supra* note 101, p.156.

confirmer leur propre capacité à établir des entreprises locales (des ponts, des péages, des routes pavées ou des oeuvres charitables). Une fois le Parlement engagé à vos côtés, comprenaient ses intérêts, il ne pouvait pas y avoir aucun recours contre l'autorité conférée de taxer, de se saisir d'une propriété que ces entreprises impliquaient. La suprématie parlementaire n'était pas utilisée comme agent de centralisation de l'autorité en soi mais plutôt comme une instance d'autorisation pour une foule ahurissante d'activités essentiellement locales. Le pouvoir de la loi était typiquement recherché pour vaincre la résistance à l'intérieur de ces communautés même que ces intérêts cherchaient à « améliorer ».[107]

La croyance que le Parlement faisait la loi trop souvent et trop impulsivement a encouragé un respect nouveau pour la supériorité de la décision judiciaire sur la législation comme moyen de développer des réponses juridiques aux problèmes et aux conflits générés par une société en voie de modernisation rapide. Comme David Lieberman l'a prétendu, dans son merveilleux ouvrage sur la théorie juridique, britannique au dix-huitième siècle, la perception qu'une législation trop hâtive et excesssive créait beaucoup plus de problèmes qu'elle n'en résolvait, a encouragé des personnalités éminentes telles que Sir William Blackstone, Lord Chief Justice Mansfield et Lord Kames à formuler des justifications vantant les avantages de différentes formes de décision judiciaire au cas par cas, par rapport à l'outil grossier sous les traits duquel se présentait la loi.[108]

La société coloniale tardive n'était pas la société « en progrès » rapide qu'était devenue le Grande-Bretagne, l'âge américain des routes, des ponts et des péages était encore à découvrir.[109] Dans les colonies, comme en Grande-Bretagne, l'initiative première pour légiférer est venue de pétitions locales cherchant un remède pour un préjudice subi ou une

---

[107] *ibid.*, p.139-206.

[108] Voir Lieberman (David), *The Province of Legislation Determined : Legal Thought in Eighteenth-Century Britain*, 1989.

[109] Les études classiques de l'économie politique et du caractère juridique de cette dernière transformation incluent Handlin (Oscar) et Handlin (Mary Flug), *Commonwealth : A Study of the Role of Government in the American Economy : Massachusetts, 1774-1861*, éd. rev. 1969 ; Hartz (Louis), *Economic Policy and Democratic Thought : Pennsylvania, 1776-1860*, 1948 ; Heath (Milton Sydney), *Constructive Liberalism: The Role of the State in Economic Development in Georgia to 1860*, 1954 ; Schreiber (Harry N.), *Ohio Canal Era: A Case Study of Government and the Economy,1820-1861*, 1968. Pour des études plus récentes, voir Freyer (Tony A.), *Producers versus Capitalists : Constitutional Conflict in Antebellum America*, 1994 ; Gunn (L. Ray), *The Decline of Authority : Public Economic Policy and Political Development in New York, 1800-1860*, 1988.

permission pour entreprendre une activité qui doit profiter localement.[110] A nouveau, des données systématiques sur la production de la législation coloniale nous font défaut mais il est significatif que l'étude de William E. Nelson sur le travail de la Cour Générale du Massachusetts en 1761 ne recense que « trois lois dont il est possible de prétendre qu'elles légiféraient au sens où elles changeaient le droit ou faisaient un droit nouveau. »[111] Des querelles entre les assemblées et les gouverneurs mettaient les questions de privilège législatif et de prérogative royale au devant de la scène du conflit politique en Amérique mais en termes de ce que faisaient les assemblées effectivement, William Smith n'a saisi que trop bien la réalité prosaïque quand il a noté que la « vision » des législateurs coloniaux « se portait rarement au-delà de la réglementation des routes, la destruction des loups, des chats sauvages et des renards et la promotion des autres petits intérêts des différents comtés qu'il leur était donné de représenter.[112]

Si la législation de l'époque révolutionnaire était demeurée aussi locale, il est difficile d'imaginer quand et même si les Américains se seraient acquis une conception plus extensive du rôle que les cours pouvaient jouer pour contrer les abus du pouvoir législatif. Cependant la Révolution n'était pas un hoquet dans le développement de la pensée juridique et constitutionnelle, américaine. C'était plutôt un bouleversement profond qui a forcé les législatifs à faire des lois dans les circonstances les plus difficiles qu'on puisse imaginer. Tout comme la Révolution Glorieuse de 1688 avait confirmé la souveraineté du Parlement, les nouvelles constitutions du milieu des années 1770 donnaient aux législatifs des Etats une suprématie équivalente, laissant l'exécutif et le judiciaire nominalement indépendants mais clairement plus faibles et subordonnés.[113] Et tout comme la suprématie a encouragé le Parlement à légiférer – ou a inspiré aux intérêts en dehors de ses Chambres la recherche de ses bénédictions législatives – la Guerre révolutionnaire a contraint les législatifs des Etats à déployer une activité sans précédent

---

[110] Le meilleur travail est Bailey (Raymond C.), *Popular Influence upon Public Policy : Petittioning in Eighteenth-Century Virginia*, 1979 ; voir aussi Purvis, *op. cit. supra* note 101, p.176-99.

[111] Nelson (William E.), *Americanization of the Common Law : The Impact of Legal Change in Massachusetts Society, 1760-1830*, 1975, University of Georgia Press, 1994, p.14.

[112] Bailyn (Bernard), *op. cit. supra* note 95, p.85 (citant William Smith).

[113] Wood (Gordon S.), *The Creation of the American Republic, 1776-1787*, 1969, p.154-55, trad. par François Delastre, *La création de la république américaine*, introduction de Claude Lefort, Paris, Belin, 1991.

comme ils se battaient pour lever les ressources en argent, en hommes et en matériel nécessaires à la Guerre.[114]

C'est en réaction aux défauts de cette législation que James Madison a produit sa critique fondamentale contre les vices du gouvernement républicain au sein des Etats – une critique parallèle aux attaques de l'époque sur la législation parlementaire que David Lieberman a analysée. Peut-être une critique qui s'inspirait de ces attaques aussi. Cependant la préoccupation de Madison à propos de la qualité et de la quantité de la législation républicaine devait plus à ses propres expériences de délégué au Congrès (1780-1783) et de membre de l'assemblée de Virginie (1784-1786). Cette expérience lui avait inspiré plusieurs intuitions profondes. La véritable tâche des législations républicaines n'était pas de contrôler un exécutif qui était, de toute manière, politiquement impuissant, mais bien plutôt, de faire la loi. Une part de l'abondance des législations que Madison dénonçait en termes quasi-libéraux peut s'expliquer en tant que réponse aux exigences de la Révolution.[115] Cependant, pour l'avenir, il s'attendait très justement, à ce qu'une incitation continue à légiférer émane du peuple lui-même, soucieux de mettre le gouvernement au service de ses propres intérêts. C'est ce qu'il voulait dire quand il faisait observer, dans le Fédéraliste N°10, que « la régulation de ces intérêts variés et entreprenants constitue la tâche principale de la législation moderne et imbrique l'esprit de parti et de faction dans le fonctionnement nécessaire et ordinaire du gouvernement ».[116]

La réponse de Madison à ces sujets d'inquiétude prenait diverses formes, y compris son hypothèse familière selon laquelle « une sphère étendue » de gouvernement national s'avérerait plus résistante à la législation impulsive et passionnée des Etats. Néanmoins il était aussi soucieux des implications institutionnelles de son analyse et voulait trouver des protections efficaces « contre le flot des lois indigestes ».[117] Dès 1785, il souscrivait à l'idée d'améliorer la législation en ayant des assemblées qui désigneraient des commissions « composées de quelques individus sélectionnés et talentueux » pour rédiger tous leurs projets de lois.[118]

---

[114] Les deux meilleures études sur ce processus sont Buel (Richard, Jr.), *Dear Liberty : Connecticut's Mobilization for the Revolutionary War*, 1980 et Hoffman (Ronald), *A Spirit of Dissension : Economics, Politics, and the Revolution in Maryland*, 1973.
[115] Madison (James), *op. cit. supra* note 47, p.35.
[116] *The Federalist*, N° 10 (James Madison), Cooke (Jacob E.), ed., 1961, p.59.
[117] Lettre de James Madison à Caleb Wallace, en date du 23 août 1785, in Rutland (Robert A.), Rachal (William M. E.), Ripel (Barbara D.) & teute (Fredrika J.), eds., *The Papers of James Madison*, Vol.8, 1973, p.350 et suiv., à p.351-52.
[118] *ibid.*

Cependant il était plus charmé par l'innovation de la constitution de New York de 1777 qui avait créé un Conseil de révision comprenant le gouverneur, le chancelier et la Cour Suprême pour contrôler toute la législation en cours d'élaboration et les projets de lois et exercer un droit de veto limité sur leur adoption.[119] Ce conseil, au lieu des commissions de rédaction, était la réforme-clef que Madison incorpora au Plan de la Virginie, en mai 1787. Le plan proposait de réunir l'exécutif national et des membres du judiciaire national dans un Conseil de Révision doté d'un veto limité également sur les lois des Etats.[120] Ce fut aussi la proposition qui généra les discussions les plus explicites de la Convention sur le contrôle judiciaire.[121]

Sur un point au moins, l'argumentation de Madison en faveur du Conseil était dans le prolongement de son argumentation en faveur d'un droit de veto sur les lois des Etats. L'objet des deux propositions était de décourager l'adoption de lois injustes ou malconçues et, ce faisant, de protéger les droits des particuliers et le bien public contre l'impulsion à légiférer. S'appuyer sur le judiciaire pour réparer le dommage, soit en détruisant purement et simplement les lois inappropriées, soit en empêchant leur application dans des procès, exposait à deux risques. Ou bien les parties demanderesses auraient déjà subi un dommage qui ne pourrait pas être totalement effacé, ou bien les cours n'auraient pas l'autorité et la confiance suffisantes pour opposer leur jugement à la volonté législative. Des mécanismes tels que le maintien en fonctions à vie des juges, limité seulement par la possibilité de destitution pour mauvaise conduite et l'interdiction de baisse de leurs rémunérations pourraient représenter des conditions nécessaires à l'indépendance du judiciaire – mais à eux seuls, ils ne suffiraient pas. Madison, cependant, ne voulait pas pour autant renoncer aux avantages d'un rôle du judiciaire sur la législation. Le compromis que James Wilson et lui recherchaient en proposant le Conseil de Révision était d'impliquer le judiciaire dans la fabrication de la loi elle-même, espérant ainsi s'assurer une « assistance précieuse... pour conserver une cohérence, une concision, une perspicacité et une technicité aux lois, toutes qualités particulièrement absentes de nos codes républicains ».[122] Wilson défendait la même idée quand il avançait que le Conseil pourrait agir dans des affaires où les lois en question n'étaient pas manifestement inconstitutionnelles mais où la participation

---

[119] Voir *ibid.*

[120] Voir *Records*, Vol.1, *op. cit. supra* note 36, p.28.

[121] Voir *ibid.*, Vol.1, p.96-98 (June 4, 1787) ; *ibid.*, Vol.2, p.73-80 (July 21, 1787).

[122] *ibid.*, Vol.2, p.74 (remarques de James Madison du 21 juillet 1787) ; voir aussi *ibid.*, Vol.1, p.138-39.

du judiciaire à la législation permettrait d'exposer leurs défauts pratiques et leur injustice.[123] Quand ils espéraient permettre aux juges nationaux d'influencer la législation de cette façon quasi-politique, Madison et Wilson croyaient à l'évidence que la faiblesse politique des cours porterait atteinte à leur capacité de faire justice quand elles agiraient plus tard au titre de leur activité proprement judiciaire.

L'argumentation en faveur du Conseil de Révision s'appuyait non seulement sur le besoin de donner aux branches les plus faibles du gouvernement, l'exécutif et le judiciaire, des protections constitutionnelles contre les empiétements du législatif mais aussi sur la certitude que l'un ou l'autre, laissées à leurs seules forces seraient incapables de rassembler assez de résolution politique et de ressources pour résister au « vortex » d'un législatif conquérant.[124] En fait, Madison craignait encore que le législatif puisse « être trop fort » pour les autres branches du gouvernement, même avec le Conseil conjoint proposé.[125]

Le débat à propos du Conseil de révision est notable pour deux raisons, l'une familière, l'autre facilement oubliée. La raison familière est que ces débats étaient la seule occasion où les Rédacteurs avaient explicitement discuté du contrôle judiciaire sur la législation nationale, même si c'est seulement comme alternative à une implication judiciaire dans un droit de veto sur le Congrès. Dans les trois débats séparés que la Convention a consacrés à ce sujet (les 4 et 6 juin et tout prticulièrement la discussion remarquable du 21 juillet, au moins six objections distinctes ont été soulevées contre le Conseil proposé et deux d'entre elles (les deux premières citées ci-dessous) présument que le contrôle de la législation nationale sera inhérent au pouvoir judiciaire :

> (1) les juges ont un moyen de défense adéquat contre les empiétements du législatif avec leur pouvoir d'interpréter les lois, qui inclut la détermination de la constitutionnalité de celles-ci (Elbridge Gerry, Nathaniel Gorham, Luther Martin) ; (2) l'implication initiale du pouvoir judiciaire dans la législation réduira la capacité des juges à porter un jugement quand celle-ci viendra ultérieurement devant eux

[123] Voir *ibid.*, Vol.2, p.73 (remarques de James Wilson le 21 juillet 1787). Oliver Ellsworth et George Mason soutenaient aussi cette position. Voir *ibid.*, Vol.2, p.73-74 (remarques d'Oliver Ellsworth le 21 juillet 1787) ; *ibid.*, Vol.2, p.78 (remarques de George Mason, le 21 juillet 1787).

[124] *ibid.*, Vol.2, p.74 (remarques de James Madison, le 21 juillet 1787). Madison a fait écho à cette idée dans *The Federalist*, N°48 où le « vortex » est devenu « impétueux ». Voir Cooke (Jacob E.), ed., *The Federalist*, N°48, p.332-43 (James Madison).

[125] *Records*, Vol.2, *op. cit. supra* note 36, p.74 (discours de Madison, le 21 juillet 1787).

> à raison de leur compétence proprement judiciaire (Rufus King, Caleb Strong, Gorham, John Rutledge) ; (3) on ne peut pas supposer que les juges ont une connaissance spéciale en matière de politique législative (Gerry, Gorham) ; (4) le Conseil ne fait que créer un mélange inapproprié des différents pouvoirs (John Dickinson, Gerry ; (5) la participation judiciaire affaiblira le sens de la responsabilité attendu d'un exécutif unitaire (Gerry, King, Dickinson, Gorham) ; (6) la protection des droits du peuple relève de ses représentants et non du judiciaire (Gerry, Gunning Bedford).[126]

Pour les commentateurs sceptiques, la seule catégorie claire de législation inconstitutionnelle pourrait recouvrir les actes qui empiétent sur la possibilité d'agir du judiciaire. Cette lecture restrictive pourrait sembler conforme à la déclaration de Wilson, le 21 juillet :

> « Le judiciaire devrait avoir la possibilité de réagir aux empiétements envisagés contre le peuple, de même que contre lui-même. On a dit que les juges, comme exposants de la loi auraient la possibilité de défendre leurs droits constitutionnels. Cette observation était de poids ; cependant ce pouvoir des juges n'allait pas assez loin. Les lois peuvent être injustes, non sages, dangereuses ou destructrices ; et cependant ne pas être pour autant inconstitutionnelles au point de justifier que les juges refusent de leur conférer effet. »[127]

Wilson semble établir une opposition tranchée entre les lois manifestement inconstitutionnelles et d'autres catégories suspectes de législation mal avisée et même dangereuse et destructrice mais, cependant, constitutionnellement permise. Néanmoins, une telle lecture des limites auto-protectrices du contrôle judiciaire sont invraisemblablement étroites. Si le Congrès outrepasse réellement ses limites, ses victimes les plus probables ne seraient pas les juges fédéraux (pourquoi le Congrès pourrait-il vouloir s'en prendre à ces politiquement faibles) mais plutôt ses rivaux véritables : les Etats, les perdants potentiels dans le modèle de jeu à somme nulle du fédéralisme. Les autres délégués ne supposaient pas non plus que l'auto-défense était la seule forme acceptable du contrôle judiciaire. John Rutledge, par exemple, s'est

[126] Voir *ibid.*, Vol.1, p.97-104 (débat du 4 juin, principalement sur le veto exécutif ; *ibid.*, Vol.1, p.138-40 (6 juin) ; *ibid.*, Vol.2, p.73-80 (21 juillet). Il est à noter que l'opposition principale au Conseil est venue de la délégation du Massachusetts, comprenant notamment le politicien original et finalement non-signataire de la Constitution, Gerry).

[127] *ibid.*, Vol.2, p.73 (remarque de James Wilson, le 21 juillet 1787).

opposé par la suite à une motion permettant à l'exécutif de révoquer les juges à la demande du Congrès, parce qu'il croyait que cela mettait la Cour Suprême dans l'impossibilié « de juger entre les Etats-Unis et les Etats particuliers, membres de l'Union ».[128] dans cette optique, les Cours ont le contrôle de la frontière constitutionnelle entre législation nationale et législation des Etats.

Une lecture minutieuse des échanges à propos du Conseil de Révision ressemble à l'examen des premiers exemples de contrôle judiciaire dans les Etats : l'un et l'autre cherchent à découvrir les origines de la doctrine de *Marbury* dans des préfigurations, des premiers signes de reconnaissance et des exemples primitifs. Cependant, le second aspect, plus important de ce débat, est l'image qu'il révèle de la législation. La nature de la législation est la première question – ou l'énigme – à laquelle le contrôle judiciaire semble apporter une réponse partielle même si elle est hésitante. Les adjectifs employés par Madison, Wilson et les autres rédacteurs pour décrire la nature du pouvoir législatif aurait semblé totalement inadaptés presque tout le temps pour l'histoire américaine avant la Révolution et ses suites immédiates.[129] Une conception de la législation pour laquelle les corps législatifs adoptaient une loi générale ou deux à chaque session, alors qu'ils traitaient des masses de demandes locales, relatives aux routes, à la chasse et diverses doléance particulières, n'appelait pas une conception forte du pouvoir judiciaire. Même l'acceptation des constitutions écrites comme lois suprêmes allait générer peu de craintes quant à une sanction judiciaire, en l'absence d'une compréhension nouvelle des usages auxquels pouvait servir le pouvoir législatif. Une telle perspective est précisément ce que la Révolution avait rendu possible, peut-être parce qu'elle réveillait l'appréhension que les sources britanniques aient pu inspirer aux Américains l'idée de la législation parlementaire mais plus fortement encore parce que les circonstances exigeaient des législateurs des Etats qu'ils agissent avec affairement et de manière intrusive, d'une façon qui entraînait des conséquences de toutes sortes sur les droits de propriété.[130]

---

[128] *ibid.*, Vol.2, p.428 (remarque de John Rutledge, le 27 août 1787). En tant que délégué de Caroline du Sud, Rutledge écarta le souci méticuleux des droits des Etats qui fut longtemps caractéristique de la culture politique de cet Etat, lié sans aucun doute au fait qu'il était le seul dans l'Union d'origine où les esclaves étaient majoritaires dans la population.

[129] A moins, encore, de considérer les lois définissant et réglementant l'esclavage comme la catégorie de législation la plus innovante et la moins injuste possible – une profession de foi que la plupart de ceux qui ont rédigé et ratifié la Constitution auraient détesté faire.

[130] La comparaison avec la Grande-Bretagne, rendue possible par le livre récent de Langford, est encore instructive ici. Chaque fois que le Parlement adoptait une loi accordant à une instance locale l'autorité pour lever des impôts ou des taxes pour financer une activité de progrès, observe Langford, il faisait prévaloir les droits et les intérêts d'un groupe de

La nature du pouvoir législatif, donc, n'était pas ce qui était connu, la constante fixée contre laquelle une nouvelle conception du contrôle judiciaire devait, d'une certaine manière, être formulée. Elle était elle-même une innovation volatile, qui incitait à repenser les avantages potentiels du pouvoir judiciaire. Et c'est pourquoi la critique de Madison contre les vices de la législation des Etats était à la fois essentielle pour réinventer la fonction judiciaire et aussi sceptique quant aux avantages à en attendre. Son analyse de la législation des Etats conduisait à trois conclusions. Deux étaient politiques et situaient l'origine de la législation « viciée » dans les ambitions des législateurs et les passions et les intérêts du peuple qu'ils représentaient trop fidèlement. Madison trouvait difficile d'imaginer comment les cours pourraient résister au pouvoir politique, supérieur aux mains des législateurs et des électeurs – qu'il ait convenu finalement ou non que les juges annulent les décisions envisagées par les assemblées représentatives. Cependant, à sa force politique, le législatif ajoutait d'autres avantages qui venaient de la fluidité de son pouvoir de faire des règles. On pouvait toujours essayer de contenir ce pouvoir par des délégations ou des exclusions spécifiques, des législateurs habiles conserveraient la possibilité de déployer une « infinie quantité d'expédients législatifs » pour contourner ces restrictions.[131]

Cette appréhension des usages expansifs que pouvait revêtir le pouvoir législatif était une découverte constitutionnelle et elle a contribué à grandement moduler le contexte dans lequel les nouvelles conceptions du pouvoir judiciaire se sont formées.

---

revendiquants sur ceux d'un autre. Ce n'était pas un mince problème dans une culture politique et juridique qui avait fait de la protection de la propriété sa cause sacrée depuis que les Stuarts s'étaient acquis la réputation d'avoir fait tant pour porter atteinte à ce droit en levant des impôts (ou quelque chose de semblable) sans le consentement du Parlement. Cependant, l'alarme que ces actes avaient pu produire était souvent affaiblie par leur caractère local, parce qu'encore, il n'y avait pas de lois générales affectant l'ensemble du royaume mais des allocations de compétences limitées aux confins d'un comté ou même à un territoire plus petit. Elles étaient l'expression ou la source de nombreux conflits locaux à travers le royaume mais elles n'offraient jamais une cible commune contre laquelle ces intérêts hautement localisés auraient pu se coaliser. Voir Langford, *op. cit. supra* note 101, p.156-86. La législation coloniale avait dans son ensemble la même coloration locale et il est à supposer qu'il en allait de même des actes similaires d'habilitation que les législatifs des Etats adoptaient dans la version américaine du progrès. Cependant la Révolution exigeait des législatifs des Etats qu'ils établissent des lois générales et celles-ci provoquaient des perturbations économiques, importantes, y compris de l'inflation et, en conséquence, affectaient la propriété de façon substantielle. Ce bouleversement économique rendait plausible le spectre de coalitions populistes qui alarmaient tant Madison mais qui auraient été quasi-impensable dans la Grande-Bretagne georgienne.

[131] Lettre de James Madison à Thomas Jefferson, *op. cit. supra* note 75, p.212.

5) La question préalable de l'indépendance du judiciaire

En plus des questions du fédéralisme et de l'évolution des législatifs comme principaux organes de législation, il y avait une troisième dimension aux origines du contrôle judiciaire qui demeure étrangement négligée : l'acceptation du concept d'un judiciaire indépendant dans une culture politique qui avait longtemps considéré les juges comme les laquais potentiels de la Couronne. Il y a presque trente ans, Gordon S. Wood a introduit un commentaire éloquent dans les « Notes sur les sources » à la fin de son ouvrage monumental, « La création de la république américaine », déplorant le peu d'études qui ont été consacrées aux judiciaires coloniaux. Wood faisait observer qu' « en dépit de tout ce qui a été écrit » sur le contrôle judiciaire, « le sujet... demeure troublant. Sa résolution exige moins de travaux sur la Cour Suprême et davantage sur la jurisprudence coloniale ».[132] Revenant sur le sujet vingt ans plus tard, Wood était encore frappé par les lacunes dans l'histoire. « Nous avons des études sur les gouverneurs coloniaux et sur les législatifs coloniaux mais, étonnamment, nous n'avons pas un seul travail sur le judiciaire pendant la période coloniale », confiait Wood à son auditoire, lors d'une conférence à l'Ecole de Droit de l'Université du Suffolk, « ainsi nous savons très peu sur la conduite des juges et nous ne pouvons qu'émettre des suppositions sur le degré auquel les colons craignaient leurs juges et s'en méfiaient ».[133] Et la suite cruciale de ce long chapitre d'ouverture demeurait « étonnamment » presque aussi obscure : « Malgré toutes nos études sur la Cour Suprême et ses grandes décisions, nous n'avons rien sur l'émergence d'un judiciaire indépendant à la fin du dix-huitième siècle et au début du dix-neuvième... ».[134]

---

[132] Wood, *op. cit. supra* note 113, p.625.

[133] Wood (Gordon S.), « The Origins of Judicial Review », in *Suffolk University Law Review*, Vol.22, 1988, p.1293 et suiv., à p.1301.

[134] *ibid.*, p.1304. Wood avait parfaitement conscience que les travaux de Nelson, *Americanization of the Common Law*, *op. cit. supra* note 111 et d'Horwitz, *Transformation of American Law*, *op. cit. supra* note 101 avaient pris pour point de départ la fin du dix-huitième siècle et que Nelson était particulièrement sensible au rôle majeur joué par les jurys et non pas par les juges dans les décisions juridiques. Cependant aucun de ces deux auteurs n'expliquait où les nouvelles normes de conduites judiciaires avaient pris leur source et comment les juges étaient recrutés, ni ne répondait aux autres questions auxquelles Wood aurait voulu les voir s'attaquer. La publication de Sosin (J. M.), *The Aristocracy of the Long Robes : The Origins of Judicial Review in America*, 1989, n'a probablement pas réduit les attentes de Wood, parce que, comme son sous-titre le suggère, ce travail porte davantage sur la question classique du contrôle judiciaire (à propos duquel il soutient le point de vue

Une illustration du problème peut être donnée en comparant deux extraits des écrits révolutionnaires de John Adams, l'un consistant en un projet inséré dans son journal pour la période de février 1771, l'autre en un passage de son tract influent de 1776, « Thoughts on Government ». Dans son journal, Adams exprimait son inquiétude à propos de « doctrines » entendues « avancées pour le droit qui si elles étaient vraies, feraient des jurys une pure façade et de la cour, les juges absolus du droit et du fait ».[135] Adams poursuivait en défendant la capacité des jurys à appliquer « les grands principes de la Constitution »pour résoudre à peu près tous les cas qui pourraient leur être présentés ».[136] Cette notion d'une compétence étendue des jurys reflétait la pratique dominante ; en effet, si le compte rendu, par William E. Nelson, de la pratique juridique dans la propre province d'Adams peut être projeté sur les autres colonies, les jurys étaient bien les principaux décideurs en matière de droit et de fait. Les juges n'étaient pas beaucoup plus que d'honorables baillis, des porte-parole mécaniques dont les propos propres dans le procès n'avaient aucun poids et qui souvent ne faisaient que transmettre les instructions juridiques que les avocats de l'une ou l'autre partie souhaitaient soumettre au jury. Selon Nelson, le concept de droit fait par le juge dans le Massachusetts colonial aurait relevé de l'oxymore.[137]

Quand l'occasion s'est présentée à lui quelques années plus tard d'offrir les grandes lignes d'un projet pour une constitution républicaine, cependant, Adams a laissé entendre un son différent dans sa discussion sur le rôle du judiciaire :

> « La dignité et la stabilité du gouvernement en toutes ses branches, la morale du peuple et toutes les bénédictions de la société dépendent tellement d'une administration droite et habile de la justice que le pouvoir judiciaire devrait être distinct à la fois du législatif et de l'exécutif et indépendant des deux de sorte qu'ainsi il puisse les contrôler l'un et l'autre et tous les deux devaient être des contrepoids sur lui.

révisionniste) que sur le caractère de la jurisprudence coloniale. Le seul Etat dont l'histoire n'ait pas été négligée, est la Virginie. En effet, deux études récentes offrent une image précieuse de la transition en Virginie entre la pratique juridique, coloniale et révolutionnaire et celle des premières décennies après l'indépendance. Voir Miller (F. Thorton), *Juries and Judges versus the Law : Virginia's Provincial Legal Perspective, 1783-1826*, 1994 ; Roeber (A. G.), *Faithful Magistrates and Republican Lawyers : Creators of Virginia Legal Culture, 1680-1810*, 1981.

[135] John Adams, Journal pour la journée du 12 février 1771, in Butterfield (L. H.) (ed.), *Diary and Autobiography of John Adams*, Vol.2, 1962, p.2, à p.4.

[136] *ibid.*, p.5.

[137] Voir Nelson, *op. cit. supra* note 111, p.13-35.

Les juges devraient, en conséquence, être toujours des hommes de savoir et d'expérience dans les lois, d'une moralité exemplaire, d'une grande patience, calmes, flegmatiques et doués d'attention. Leurs esprits ne devraient pas être distraits par des conflits d'intérêts ; ils ne devraient pas être des hommes dépendants d'autres hommes ou d'ensembles d'hommes. Pour cela, ils devraient être nommés à vie dans leurs fonctions ou, en d'autres termes, ils devraient conserver leur charge sauf mauvaise conduite et leur rémunération devrait être assurée et garantie par la loi. »[138]

Cette image d'une magistrature instruite, indépendante et au tempérament judicieux, jouant son rôle pour maintenir l'équilibre constitutionnel, annonce un changement dans le lieu de décision juridique du jury au juge et du citoyen informé à l'expert savant. Cependant, le contraste entre cette image et les remarques apparemment conventionnelles, antérieures d'Adams, sur les jurys, illustre le changement fondamental (ou l'anomalie) qui demande explication : comment cet animus contre le pouvoir discrétionnaire du juge, qui faisait tellement partie de l'héritage de la culture politique, coloniale, a-t-il laissé la place à la notion d'une autorité judiciaire, indépendante ? Nous devons donner une réponse à cette question, si nous voulons enfin comprendre comment le contrôle judiciaire s'est fait accepter.[139]

Avant la Révolution, l'idée que des juges puissent faire preuve d'une autonomie substantielle en tant que sources indépendantes d'expertise juridique était difficile à admettre par les colons. En Amérique, les nominations de juges relevaient de la prérogative de la Couronne et, par conséquent, demeuraient une extension du système élaboré de clientélisme qui pesait lourd sur le gouvernement colonial.[140] Les conflits politiques et les querelles constitutionnelles que suscitait ce clientélisme, n'engendraient aucune confiance populaire dans tout niveau de juridiction auquel la nomination exigeait d'importantes garanties d'influence personnelle. La tempête politique qui salua la nomination de Thomas Hutchinson comme Président de la Cour du Massachusetts n'était que la plus connue des bagarres à propos de l'exercice du clientélisme judiciaire.

---

[138] Adams (John), *Thoughts on Government*, April 1776, repr. in Kurland (Philip B.) & Lerner (Ralph) (eds.), *The Founders' Constitution*, Vol.1, 1987, p.107 et suiv., à p.109-110.

[139] Mes commentaires sur cette question sont très proches de ceux présentés dans le récent essai de Pole (J. R.), « Reflections on American Law and the American Revolution », in *William and Mary Quarterly*, Vol.50, 1993, p.123-59, qui fait partie d'un numéro spécial consacré à Droit et Société dans l'Amérique des débuts.

[140] Voir Bailyn, *op. cit. supra* note 95, p.73.

Cette suspicion qui pesait sur le pouvoir judiciaire rendait plus improbable l'objection des colons à ce que des assemblées continuent à agir avec une compétence judiciaire – par exemple, en accordant de nouveaux procès en réponse à des demandes venues d'en bas. Dans l'idéologie constitutionnelle dont les colons avaient hérité du siècle précédent, les assemblées représentatives et les jurys étaient considérés comme des institutions parallèles, les deux pouvant être décrites comme des moyens de contrôle populaire contre les deux détenteurs du pouvoir exécutif : les gouverneurs royaux et les juges royaux.[141]

L'indépendance avait enlevé cette marque mais ce changement à lui seul ne pouvait pas unilatéralement faire disparaître des habitudes et des attitudes qui étaient profondément ancrées dans la culture coloniale. Comme Wood l'a montré, la conception américaine, initiale de l'indépendance judiciaire conservait les traces de ses origines anti-monarchiques. C'était une chose de libérer le judiciaire de sa subordination vis à vis de l'exécutif ; mais rendre les cours indépendantes de la supervision du législateur en était tout à fait une autre.[142] Une telle indépendance judiciaire ne faisait pas partie de l'intention originelle du constitutionnalisme américain, aux alentours de 1776. Cependant, en une décennie, Madison, Wilson, Oliver Ellsworth, Alexander Hamilton, James Iredell et d'autres leaders fédéralistes étaient tous prêts à envisager si, et dans quelles conditions, un judiciaire professionnel pourrait être utilisé comme contrepoids à des législateurs politiquement puissants. Et, à cet égard, les dimensions exactes de ce qu'ils attendaient d'un contrôle judiciaire sur la législation ont moins d'importance que la distance que cette élite de la pensée américaine a parcouru depuis 1776.

Peut-être une source de ce bouleversement était-elle antérieure à la Révolution. Peu après leur publication en 1765, l'année de la Loi sur le Timbre (« *Stamp Act* »), les *Commentaires* de Blackstone étaient devenus une sorte de bestseller dans les colonies – un fait assez bien connu pour

[141] A un niveau plus théorique et moins explicitement politique, Shannon C. Stimson a établi un lien entre l'acceptation américaine du pouvoir discrétionnaire du juge dans l'interprétation de la loi et l'attachement antérieur au principe que les citoyens ordinaires pouvaient occuper un « espace juridique » de délibération, dans lequel ils pouvaient résoudre tout aussi bien les questions de droit que de fait. Voir Stimson (Shannon C.), *The American Revolution in the Law : Anglo-American Jurisprudence before John Marshall*, 1990, p.4-5, 59-60. Dans son exposé, cette compréhension américaine était tout à fait différente de la doctrine et de la pratique anglaise, contemporaine ; c'était, de plus, un reflet de l'inculcation des principes épistémologiques de Locke. (Voir *ibid.*, p.4-9.)

[142] Voir Wood, *op. cit. supra* note 113, p.159-61.

mériter d'être mentionné une décennie plus tard par Edmund Burke, dans son brillant discours où il exhortait à la réconciliation avec l'Amérique.[143] Les praticiens conscientieux, qui avaient acquis leur savoir du droit anglais au travers de Blackstone, ne pouvaient pas manquer de rencontrer l'accent qu'il mettait sur les juges, plutôt que sur d'autres sources, en tant qu'éléments constituants du judiciaire anglais – une distinction qui faisait de lui un meilleur observateur (comme c'était naturel) que Montesquieu, dont la discussion allusive du *pouvoir de juger* [(N.d.t. : en français dans le texte] favorisait les jurys comme les oracles de la loi à l'exclusion presque totale des juges.[144] Si le barreau colonial était véritablement en train de se professionnaliser et de prendre conscience de lui-même au milieu du dix-huitième siècle et si la culture américaine s'anglicisait également, comme le suggère souvent ceux qui l'étudient, alors une nouvelle conception des vertus d'un judiciaire qualifié pouvait facilement avoir éclos et être apparue plus attractive (tout particulièrement dès lors qu'elle pouvait être purgée de son association avec la « corruption » du patronage royal).

Cependant, tout bien pesé, l'énigme la plus grande demeure pour comprendre comment le quart de siècle après l'adoption des premières constitutions d'Etats a rendu possible un changement si important dans la pensée américaine sur la nature du pouvoir judiciaire. Il reste de nombreuses zones d'ombre sur cette période de l'histoire du droit américaine. Par contre, dès lorsqu'on atteint les premières années du dix-neuvième, ses principaux contours apparaissent assez clairs. *Marbury* et *McCulloch*, les études d'Horwitz et de Nelson sur la transformation judiciaire de la doctrine américaine et l'exposé également très précieux de Robert E. Ellis sur la politique de réforme juridique,[145] concourent à donner un schéma interprétatif dans lequel le développement du judiciaire peut être examiné et recevoir une explication. Cependant les sources des nouvelles attitudes et des nouvelles attentes qui sont apparues pendant la décennie précédant la ratification de la Constitution demeurent néanmoins négligées et incertaines, tout spécialement lorsqu'on envisage la profondeur de l'enracinement que conservaient les anciennes attitudes

---

143 « J'apprends qu'à peu près autant d'exemplaires des *Commentaries* de Blackstone ont été vendus en Amérique qu'en Angleterre », affirma Burke devant la Chambre des Communes, alors qu'il faisait de la popularité générale de l'étude du droit dans les colonies, l'une des six raisons fondamentales pour lesquelles « un esprit farouche de liberté » s'était développé en Amérique. Burke (Edmund), Speech on Reconciliation with the Colonies, 22 mars 1775, repr. in *Founders' Constitution*, Vol.1, *op. cit. supra* note 138, p.3 et suiv., à p.3-4.

144 Voir Vile, *op. cit. supra* note 26, p.103-105.

145 Ellis (Richard E.), *The Jeffersonian Crisis : Courts and Politics in the Young Republic*, 1971.

dans la population en général. Car, comme le débat sur la Constitution le révèle clairement, de nombreux Américains nourrissaient encore leurs traditionnels soupçons vis-à-vis des juges et leurs préférences traditionnelles en faveur des jurys. La croyance que l'article III de la Constitution abolirait le droit à un procès devant un jury en matière civile et le réduirait sérieusement en matière pénale était l'une des craintes les plus fortes qui permettaient au mouvement antifédéraliste faiblement coordonné de rester rassemblé. Même si cette crainte reflétait les excès paranoïaques auxquels la rhétorique antifédéraliste s'adonnait facilement, elle avait une résonance dans une large part de la population parce que les jurys étaient les agents à la base des décisions dans presque toutes les questions où l'autorité générale de l'Etat venait en contact avec les préoccupations privées et les droits des citoyens.[146] Menacer le procès devant un jury de quelque manière que ce soit, c'était mettre en danger toute la structure du gouvernement telle que la concevait les Américains du dix-huitième siècle.

Tant que nous ne serons pas parvenus à élucider comment cet attachement profond envers les jurys comme découvreurs du droit et du fait a été ébranlé et a disparu, nous ne pourrons pas comprendre le contexte à partir duquel la doctrine du contrôle judiciaire a émergé. Cette doctrine peut bien exprimer le principe de la suprématie du judiciaire dans sa forme la plus parfaite mais le défi historiquement et logiquement antérieur demeure pour expliquer comment la théorie américaine de l'indépendance judiciaire ont tellement évolué avant que la Cour Marshall fasse de l'idée du contrôle judiciaire le « processus social » de Bickel.[147]

6) Envoi

Lancer un appel en faveur d'une nouvelle approche d'un problème historique familier, c'est moins qu'une prétention à avoir découvert quelque chose. Un tel plaidoyer ne démontre pas en lui-même que cette nouvelle approche aboutira à un compte-rendu meilleur ; il suppose uniquement qu'une ligne de recherche a atteint un point d'épuisement et que le temps est venu de placer le sujet dans un contexte différent. Cet article suggère trois contextes qui pourraient nous permettre de sortir de la quête routinière des précédents et des préfigurations et de localiser les

[146] Cf. Rakove, *Original Meanings*, *op. cit. supra* note 9, p.318-25 (décrivant les débats sur l'inclusion du droit à un jury dans la Déclaration des Droits).
[147] Bickel, *op. cit. supra* note 15, p.1.

origines du contrôle judiciaire au sein d'une matrice plus large de changements politiques, constitutionnels et juridiques. Cette matrice inclurait au moins les trois éléments suivants. Tout d'abord, à ses origines, le contrôle judiciaire s'intéressait beaucoup plus au mécanisme du fédéralisme qu'aux purs problèmes de séparation des pouvoirs, illustrés par *Marbury*. Deuxièmement, dans la mesure où le contrôle judiciaire concernait aussi la séparation des pouvoirs, son émergence a coïncidé avec une nouvelle appréhension de la nature du pouvoir législatif et des forces politiques à l'oeuvre derrière lui et nous avons besoin d'acquérir une connaissance beaucoup meilleure des usages des lois et des forces politiques qui ont conduit au développement de la législation que ce dont nous disposons aujourd'hui. Troisièmement, la force de l'attachement populaire au pouvoir des jurys de statuer sur le fait et le droit nous permet de mesurer le chemin qu'ont dû parcourir les Américains pour accepter les conceptions de l'indépendance et de l'autorité judiciaires dont la doctrine particulière du contrôle constitutionnel de la législation n'était qu'une expression (même en admettant qu'elle en ait été l'expression capitale).

TABLE DES MATIERES

550959 - Décembre 2013
Achevé d'imprimer par

1livre.com
du rêve à la réalité !

www.ingramcontent.com/pod-product-compliance
Lightning Source LLC
LaVergne TN
LVHW010918061026
849535LV00007B/2123